Pessoa com Deficiência

Pessoa com Deficiência

INCLUSÃO E ACESSIBILIDADE

2020

Coordenador: Jose Marcelo Menezes Vigliar

ALMEDINA

PESSOA COM DEFICIÊNCIA
INCLUSÃO E ACESSIBILIDADE

COORDENADOR: Jose Marcelo Menezes Vigliar
DIAGRAMAÇÃO: Almedina
DESIGN DE CAPA: FBA
ISBN: 9786556270593

Dados Internacionais de Catalogação na Publicação (CIP)
(Câmara Brasileira do Livro, SP, Brasil)

Pessoa com deficiência : inclusão e acessibilidade /
coordenador Jose Marcelo Menezes Vigliar. --
São Paulo : Almedina, 2020.

Vários autores.
Bibliografia.
ISBN 978-65-5627-059-3

1. Pessoas com deficiência - Acessibilidade
2. Pessoas com deficiência - Direitos - Brasil
3. Pessoas com deficiência - Educação 4. Pessoas
com deficiência - Inclusão digital 5. Pessoas com
deficiência - Inclusão social 6. Pessoas com
deficiência - Leis e legislação - Brasil
7. Sociedade da informação I. Vigliar, Jose Marcelo
Menezes..

20-38216 CDU-347.161:007(81)

Índices para catálogo sistemático:

1. Pessoas com deficiência : Direito da sociedade da informação 347.161:007(81)

Cibele Maria Dias - Bibliotecária - CRB-8/9427

Este livro segue as regras do novo Acordo Ortográfico da Língua Portuguesa (1990).

Agosto, 2020

EDITORA: Almedina Brasil
Rua José Maria Lisboa, 860, Conj.131 e 132, Jardim Paulista | 01423-001 São Paulo | Brasil
editora@almedina.com.br
www.almedina.com.br

SOBRE O COORDENADOR

Jose Marcelo Menezes Vigliar

Bacharel, Mestre e Doutor em Direito pala Universidade de São Paulo. Pós--doutor pela Universidade de Lisboa (Clássica). Professor do Programa de Mestrado em Direito da Sociedade da Informação do Centro Universitário das Faculdades Metropolitanas Unidas.

SOBRE OS AUTORES

Anna Carolina Cudzynowski

Advogada. Mestranda em Direito da Sociedade da Informação pelo Centro Universitário FMU. Pós-Graduada em Direito Constitucional pela Pontifícia Universidade Católica de São Paulo – PUC/SP. Membro do Grupo de Pesquisa "Família e Grupos Sociais" da FMU, liderado pelo Professor Doutor Jorge Shiguemitsu Fujita.

André Carvalho Ribeiro

Mestrando em Direito da Sociedade da Informação pelo Centro de Pesquisa e Pós-graduação das Faculdades Metropolitanas Unidas – FMU. Bacharel em Direito pela Pontifícia Universidade Católica de Campinas, Auxiliar Docente do Dr. Paulo de Tarso Barbosa Duarte, em Direito Civil, na Pontifícia Universidade Católica de Campinas. Advogado.

Augusto Rodrigues Porciuncula

Mestrando em Direito na Sociedade da Informação pelo Centro Universitário das Faculdades Metropolitanas Unidas de São Paulo (FMU). Especialista em Direito Empresarial pela PUC/RS. Bacharel em Direito pela Universidade Federal de Santa Maria (2003). Procurador do Estado de São Paulo.

Bárbara Ferreira De Bonis

Mestranda em Direito da Sociedade da Informação pelo Centro Universitário das Faculdades Metropolitanas Unidas (FMU-SP). Especialista em Direito Civil pela Universidade Presbiteriana Mackenzie. Advogada em São Paulo. barbarabonis@gmail.com

Beatriz Martins de Oliveira

Mestranda pelo Programa de Direito da Sociedade da Informação do Centro Universitário das Faculdades Metropolitanas Unidas – FMU – SP. Pós graduanda em Direito Processual Civil pelo Centro Universitário das Faculdades Metropolitanas Unidas – FMU – SP. Advogada. São Paulo, Brasil. beatriz.moliveira@outlook.com

Bruno Augusto Barros Rocha

Mestrando em Direito da Sociedade da Informação pelo Centro de Pesquisa e Pós-graduação das Faculdades Metropolitanas Unidas – FMU. Especialista em Direito Civil e Processual Civil pela Escola Paulista de Direito – EPD. Especialista em Direito do Trabalho e Processo do Trabalho pela Escola Paulista de Direito – EPD. Bacharel em Direito pelo Centro Universitário das Faculdades Metropolitanas Unidas – FMU. Advogado.

Bruno Henrique Miniuchi Pellizzari

Mestrando em Direito da Sociedade da Informação no Centro Universitário das Faculdades Metropolitanas Unidas – São Paulo, Especialista em Numismática, Advogado, e-mail: bruno.pellizzari@uol.com.br

Cesar Sequeira Caetano

Mestrando em Direito da Sociedade da Informação pelo Centro Universitário das Faculdades Metropolitanas Unidas (FMU). Especialista em Direito

Empresarial e em Metodologia de ensino superior com ênfase em EAD. Advogado e Professor Universitário. E-mail: cesar_caetano@uol.com.br

Daniel Carlos Machado

Advogado. Mestrando em Direito da Sociedade da Informação pelo Centro Universitário FMU. Especialista em Direito Contratual e em Direito Empresarial pela Pontifícia Universidade Católica de São Paulo – PUC/SP. MBA em Gestão de Negócios pela Universidade de São Paulo – USP. Membro do Grupo de Pesquisa "Contratos Eletrônicos" da FMU, liderado pelo Professor Doutor Roberto Senise Lisboa.

Denise Souza Amorim

Mestranda em Direito da Sociedade da Informação, membro do Grupo de Pesquisa Direito, Tecnologia e Sociedade, membro do Grupo de Pesquisa de Família e Grupos Sociais, ambos no Centro Universitário das Faculdades Metropolitanas Unidas – São Paulo. Pós-graduanda em Novo Direito do Trabalho na PUC – Rio Grande do Sul. Advogada. E-mail denisesouzaamorim@gmail.com

Deise Santos Curt

Mestranda em Direito da Sociedade da Informação pelas Faculdades Metropolitanas Unidas- FMU; Especialista em Direito Médico, Hospitalar e da Saúde pela Escola Paulista de Direito- EPD; Bacharela em Direito pelas Faculdades Metropolitanas Unidas- FMU; Bacharela em Enfermagem pela Universidade de Mogi das Cruzes-UMC. Advogada.

Eduardo Salgueiro Coelho

Mestrando em Direito da Sociedade da Informação pelo Centro Universitário das Faculdades Metropolitanas Unidas (FMU). Especialista *latu sensu* em

Direito Civil e Processual Civil pela Escola Paulista de Direito. Advogado e Professor Universitário. E-mail: eduardo@salgueirocoelho.com.br

Gabriel Oliveira Brito

Mestrando em Direito da Sociedade da Informação no Centro Universitário das Faculdades Metropolitanas Unidas – FMU. Pós-Graduando em Direito Civil pela Pontifícia Universidade Católica de Minas Gerais. Graduado em Direito pelo Centro Universitário das Faculdades Metropolitanas Unidas (2017). Advogado em São Paulo.

Hugo Barroso Uelze

Mestrando em Direito da Sociedade da Informação no Centro Universitário das Faculdades Metropolitanas Unidas (FMU-SP). Especialista em Direito Civil pelo Centro Universitário das FMU-SP. Especialista em Bioética pela Faculdade de Medicina da USP. Advogado em São Paulo. E-mail: hugouelzeadv@outlook.com.

Leticia Silva da Costa

Mestranda em Direito da Sociedade da Informação, Especialista em Direito Penal e Processo Penal e Professora de Direito Penal no Centro Universitário das Faculdades Metropolitanas Unidas – São Paulo, Advogada, e-mail: leticia.scosta@gmail.com

Luís Filipe Fernandes Ferreira

Mestrando em Direito da Sociedade da Informação pelas Faculdades Metropolitanas Unidas- FMU; Especialista em Direito de Família e Sucessões pela IBMEC-Faculdades Damásio; Bacharel em Direito pela Universidade Paulista – UNIP. MBA em Gestão Empresarial pela Fundação Getúlio Vargas (FGV-SP). Especialista em Análise de Sistemas – Informática pela Universidade

Presbiteriana Mackenzie. Graduado em Tecnologia de Processamento de Dados pela Faculdade de Tecnologia de São Paulo (FATEC-SP). Advogado.

Maíra de Oliveira Lima Ruiz Fujita

Mestranda em Direito da Sociedade da Informação, membro do Grupo de Pesquisa Direito, Tecnologia e Sociedade, ambos no Centro Universitário das Faculdades Metropolitanas Unidas. MBA em Direito Empresarial pela FGV – Fundação Getúlio Vargas. Advogada. E-mail maira.limaruiz@gmail.com

Marcelo Nogueira Neves

Mestrando pelo Programa de Direito da Sociedade da Informação do Centro Universitário das Faculdades Metropolitanas Unidas – FMU – SP. Especialista latu sensu em Direito e Gestão Ambiental pelo Serviço Nacional de Aprendizagem Comercial – SENAC – SP. Advogado. São Paulo, Brasil. web. neves15@gmail.com

Matheus dos Santos Horas

Mestrando em Direito da Sociedade da Informação pelas Faculdades Metropolitanas Unidas- FMU; Especialista em Direito Tributário e Direito Civil e Direito Processual Civil com ênfase em Processo Civil pela Instituição de Ensino Verbo Jurídico; Bacharel em Direito pelas Faculdades Metropolitanas Unidas. Advogado.

Mayara Andrade Soares Carneiro

Mestranda em Direito da Sociedade da Informação, membro do Grupo de Pesquisa Direito, Tecnologia e Sociedade, ambos no Centro Universitário das Faculdades Metropolitanas Unidas. Pós-graduada em Direito Civil e Processo Civil na Facid – Wyden (Teresina – PI). Advogada. E-mail: mayaracarneir@gmail.com

Priscila Margarito Vieira da Silva

Mestranda em Direito da Sociedade da Informação pelo Centro Universitário das Faculdades Metropolitanas Unidas (FMU). Pós -graduada Lato Sensu em Direito Civil e Processo Civil (EPD- 2009). Pós -graduada Lato Sensu em MBA Direito em Imobiliário (2012). Pós -graduada Lato Sensu em Direito da Seguridade Social (2014). Advogada. E-mail: priscilamargarito@hotmail.com

Rafael Khalil Coltro

Mestrando pelo Programa de Direito da Sociedade da Informação do Centro Universitário das Faculdades Metropolitanas Unidas – FMU – SP. Advogado. São Paulo, Brasil. rkcoltro@gmail.com.

Rafael Rizzi

Mestrando em Direito da Sociedade da Informação pelo Centro Universitário das Faculdades Metropolitanas Unidas de São Paulo (FMU), Pós-graduando em Direito Civil pela Pontifícia Universidade Católica de Minas Gerais (PUC/MG). Graduado em Direito pela Faculdade de Direito de São Bernardo do Campo (2016). Advogado.

Wagner Adalberto Molinari

Mestrando em Direito da Sociedade da Informação pelo Centro de Pesquisa e Pós-graduação das Faculdades Metropolitanas Unidas – FMU. Especialista em Direito e Processo do Trabalho e Seguridade Social pelo CPPG Faculdades Metropolitanas Unidas – FMU. Bacharel em Direito pelo Centro Universitário das Faculdades Metropolitanas Unidas FMU. Bacharel em Administração de Gestão de Negócios pelo Centro Universitário UniSant'Anna. Professor Orientador do Núcleo de prática jurídica das Faculdades Metropolitanas Unidas – (NPJ) JEC – FMU Juizado Especial Civil Anexo Central. Advogado e Administrador.

NOTA DO COORDENADOR

A união de todos as contribuições apresentadas pelos nossos alunos, alguns já mestres e outros concluindo seus créditos do Mestrado em Direito da Sociedade da Informação, do Centro Universitário das Faculdades Metropolitanas Unidas, ocorreu pela nossa preocupação em realizar a inclusão.

Inúmeros temas do nosso programa de mestrado, foram tratados nos diversos artigos que compõem este livro. Dedicamo-nos a compreender o conceito de barreira e, verificando em que medida elas, infelizmente, ainda se encontram presentes, não permitindo a inclusão que a Lei nº 13.146, de 6 de julho de 2015 tem como objetivo, propor formas de remoção.

As barreiras promovem o isolamento das pessoas com deficiência e daquelas que apresentam mobilidade reduzida.

A leitura da Lei nº 13.146/2015, que constitui a Lei Brasileira de Inclusão – LBI (Estatuto da Pessoa com Deficiência), permite que observemos seus objetivos, sendo certo que apresenta, de forma muito clara, as definições de pessoas com deficiência e com mobilidade reduzida, além das definições das diversas formas de barreiras que, mantidas, mantêm a discriminação dessa pessoas, não permitindo a sua plena inclusão na sociedade.

Mesmo que nem sempre consideremos obstáculos físicos como degraus e portas, atitudes não inclusivas já se apresentam como barreiras.

Também confinamos as pessoas pela exclusão, individualmente, ou em grupo.

Aquele que não consegue nem mesmo aproximar-se, acessar, participar, envolver-se, concorrer, perde as oportunidades e as chances e essas perdas ocorrem porque uma ou mais barreiras os confinam.

A LBI tem várias virtudes. Não é difícil de imaginar que, a maior delas, é a associação da deficiência a um comportamento excludente que a sociedade promove às pessoas, com a manutenção das barreiras.

As barreiras, de acordo com a LBI físicas, arquitetônicas, de comunicação, tecnológicas e, destaco, as barreiras que surgem do nosso comportamento. O que denominaremos de barreiras comportamentais.

Talvez a indiferença seja uma das barreiras comportamentais (comportamento omissivo) mais importantes a merecer remoção. A indiferença também pode significar preconceito, uma das mais discriminatórias das barreiras. São barreiras que criamos com nossos comportamentos reiterados e, aparentemente, naturais. Não se trata – em muitos casos – de uma atitude intencional, premeditada, maldosa, ou dolosamente excludente – trata-se de um comportamento reiterado, que passa a ser considerado como natural, sem que percebamos que estamos excluindo pessoas, isolando-as, confinando-as dentro da própria cidade onde vivem.

Nem percebemos determinadas barreira, porque no momento, elas não nos excluem. A inclusão não pode esperar pelo acréscimo de alteridade dos que nem percebem o real motivo da exclusão.

Aliás, tomando ciência da nossa condição frágil de humanos, temos que lembrar que todos podemos, de um momento para outro, passarmos à condição de excluídos, caso venhamos à condição de pessoa com deficiência, ou seja, de pessoa que é discriminada por uma ou mais barreiras.

Na realidade, o propósito de encontrar meios de rompimentos de barreiras está no nosso inconsciente. Nada melhor do que fazer uma referência ao Cavalo de Tróia. Odisseu (Ulisses) – na Odisseia de Homero – leva aos Troianos um verdadeiro um símbolo da possibilidade de se romper barreiras. Bastou que os portões se fechassem e que os soldados troianos dormissem e lá estavam os gregos para provar que não há obstáculo que possa resistir para sempre.

O nosso atual Cavalo de Tróia deve ser a nossa vontade efetiva de realizar a inclusão. A inclusão das pessoas com deficiência, a inclusão dos idosos, o efetivo amparo à criança e ao adolescente (principalmente na realidade brasileira, em que tantos estão à margem da tecnologia e do acesso aos benefícios trazidos pelo que a sociedade da informação promove).

Para cada barreira, uma forma de combate. A principal, será a atitude. Apenas atitudes inclusivas poderão remover as barreiras atitudinais a que nos acostumamos.

Os autores souberam indicar na presente obra caminhos seguros para a remoção de barreiras.

Com apresentação realizada pelo Professor Doutor Roberto Senise Lisboa que, no momento da idealização dessa obra era o Coordenador do nosso Programa de Mestrado e que foi um grande entusiasta de sua realização, conta com prefácio do Professor Mestre Nivaldo Sebastião Vícola, um Professor que exemplifica, com seus atos, que atitude inclusivas sempre são possíveis.

Jose Marcelo Menezes Vigliar – abril de 2020.

NOTA DO REITOR

> "Devemos não somente nos defender, mas também nos afirmar, e nos afirmar não somente enquanto identidades, mas enquanto força criativa."
>
> Michel Foucault

Com grande satisfação recebi a notícia do lançamento da obra "Pessoa com Deficiência: Inclusão e Acessibilidade", coordenada pelo professor José Marcelo Menezes Vigliar com artigos escritos por discentes do programa de mestrado em Direito da Sociedade da Informação do Centro Universitário das Faculdades Metropolitanas Unidas – FMU. Livro com temática contemporânea tanto quanto o é o programa de mestrado de seus autores, o qual se configura como única pós graduação stricto sensu com esse título em nosso país.

Ambos, o livro e o mestrado, aprofundam o estudo mais do que importante, mas sim necessário, de desafios que há tempos tinham que ser enfrentados. A sociedade não pode continuar tratando diferenças com separação, desagregação ou de forma apartada e sim com integração. Até porque o que faz com que a humanidade evolua é justamente a sua dissemelhança, os diferentes conduzindo em conjunto a construção da sociedade. E isso nos traz a inclusão que além de ser uma obrigação de Estado é principalmente um Direito de todos, o de fazer parte integrante da comunidade. E a acessibilidade nos mostra que as áreas de convivência social, sejam elas nos grandes centros urbanos ou no interior, é que tem que se estruturar para que as pessoas portadoras de deficiência possam utilizar seus serviços plenamente, e não o contrário.

O meio é que tem que se adaptar à essas pessoas e não essas pessoas ao meio. E o esforço legislativo, de políticas públicas e, no caso da obra em relevo, da doutrina têm que ser no sentido dessa inclusão e da acessibilidade.

Sendo esta obra fruto do trabalho de destacados estudiosos do Direito, que fomentam o debate e constroem uma obra de referência para o aprofundamento do estudo da sociedade da informação no contexto da, imprescindível, união de todos os grupos heterogêneos que formam o corpo social do Brasil.

Parabenizo seu coordenador e autores pelo empreendimento e rogo para que seja o primeiro de muitos outros tratados que com certeza farão parte das estruturas de construção da linha doutrinária sobre o tema.

Atenciosamente,
Prof. Manuel Nabais da Furriela
Reitor

APRESENTAÇÃO

A sociedade pós-industrial, transformada formalmente em projeto de poder socioeconômico e cultural em sociedade da informação, desde o então ambicioso projeto *The Plan for Information Society – A national goal toward the year 2000*, elaborado pelo Japão e apresentado à sociedade internacional em 1972, tem evoluído continuamente para o aperfeiçoamento da tecnologia e a melhor outorga de qualidade de vida às pessoas.

Malgrado os efeitos colaterais que sobredita revolução informacional vem trazendo em desfavor daqueles que ainda não possuem o direito à informação, é inegável que a sociedade contemporânea vem proporcionando, em alguns lugares mais rapidamente, em outros com menos velocidade, a superação das barreiras, tanto virtuais (as de comunicação, em especial) como físicas.

Após duas Cúpulas Mundiais da Sociedade da Informação, em Genebra e Túnis, respectivamente em 2003 e 2005, foram elaboradas as declarações internacionais que estabelecem normas programáticas da informação. Tais declarações internacionais preceituam que o direito de acesso à informação é direito humano, importante conquista de toda pessoa, e contemplam regime jurídico internacional que reafirma a Resolução nº 59, de 14.12.1946, da Assembleia Geral das Nações Unidas, que atribuiu ao Conselho Econômico e Social a inclusão do conceito de *liberdade da informação,* quando se aprovou a resolução que estabelece o direito à informação, ao tratar de direitos, obrigações e procedimentos, inclusive na comunicação em massa.

Desde então, várias teorias da informação foram desenvolvidas para analisar a sociedade que se reconstruía, à época, das consequências da Segunda

Guerra, reacendendo-se a denominação sociedade pós-industrial, que já havia sido utilizada pelo indiano Ananda Coomaraswamy, em 1913. Para ele, o neologismo em questão deveria ser ligado ao ideal do reencontro com a diversidade cultural ameaçada, pela centralização e uniformização praticadas por um *sistema unitário mecânico* dominado por uma economia de vocação planetária e estranho a toda consideração sobre a *alma da espécie.*

No entanto, a prevalência da *teoria da sociedade da informação* entre as teorias da informação, reduziu politicamente o debate sobre o acesso e o compartilhamento das dados a um menor número de correntes da comunicação, dentre elas as duas grandes diretrizes da política internacional contemporânea ocidental: a norte-americana, que pugna majoritariamente a teoria do *free flow of information*; e a europeia, que prefere comunitariamente o acesso e o compartilhamento regulado das informações.

Indiscutivelmente, as Declarações de 2003 e 2005 revelam os pontos comuns da liberdade da informação, em que pese as diferentes interpretações que foram posteriormente adotadas pelos Estados Unidos da América e pela União Europa a respeito do assunto, que é de importância fundamental para o desenvolvimento das sociedades contemporâneas no século XXI.

O artigo 3.25, da Declaração da Sociedade da Informação, assinada em Genebra, em 12.12.2003, preceitua: *O intercâmbio e o fortalecimento do conhecimento global para o desenvolvimento podem ser aprimorados por meio da* ***remoção das barreiras*** *ao acesso equitativo à informação para a realização de atividades econômicas, sociais, políticas, de saúde, culturais, educacionais e científicas, facilitando o acesso à informação em domínio público, inclusive por meio do desenho universal e do uso de tecnologias auxiliares.*

A Declaração de Genebra prevê, em seu art. 7.51: *As TIC devem também contribuir para a produção sustentável e os padrões de consumo e* ***reduzir as barreiras tradicionais****, proporcionando a todos a oportunidade de acesso a mercados locais e globais de uma forma mais equitativa*

Discorrendo sobre as linhas de ação, ou seja, sobre as medidas estratégicas a serem adotadas pela sociedade internacional, a Declaração de Genebra preceitua, em seu art. 11, *caput*, que *todos devem ter as habilidades necessárias para se beneficiar plenamente da Sociedade da Informação. Portanto, capacitação e aquisição de conhecimentos em TIC são essenciais. As TIC podem contribuir para se atinja o ensino universal em todo o mundo através do ensino e da formação de professores, bem como da oferta de melhores condições para a educação continuada capaz de englobar as pessoas que estão fora do processo de educação formal e do desenvolvimento competências profissionais.* E, dentre as maneiras de colaboração, expressamente indica, em sua alínea *g*: *trabalhar para remover as barreiras de gênero na educação e formação em TIC e promover a igualdade de oportunidades de formação de mulheres e crianças em campos relacionados às TIC.*

Cada Estado integrante da sociedade internacional deverá promover os meios necessários para a superação de barreiras, ampliando, dessa maneira, os benefícios sociais, econômicos e ambientais da Sociedade da Informação.

Como a conduta governamental de cada Estado deve se pautar por uma estrutura legal que estabelece uma política transparente, confiável e não discriminatória torna-se essencial *superar as barreiras de acesso,* tanto mediante ações locais e regionais, como também perante o uso de nomes de domínio internacionais (art. 13, alínea *d*).

A Cúpula Mundial da Sociedade da Informação, realizada em Túnis, em 18.12.2005, reafirmou os esforços a serem feitos pelos governos em eliminar as barreiras que obstam ou dificultam o acesso e o compartilhamento de informações, pois tais óbices dificultam o desenvolvimento econômico, social e cultural e o bem-comum (art. 10).

Por força da Agenda 2030, inclui-se o desenvolvimento socioeconômico e cultural da pessoa com deficiência, a teor do artigo 19: *Reafirmamos a importância da Declaração Universal dos Direitos Humanos, bem como outros instrumentos internacionais relativos aos direitos humanos e ao direito internacional. Enfatizamos as responsabilidades de todos os Estados, em conformidade com a Carta das Nações Unidas, de respeitar, proteger e promover os direitos humanos e as liberdades fundamentais para todos,* ***sem distinção de qualquer tipo*** *de raça, cor, sexo, língua, religião, opinião política ou outra opinião, origem nacional ou social, riqueza, nascimento,* ***deficiência*** *ou qualquer outra condição* (grifos deste subscritor).

A Agenda 2030 revela que mais de 80% das pessoas com deficiência vivem em situação de pobreza ou extrema pobreza e a sociedade internacional deve tomar medidas para melhora da qualidade de vida delas. Por isso, devem ser tomadas *medidas e ações mais eficazes, em conformidade com o direito internacional, para remover os obstáculos e as restrições, reforçar o apoio e atender às necessidades especiais das pessoas que vivem em áreas afetadas por emergências humanitárias complexas e em áreas afetadas pelo terrorismo* (art. 23).

Neste sentido, o art. 25 dessa declaração internacional prevê que *todas as pessoas, independentemente do sexo, idade, raça, etnia, e* ***pessoas com deficiência****, migrantes, povos indígenas, crianças e jovens, especialmente aqueles em situação de vulnerabilidade, devem ter acesso a oportunidades de aprendizagem ao longo da vida que os ajudem a adquirir os conhecimentos e habilidades necessários para explorar oportunidades e participar plenamente da sociedade.*

Ao tratar da educação inclusiva, o objetivo 4 é, entre outros pontos, *garantir a igualdade de acesso a todos os níveis de educação e formação profissional para os mais vulneráveis, incluindo as pessoas com deficiência...* até mesmo construindo e melhorando as instalações físicas para educação.

Outro objetivo pode ser encontrado naquele documento internacional, como o de promover o crescimento econômico sustentado, inclusivo e sustentável, emprego pleno e produtivo e trabalho decente para todos. Nele, consigna-se a meta do emprego pleno e produtivo e trabalho decente, (...) inclusive para os jovens e as pessoas com deficiência, e remuneração igual para trabalho de igual valor (Objetivo 8.5).

Genericamente, o Objetivo 10 busca a redução das desigualdades, promovendo-se a *inclusão social, econômica e política de todos, independentemente da idade, gênero, deficiência, raça, etnia, origem, religião, condição econômica ou outra.*

Para que as sociedades contemporâneas possam estabelecer cidades e assentamentos humanos inclusivos, seguros, resilientes e sustentáveis, o Objetivo 11 prevê o acesso universal a espaços públicos seguros, inclusivos, acessíveis e verdes, assim como o acesso a sistemas de transporte seguros, acessíveis, sustentáveis e a preço acessível para todos, outra barreira a ser superada.

Por isso, é extremamente oportuna a elaboração dessa obra *Pessoa com Deficiência: inclusão e acessibilidade*, coordenada pelo Professor Doutor José Marcelo Menezes Vigliar, amigo de longa data que me brindou com o imenso privilégio de apresentá-la ao leitor. Ele contou com a valiosa contribuição dos discentes do programa de Mestrado em Direito da Sociedade da Informação do Centro Universitário das Faculdades Metropolitanas – FMU, cujas pesquisas a respeito da superação das barreiras resultaram nesse esplêndido trabalho, dividido pelos temas: *O Acesso à Educação para Pessoas com Deficiência na Sociedade da Informação*, de Bruno Henrique Miniuchi Pellizzari e Leticia Silva da Costa; *Uma análise sobre a tutela coletiva como forma de eliminar as barreiras de acesso à justiça para pessoas com deficiência*, por Augusto Rodrigues Porciuncula, Gabriel

Oliveira Brito e Rafael Rizzi; *A incapacidade civil à luz da lbi: inclusão na sociedade da informação*, de Beatriz Martins de Oliveira, Marcelo Nogueira Neves e Rafael Khalil Coltro; *A inclusão digital de pessoas com deficiência na sociedade da informação*, de Cesar Sequeira Caetano, Eduardo Salgueiro Coelho e Priscila Margarito Vieira da Silva; *A importância da tomada de decisão apoiada na sociedade da informação*, por Deise Santos Curt, Luís Filipe Fernandes Ferreira e Matheus dos Santos Horas; *A Inclusão Digital da Pessoa com Deficiência na Sociedade da Informação: breves considerações acerca da acessibilidade e das barreiras*, por Denise Souza Amorim, Maíra de Oliveira Lima Ruiz Fujita e Mayara Andrade Soares Carneiro; *A importância da tomada de decisão apoiada na sociedade de informação*, de Hugo Barroso Uelze e Bárbara Ferreira De Bonis; *Sociedade da informação e o paradoxo da sociabilização inclusiva dos invisuais*, por André Carvalho Ribeiro, Bruno Augusto Barros Rocha e Wagner Adalberto Molinari; *Pessoas com deficiência: métodos eficazes para superação das barreiras e inclusão digital na sociedade da informação*, de Anna Carolina Cudzynowski e Daniel Carlos Machado.

Uma obra de leitura indispensável, para todas as épocas e lugares, em que se busca a necessidade de fortalecimento da inclusão e da superação de barreiras.

São Paulo, 20 de abril de 2020.

Roberto Senise Lisboa

Livre-Docente e Doutor em Direito Civil pela USP – Universidade de São Paulo. Professor de Direito Internacional da Pontifícia Universidade Católica de São Paulo – PUCSP. Professor de Direito Civil da Universidade São Judas Tadeu. Professor de Direito Civil e de Direito do Consumidor das Faculdades Integradas Campos Salles. Titular da cadeira 67 da Academia Paulista de Direito – APD (patrono Silvio Romero). Cofundador da Comunidade dos Juristas da Língua Portuguesa – CJLP. Aprovado nos concursos de Professor Titular em Direito Civil da USP – Universidade de São Paulo. Graduado em Direito pela USP – Universidade de São Paulo. Professor Emérito de Direito Civil das Faculdades Metropolitanas Unidas (1990-2019). Foi Coordenador do Mestrado em Direito da Sociedade da Informação das Faculdades Metropolitanas Unidas (2008-2009 e 2018-2019). Foi Diretor do Núcleo de Ciências

Jurídicas e Sociais das Faculdades Metropolitanas Unidas (2012-2016). Foi Coordenador da Graduação em Direito das Faculdades Metropolitanas Unidas (2012-2017). Pesquisador em Sociedade da Informação, Direito Digital, Democracia e Regulamentação das Tecnologias, Solidarismo e Função Social do Direito.

PREFÁCIO

É possível falar-se em remoção de barreiras, quando tratamos de pessoas com deficiência?

A questão, por certo, atual e moderna, foi colocada há quase um século, quando o Ocidente, mais precisamente, a Europa, vivenciava as trágicas consequências das duas Grandes Guerras, contabilizando uma multidão de pessoas, civis e militares, que apresentavam algum tipo de deficiência, ocasionada, direta ou indiretamente, de ferimentos provocados por tais conflitos. Embora inexista consenso entre os historiadores, estima-se que, considerados os dois conflitos, havia, no continente europeu, um número superior a trinta milhões de pessoas nessa condição.

Referido cenário torna-se ainda mais trágico, quando associamos a ele alguns milhões de pessoas com deficiência espalhadas pelos demais continentes, vítimas dos conflitos acima relatados ou de outros ocorridos posteriormente, como a Guerra do Vietnã, por exemplo.

Para a Organização Mundial de Saúde, pessoas com deficiência são aquelas que possuem impedimentos de longo prazo de natureza física, mental, intelectual ou sensorial e, segundo a mesma Organização, existem hoje, no mundo, cerca de 650 milhões de pessoas nessa condição, sendo que oitenta por cento delas vivem em países em desenvolvimento. No Brasil, o número estimado de pessoas com deficiência gira em torno 40 milhões, ou seja, aproximadamente vinte e cinco por cento da população total do país.

As breves considerações acima, a nosso ver, servem para embasar a grande e valiosa contribuição que os autores da presente obra, coordenada com maestria pelo Prof. Dr. José Marcelo Menezes Vigliar, todos vinculados ao Programa de Mestrado em Direito da Sociedade da Informação da FMU, trazem à lume, ao apresentarem propostas da Sociedade da Informação para a remoção de barreiras, visando a inclusão da pessoa com deficiência.

A relevância e atualidade da pesquisa são óbvias, eis que, representando cerca de dez por cento da população global do planeta, as pessoas com deficiência são consideradas a maior de todas as minorias e, por conta disso, fazem jus a que se apresente a questão tema da presente obra, não sob uma perspectiva retórica vazia e despida de conteúdo, mas com o viés pragmático que lhe emprestam seus autores ao discorrerem, entre outros, sobre a tutela coletiva, a incapacidade civil, a tomada de decisão apoiada, e, especialmente, sobre o acesso ao ensino como requisito essencial para a inclusão digital.

O cerne da questão, portanto, é o debate ético em torno da remoção das barreiras sociais, para que as pessoas com deficiência possam, de modo efetivo, terem reconhecidos seus direitos de participação em igualdade de condições com as demais pessoas, fazendo com que a tão almejada igualdade reconhecida na Carta das Nações Unidas e adotada como princípio fundamental pela quase totalidade dos países, incluindo o Brasil, deixe a condição de mera "declaração de intenções" para tornar-se realidade observável, ou, dito de outro modo, tenha eficácia plena. A consecução desse mister, não há dúvidas, exige o empenho constante da sociedade como um todo, incluindo o ambiente acadêmico, onde questões desse jaez podem e devem ser analisadas em sua plenitude. Nesse sentido, são merecedoras de aplausos iniciativas como a do organizador e dos autores da presente obra, que se propõem a recolocar a questão sobre a remoção de barreiras das pessoas com deficiência na sociedade da informação, de modo claro e objetivo, sem radicalização, nem preconceitos.

Nesta obra, por certo, não encontramos as soluções para a remoção de todas as barreiras que, direta ou indiretamente, afetam a inserção das pessoas com deficiência no ambiente social e, a nosso ver, nem seria essa a intenção dos juristas nela envolvidos, mesmo porque, diante da complexidade do problema, seria ilógico fazê-lo. É fato, entretanto, que a apresentação de caminhos possíveis, como aqueles acima elencados, todos discutidos ao longo da obra, representa um passo importante nesse sentido, posto que, sendo o direito uma força viva, como acertadamente afirmou Rudolf von Ihering, em *A luta pelo direito*, a demanda pela solução definitiva do problema envolve uma questão ética mais ampla, pois, enquanto ciência da conduta, a Ética nos convida a refletir não apenas quanto aos fins que queremos atingir, mas, sobretudo, quanto aos meios utilizados para alcançarmos tais fins.

Ora, retornando à questão nuclear da presente obra, onde o fim almejado é a efetiva inserção das pessoas com deficiência na Sociedade da Informação, cujos fundamentos básicos são o acesso à informação e à tecnologia digital, parece óbvio supor que o meio plausível e eficaz para a consecução desse fim, posto que possibilita a efetiva remoção de barreiras, é a educação, cujo papel transformador é indiscutível. Sendo assim, somente através de uma educação inclusiva será possível remover os entraves e obstáculos que impedem ou dificultam o acesso das pessoas com deficiência à tecnologia e, consequentemente, à informação, conforme previsto em nossa legislação vigente.

É fundamental, portanto, como os autores da obra em tela demonstram em seus respectivos textos, uma conduta ética, um bom hábito, visando a retirada "dos tijolos do muro" ou das "pedras do meio do caminho", com a devida licença de Roger Waters e Carlos Drummond de Andrade, respectivamente. Retirar os tijolos do muro ou as pedras do caminho, significará permitir que as pessoas com deficiência tenham acesso à informação e, consequentemente, à tecnologia digital, fazendo com que suas deficiências fiquem restritas aos respectivos aspectos biológicos, sem, contudo, representarem exclusão social.

Enaltecendo mais uma vez a iniciativa e a excelência dos trabalhos que compõem a presente obra e sua coordenação, lembramos aqui, posto que atual e oportuna, a lição de Epicuro, quando, em um de seus famosos "remédios da alma", postulava sobre a possibilidade de ser feliz, mesmo na adversidade. E, partindo do princípio de que não há adversidade insuperável, seguimos a linha adota pelo legislador pátrio que, na esteira das orientações das Nações Unidas, sustenta a necessidade da remoção das barreiras devidas às atitudes e ao ambiente que impedem a plena e efetiva participação das pessoas com deficiência na sociedade, em igualdade de oportunidades com as demais pessoas.

A obra, aliás, torna-se ainda mais atual, fundamental e necessária posto que, em face dos problemas socioeconômicos globais ocasionados pela pandemia denominada COVID-19, os termos "remoção de barreiras" e "inclusão social" nunca estiveram tão em voga. Oxalá que, entre as inúmeras lições que certamente resultarão da citada pandemia, esteja aquela relacionada à necessidade de um olhar mais atento da sociedade às minorias e suas necessidades, vale dizer, um olhar mais atento às pessoas com deficiência.

Prof. Ms. Nivaldo Sebastião Vícola

Coordenador do Curso de Especialização em Governança Corporativa e Compliance da FMU – São Paulo

Professor de Ética Geral e Profissional e de Teoria e História do Direito da FMU – São Paulo.

SUMÁRIO

1. O acesso à educação para pessoas com deficiência na sociedade da informação

Bruno Henrique Miniuchi Pellizzari
Leticia Silva da Costa

Introdução

O objetivo do presente texto é analisar a evolução histórica do acesso à educação para pessoas com deficiência e as principais normas jurídicas brasileiras que tem como meta a inclusão dessas pessoas no processo educacional. Em tempos não tão distantes, o acesso à educação, era reservado a população que detinha o poder econômico, submetendo às camadas subjacentes ao linde da dinâmica social.

Tal cenário tende a piorar quando analisado em relação as pessoas com deficiência. Historicamente elas foram marginalizadas na sociedade e além de terem de lidar com as limitações de sua condição, lidavam também com a segregação do convívio social. Algo que por muitas vezes foi legitimado por um viés religioso, que pregava a necessidade de semelhança entre a figura divina e o corpo humano, promovendo a exclusão da pessoa com deficiência da sociedade.

Uma das principais consequências dessa segregação, como veremos adiante, é a impossibilidade de acesso educacional, que acabou por agravar essa diferença social. Todavia, de maneira tímida, já na época imperial, medidas para compensação dessa falha educacional foram realizadas. Com a criação de institutos destinados à educação de pessoas com deficiência os primeiros passos inclusivos foram tomados. As políticas públicas de inclusão, como se observa pelo levantamento feito, só irão ganhar força mais de 100 anos depois da criação desses institutos. Foi um período definido pelo aumento da preocupação estatal e da sociedade em relação as pessoas com deficiência. Marcado pela promulgação de normas que visam a sua maior proteção e inclusão, objetivando inseri-los na sociedade.

Com a promulgação da Constituição Federal de 1988, conhecida como Constituição Cidadã, tais políticas públicas alcançam um patamar inédito. Tendo como um de seus fundamentos a dignidade da pessoa humana e o direito a uma vida digna. Entretanto, como se mostrará, o acesso educacional amplo e gratuito não se dá da melhor maneira com relação as pessoas com deficiência.

Diversas discussões acerca do tema foram feitas, inclusive em relação a própria nomenclatura que deve ser utilizada. Convencionou-se em 2006, na Convenção das Nações Unidas sobre os Direitos da Pessoa com Deficiência, que a nomenclatura que deve ser utilizada é "pessoa com deficiência", que é aplicada para se referir às pessoas que possuem limitações permanentes, sejam elas visuais, auditivas, físicas ou intelectuais.

Nas últimas décadas diversas políticas educacionais públicas foram tomadas, com o objetivo de construir uma sociedade justa e igualitária. Processo que deve levar em consideração a Sociedade da Informação, marcada pelo desenvolvimento tecnológico. O que acaba por ampliar o desafio inclusivo, não só das pessoas com deficiência, mas da sociedade como um todo. Contudo essas novas tecnologias também permitem avanços nos processos inclusivos, facilitando a comunicação e o desenvolvimento educacional das pessoas com deficiência.

Evolução histórica do acesso educacional às pessoas com deficiência.

O acesso à educação assegurado pela legislação é um fenômeno que se deu em meados do século XX. Quanto as pessoas com deficiência em um cenário macro, verificamos que iniciativas que a incluíam na dinâmica da vida social, foram em grande parte paliativas, o que por sua vez não negativa o histórico. Os passos para uma educação inclusiva às pessoas com deficiência foi um processo lento e acumulativo, as medidas que se conhecem antes do período republicano no cenário brasileiro datam do segundo império.

A pessoa com deficiência historicamente foi excluída da dinâmica da vida social comum, tendo por séculos sua existência ignorada. Até meados do século XVIII o deficiente era visto por um viés religioso, isto é, dentro dos parâmetros da religião que tinha o discurso hegemônico na época. A construção discursiva da semelhança entre o homem e Deus, dava as regras superficiais para a integração do indivíduo no corpo social, o que excluía automaticamente os desvios de padrão, sejam eles mentais ou físicos.

O consenso social promoveu uma omissão às necessidades individuais destes grupos, não gerando serviços ou condições que mediassem a situação histórica de marginalização de um grupo desviante à regra.

Dentre as iniciativas de atendimento educacional às pessoas com deficiência temos a Europa como o principal expoente. A primeira iniciativa que se tem documentada foi a obra de *Jean-Paul Bonet*, "*Reducción de las letras y arte para enseñar a hablar a los mudos*", escrita em Madri no ano de 1620. A primeira instituição especializada na educação de surdos-mudos foi fundada em 1770 em Paris pelo abade *Charles M. Eppé* inventor do método dos sinais.

Em 1784 foi fundado o *Institute Nationale des Jeunes Aveugles* (Instituto Nacional dos Jovens Cegos), em Paris. Uma invenção apresentada neste Instituto, de um código militar de comunicação noturna feita por *Charles Barbier*, possibilitou posteriormente a adaptação por *Louis Braille*, criando em 1829 a sonografia que mais tarde seria denominada Braile.

Quanto a pessoa com deficiência física e mental, pesquisas e obras de métodos de ensino foram feitas no início do séc XIX, dentre elas *De l'éducation d'um homme savage* de *Jean Marc Itard* – que foi reconhecido como a primeira pessoa a usar métodos sistematizados para o ensino de deficientes ou retardados (MAZZOTA, 2011) – e o trabalho de *Maria Montessori* (1870-1959) feito em um internato em Roma, que teve a técnica replicada em vários países do oriente e ocidente.

O interessante no trabalho de Maria Montessori foi a definição de dez regras educacionais[1], que mostram não apenas uma alteração no modo como a sociedade via a pessoa com deficiência, mas também a forma como se dava o processo educacional na sua completude.

No cenário brasileiro a primeira iniciativa que se tem documentação data do Segundo Império. Em 12 de setembro de 1854 através do decreto Imperial nº 1.428 foi fundado no Rio de Janeiro, o Imperial Instituto de Meninos Cegos. Posteriormente em 1857 foi fundado também no Rio o Imperial Instituto de Surdos-Mudos. Estes institutos eram voltados tanto para a educação literária quanto ao ensino profissionalizante.

No período republicano é fundado o Instituto Pestalozzi, no ano de 1926, que é uma instituição especializada no atendimento as pessoas com deficiência mental. Em 1954 é fundada a primeira Associação de Pais e Amigos dos Excepcionais – APAE.

Atualmente temos o termo "Escola Cidadã", na qual se caracteriza pela democratização da educação em termos de acesso e permanência. Moacir Gadotti, define o que seria esse termo:

> Devemos entender o conceito de cidadania a partir de um contexto histórico. No caso de uma educação para e pela cidadania isso se torna ainda mais necessário. A educação para a cidadania deve ser entendida hoje, no Brasil, a partir de um movimento educacional concreto, acompanhado por uma particular corrente de pensamento pedagógico. Esse pensamento e essa prática, sem deixar de apresentar suas contradições, caracterizam-se pela democratização da educação em

[1] 1 – As crianças são diferentes dos adultos e necessitam ser tratadas de modo diferente. 2 – A aprendizagem vem de dentro e é espontânea; a criança deve estar interessada numa atividade para se sentir motivada. 3 – As crianças têm necessidades de ambiente infantil que possibilite brincar livremente, jogar e manusear materiais coloridos. 4 – As crianças amam a ordem. 5 – As crianças devem ter liberdade de escolha; por isso necessitam de material suficiente para que possam passar de uma atividade a outra, conforme o índice de interesse e de atenção o exijam 6 – As crianças amam o silêncio. 7 – As crianças preferem trabalhar a brincar. 8 – As crianças amam a repetição. 9 – As crianças têm senso de dignidade pessoal; assim, não podemos esperar que façam exatamente o que mandamos. 10 – As crianças utilizam o meio que as cerca para se aperfeiçoar, enquanto os adultos usam-se a si mesmos para aperfeiçoar seu meio."

> termos de acesso e permanência, pela participação na gestão e escolha democrática dos dirigentes educacionais e pela democratização do próprio Estado. Foi no interior desse movimento, iniciado no final da década de 80, que surgiu no Brasil o que é chamado hoje de Escola Cidadã, uma escola que forma para e pela cidadania. [2]

Sendo objetivo da Escola Cidadã, portanto, a democratização do acesso educacional, incluindo as pessoas com deficiência e formando cidadãos, possibilitando assim, uma sociedade mais justa e igualitária.

As disposições legais que tratam do acesso educacional às pessoas com deficiência serão abordadas mais a frente e demostrarão as ações governamentais para possibilitar um acesso educacional mais justo e amplo.

Acesso à educação no ordenamento jurídico brasileiro

O ordenamento jurídico brasileiro possui diversas disposições que visam o acesso a educação para pessoas com deficiência. As disposições que merecem destaque aludem desde a década de 60 do século XX. Historicamente, como já demonstramos, a preocupação com a educação inclusiva é percebida já na época imperial, porém só começa efetivamente a ganhar força com a promulgação da Constituição Federal de 1988.

Nas últimas décadas, muito em decorrência dos avanços tecnológicos e pelas novas técnicas de ensino, que visam a inclusão de todas as pessoas através da educação, o Ministério da Educação trabalhou para que essa integração efetivamente pudesse ser colocada em prática. Partindo da convicção de que a educação é um direito humano básico, e como veremos mais a frente, é fundamento para uma sociedade mais justa, deve contemplar a todos, com especial atenção a pessoa com deficiência, o superdotado, o hiperativo, o indisciplinado e assim por diante, não devendo ter como causa impeditiva as características individuais de cada um.

[2] GADOTTI, Moacir. **Escola cidadã educação pela cidadania**. 2000. Disponível em: http://www.acervo.paulofreire.org:8080/jspui/bitstream/7891/1645/3/FPF_PTPF_13_009.pdf. Acesso em: 03.jun.2019.

A seguir iremos abordar as principais normas presentes no ordenamento jurídico pátrio, para que fique evidente os direitos e deveres da sociedade no acesso à educação.

Constituição Federal de 1988

A Constituição Federal, promulgada em 1988, conhecida como Constituição Cidadã, é a base de todo o ordenamento jurídico pátrio. É a sétima constituição que nosso país tem, desde a independência do Brasil em 1822. Em 2018 completou 30 anos e ainda é considerada um marco aos direitos dos cidadãos brasileiros, por assegurar liberdades civis e os deveres do Estado. No seu preâmbulo nos trás seus princípios orientadores fundamentais:

> Nós, representantes do povo brasileiro, reunidos em Assembleia Nacional Constituinte para instituir um Estado Democrático, destinado a assegurar o exercício dos direitos sociais e individuais, a liberdade, a segurança, o bem-estar, o desenvolvimento, a igualdade e a justiça como valores supremos de uma sociedade fraterna, pluralista e sem preconceitos, fundada na harmonia social e comprometida, na ordem interna e internacional, com a solução pacífica das controvérsias, promulgamos, sob a proteção de Deus, a seguinte CONSTITUIÇÃO DA REPÚBLICA FEDERATIVA DO BRASIL.

Já em seu preâmbulo é possível perceber seus objetivos e entender o porquê de ser chamada de Constituição Cidadã. No que concerne o acesso a educação, os valores supremos da liberdade, bem-estar, desenvolvimento, igualdade e justiça, por si só, já fundamentam o tratamento inclusivo das pessoas com deficiência. Que servirão como base para uma sociedade fraterna, pluralista e sem preconceitos. Objetivo maior da Constituição Federal de 1988.

Em seu artigo 1º a Constituição de 1988 já nos traz como fundamento do Estado Democrático de Direito a dignidade da pessoa humana, como podemos observar abaixo:

> Art. 1º A República Federativa do Brasil, formada pela união indissolúvel dos Estados e Municípios e do Distrito Federal, constitui-se em Estado Democrático de Direito e tem como fundamentos: (...)
> III – a dignidade da pessoa humana; (...).

O princípio da dignidade da pessoa humana no que tange a educação a pessoas com deficiência tem relação com a possibilidade de que, através do acesso à educação essas pessoas tenham condições de viver uma vida digna, aproveitando de todas as oportunidades que lhe sejam proporcionadas. Não sendo a falta de acesso educacional, uma barreira. Rizzatto Nunes conceitua o termo dignidade da pessoa humana:

> Percebe-se, então, que o termo dignidade aponta para, pelo menos, dois aspectos análogos, mas distintos: aquele que é inerente à pessoa, pelo simples fato de ser, nascer pessoa humana; e outro dirigido à vida das pessoas, à possibilidade e ao direito que têm as pessoas de viver uma vida digna.[3]

O artigo 3º nos expõe os objetivos fundamentais da República Federativa do Brasil, que entre seus incisos estão que é objetivo construir uma sociedade livre, justa e solidária, além de promover o bem de todos, sem preconceitos de origem, raça, sexo, cor, idade e quaisquer outras formas de discriminação. No artigo 5º está disciplinado que todos são iguais perante a lei, sem distinção de qualquer natureza. E no artigo 6º que são direitos sociais a educação, a saúde, a alimentação, o trabalho, a moradia, o transporte, o lazer, a segurança, a previdência social, a proteção à maternidade e à infância e a assistência aos desamparados.

Considerando, portanto, o que o texto constitucional nos traz, é direito das pessoas com deficiência, assim como de todos cidadãos brasileiros, acesso à educação. Devendo o Estado garantir esse acesso, através de políticas públicas que objetivem um tratamento igualitário entre todos.

[3] NUNES, Luiz Antonio Rizzatto. **O Princípio da Dignidade da Pessoa Humana: doutrina e jurisprudência**. São Paulo: Saraiva, 2018. p. 72.

No artigo 23 temos clara menção às pessoas com deficiência, disciplinando que é competência comum da União, dos Estados, do Distrito Federal e dos Munícipios cuidar da saúde e assistência pública, da proteção e garantia das pessoas com deficiência. Além de em seu inciso V disciplinar que é competência proporcionar os meios de acesso à cultura, à educação, à ciência, à tecnologia, à pesquisa e à inovação.

O artigo 205 no que trata o acesso à educação é o mais importante presente na Constituição Federal. Disciplina que a educação é um direito de todos, sendo um dever do Estado e da família, com a sua promoção e incentivo efetuado através da colaboração da sociedade. O legislador constituinte acaba por incluir na obrigação de promover a educação, além do Estado, também toda a sociedade. Em virtude do objetivo de proporcionar acesso educacional a todos ser o pleno desenvolvimento da pessoa, seu preparo para o exercício da cidadania e sua qualificação para o trabalho, toda a sociedade deve estar envolvida. Abaixo segue transcrito o artigo 205:

> Art. 205. A educação, direito de todos e dever do Estado e da família, será promovida e incentivada com a colaboração da sociedade, visando ao pleno desenvolvimento da pessoa, seu preparo para o exercício da cidadania e sua qualificação para o trabalho.

O objetivo do artigo 208 é reforçar a obrigação do Estado com as pessoas com deficiência. Trazendo que a efetivação do dever do Estado com a educação será mediante a garantia de atendimento educacional especializado às pessoas com deficiência, preferencialmente na rede regular de ensino.

O artigo 227 instrui sobre os deveres da família, da sociedade e do Estado com às crianças, adolescentes e jovens. Incluindo as pessoas com deficiência explicitamente em seu inciso II. Esse artigo é de grande importância, já que tem como objetivo integrar socialmente essas pessoas, através do treinamento para o trabalho e a convivência, além da facilitação do acesso aos bens e serviços coletivos, através da eliminação de barreiras e formas de discriminação. Pode ser lido na integra a seguir:

> Art. 227. É dever da família, da sociedade e do Estado assegurar à criança, ao adolescente e ao jovem, com absoluta prioridade, o direito à

> vida, à saúde, à alimentação, à educação, ao lazer, à profissionalização, à cultura, à dignidade, ao respeito, à liberdade e à convivência familiar e comunitária, além de colocá-los a salvo de toda forma de negligência, discriminação, exploração, violência, crueldade e opressão. (...)
> II – criação de programas de prevenção e atendimento especializado para as pessoas portadoras de deficiência física, sensorial ou mental, bem como de integração social do adolescente e do jovem portador de deficiência, mediante o treinamento para o trabalho e a convivência, e a facilitação do acesso aos bens e serviços coletivos, com a eliminação de obstáculos arquitetônicos e de todas as formas de discriminação. (...)

Após uma análise das principais disposições sobre acesso à educação presentes na Constituição Federal de 1988, passaremos as disposições presentes nas leis infraconstitucionais.

Leis infraconstitucionais

A seguir iremos analisar as principais leis infraconstitucionais que abordam o tema acesso à educação para pessoas com deficiência. A análise se dará em um período de quase 60 anos. Iniciando-se com a Lei nº 4.024 de 1961 e encerrando com a Lei nº 13.146 de 2015, conhecida como o Estatuto da Pessoa com Deficiência, sendo essa última uma das mais importantes leis de proteção e inclusão das pessoas com deficiência.

A primeira lei que abordaremos é a Lei nº 4.024 de 1961 – Lei de Diretrizes e Bases da Educação Nacional (LDBEN)[4], que entre outras disposições, disciplina sobre o atendimento educacional às pessoas com deficiência, sendo tratadas no texto como "excepcionais". No texto da lei, em seu artigo 88, está escrito que a educação de excepcionais, deve, no que for possível, enquadrar-se no sistema geral de Educação, a fim de integrá-los na comunidade.

[4] **Lei de Diretrizes e Bases da Educação Nacional (LDBEN).** Disponível em: http://www.planalto.gov.br/ccivil_03/LEIS/L4024.htm. Acesso em: 04.jun.2019.

Referida lei foi quase integralmente revogada pela Lei nº 9.394/96, sendo mantido somente os artigos 6º a 9º.

Já a Lei nº 5.692 de 1971[5] é a segunda lei de diretrizes e bases educacionais do Brasil. Em seu artigo 9º trazia que os alunos que apresentem deficiências físicas ou mentais, os que se encontrem em atraso considerável quanto à idade regular de matrícula e os superdotados deverão receber tratamento especial, de acordo com as normas fixadas pelos competentes Conselhos de Educação. Acabou por gerar um efeito contrário à inclusão das pessoas com deficiência, apontando a escola especial como caminho educacional para essas pessoas. Foi integralmente refogada pela Lei 9.394/96.

A Lei nº 7.853[6] de 1989 dispõe sobre o apoio às pessoas com deficiência e a sua integração na sociedade. No que tange a educação, no artigo 2º, inciso I, disciplina que deve ocorrer a inclusão, no sistema educacional, da Educação Especial, como modalidade educativa que abranja a educação precoce, a pré-escolar, as de 1º e 2º graus, a supletiva, a habilitação e reabilitação profissionais, com currículos, etapas e exigências de diplomação próprios. Além da inserção, no referido sistema educacional, das escolas especiais, privadas e públicas. O acesso de alunos com deficiência aos benefícios conferidos aos demais educandos, inclusive de material escolar, merenda escolar e bolsas de estudo. E finaliza com a disposição de matrícula compulsória em cursos regulares de estabelecimentos públicos e particulares de pessoas com deficiência capazes de se integrarem no sistema regular de ensino. O que acaba por excluir da lei uma grande parcela das pessoas, já que sugere que elas não são capazes de terem relações sociais e, por consequência, de aprender.

A Lei nº 8.069 de 1990[7] – Estatuto da Criança e do Adolescente (ECA), em seu artigo 4º nos traz que é dever da família, da comunidade, da sociedade em geral e do poder público assegurar, entre outras coisas, a efetivação dos direitos referentes à educação. O artigo 53 disciplina que a criança e o

[5] **Segunda Lei de diretrizes e bases.** Disponível em: http://www.planalto.gov.br/ccivil_03/leis/L5692.htm. Acesso em 04.jun.2019.

[6] **Apoio** às pessoas portadoras de deficiência, sua integração social, sobre a Coordenadoria Nacional para Integração da Pessoa Portadora de Deficiência. Disponível em: http://www.planalto.gov.br/ccivil_03/leis/l7853.htm. Acesso em: 05.jun.2019.

[7] **Estatuto da Criança e do Adolescente.** Disponível em: http://www.planalto.gov.br/ccivil_03/leis/l8069.htm. Acesso em 05.jun.2019.

adolescente têm direito à educação, visando o pleno desenvolvimento de sua pessoa, preparo para o exercício da cidadania e qualificação para o trabalho, assegurando-lhes igualdade de condições para o acesso e permanência na escola. O artigo 54 nos traz que é dever do Estado assegurar atendimento educacional especializado às pessoas com deficiência, preferencialmente na rede regular de ensino, tendo como objetivo a integração dos mesmos, na sociedade. Importante destacar que no parágrafo único, do artigo 3º, está posto que os direitos enunciados nesta lei aplicam-se a todas as crianças e adolescentes, sem discriminação de nascimento, situação familiar, idade, sexo, raça, etnia ou cor, religião ou crença, deficiência, condição pessoal de desenvolvimento e aprendizagem, condição econômica, ambiente social, região e local de moradia ou outra condição que diferencie as pessoas, as famílias ou a comunidade em que vivem.

A Lei nº 9.394 de 1996 [8] – Lei de Diretrizes e Bases da Educação (LDB), atualmente em vigor, possui um capítulo dedicado à educação especial. Em seu artigo 4º determina o atendimento educacional especializado gratuito aos educandos com deficiência, transtornos globais de desenvolvimento e altas habilidades ou superdotação, transversal a todos os níveis, etapas e modalidades, preferencialmente na rede regular de ensino. No artigo 58 é tratado sobre a educação especial, afirmando que o atendimento educacional será feito em classes, escolas ou serviços especializados, sempre que, em função das condições específicas dos alunos, não for possível a integração nas classes comuns de ensino regular. O artigo 59 assegura aos educandos referidos no artigo 4º professores com especialização adequada em nível médio ou superior, para atendimento especializado, bem como professores do ensino regular capacitados para a integração desses educandos nas classes comuns. Além de educação especial para o trabalho, visando a sua efetiva integração na vida em sociedade, inclusive condições adequadas para os que não revelarem capacidade de inserção no trabalho competitivo, mediante articulação com os órgãos oficiais afins, bem como para aqueles que apresentam uma habilidade superior nas áreas artística, intelectual ou psicomotora.

[8] **Diretrizes e Bases da Educação.** Disponível em: http://www.planalto.gov.br/ccivil_03/leis/l9394.htm. Acesso em 05.jun.2019.

A Lei nº 10.172 de 2001[9] – Plano Nacional de Educação (PNE), possuía quase 30 metas e objetivos para as crianças e jovens com deficiência. Entre as disposições podemos extrair as seguintes: A disposição constitucional (art. 208, III) de integração das pessoas com deficiência na rede regular de ensino será, no ensino médio, implementada através de qualificação dos professores e da adaptação das escolas quanto às condições físicas, mobiliário, equipamentos e materiais pedagógicos. Quando necessário atendimento especializado, serão observadas diretrizes específicas contidas no capítulo sobre educação especial. Das diretrizes extraímos esse importante trecho:

> A educação especial se destina às pessoas com necessidades especiais no campo da aprendizagem, originadas quer de deficiência física, sensorial, mental ou múltipla, quer de características como altas habilidades, superdotação ou talentos.
> A integração dessas pessoas no sistema de ensino regular é uma diretriz constitucional (art. 208, III), fazendo parte da política governamental há pelo menos uma década. Mas, apesar desse relativamente longo período, tal diretriz ainda não produziu a mudança necessária na realidade escolar, de sorte que todas as crianças, jovens e adultos com necessidades especiais sejam atendidos em escolas regulares, sempre que for recomendado pela avaliação de suas condições pessoais. Uma política explícita e vigorosa de acesso à educação, de responsabilidade da União, dos Estados e Distrito Federal e dos Municípios, é uma condição para que às pessoas especiais sejam assegurados seus direitos à educação. Tal política abrange: o âmbito social, do reconhecimento das crianças, jovens e adultos especiais como cidadãos e de seu direito de estarem integrados na sociedade o mais plenamente possível; e o âmbito educacional, tanto nos aspectos administrativos (adequação do espaço escolar, de seus equipamentos e materiais pedagógicos), quanto na qualificação dos professores e demais profissionais envolvidos. O ambiente escolar como um todo deve ser sensibilizado para uma perfeita integração. Propõe-se uma escola integradora, inclusiva,

[9] **Plano Nacional da Educação.** Disponível em: http://www.planalto.gov.br/ccivil_03/leis/leis_2001/l10172.htm. Acesso em 07.jun.2019.

> aberta à diversidade dos alunos, no que a participação da comunidade é fator essencial. Quanto às escolas especiais, a política de inclusão as reorienta para prestarem apoio aos programas de integração.
> A educação especial, como modalidade de educação escolar, terá que ser promovida sistematicamente nos diferentes níveis de ensino.
> A garantia de vagas no ensino regular para os diversos graus e tipos de deficiência é uma medida importante.
> Entre outras características dessa política, são importantes a flexibilidade e a diversidade, quer porque o espectro das necessidades especiais é variado, quer porque as realidades são bastante diversificadas no País.[10]

Tal diretriz é de grande importância, já que demonstra a preocupação do Estado com os educandos com deficiência, sendo através da educação o caminho para a plena inserção na sociedade das pessoas com deficiência. Garantindo, além da educação especial, a garantia de vagas no ensino regular.

A Lei nº 13.005 de 2014[11] – Plano Nacional de Educação (PNE), é o atual PNE e tem como meta 4 universalizar, para a população de 4 (quatro) a 17 (dezessete) anos com deficiência, transtornos globais do desenvolvimento e altas habilidades ou superdotação, o acesso à educação básica e ao atendimento educacional especializado, preferencialmente na rede regular de ensino, com a garantia de sistema educacional inclusivo, de salas de recursos multifuncionais, classes, escolas ou serviços especializados, públicos ou conveniados. Seguindo o PNE anterior, dá especial atenção aos educandos com deficiência, dando preferência ao seu atendimento educacional na rede regular de ensino. Porém causa polêmica pela sua redação trazer o termo "preferencialmente", indo contra a universalização da educação básica para todas as pessoas com deficiência em escolas comuns.

[10] **Plano Nacional de Educação.** Disponível em: http://www.planalto.gov.br/ccivil_03/leis/leis_2001/l10172.htm. Acesso em: 06.jun.2019.

[11] **Plano Nacional de Educação – PNE.** Disponível em: http://www.planalto.gov.br/ccivil_03/_ato2011-2014/2014/lei/l13005.htm. Acesso em 06.jun.2019.

A Lei nº 13.146 de 2015[12] – Estatuto da Pessoa com Deficiência, traz importantes disposições acerca do acesso à educação para pessoas com deficiência. Em seu artigo 1º enuncia que é destinada a assegurar e a promover, em condições de igualdade, o exercício dos direitos e das liberdades fundamentais por pessoa com deficiência, visando à sua inclusão social e cidadania. Seu capítulo IV é destinado exclusivamente sobre o tema educação, elencando a educação como direito da pessoa com deficiência. Sendo assegurando um sistema educacional inclusivo em todos os níveis e aprendizado ao longo de toda a vida, de forma a alcançar o máximo desenvolvimento possível de seus talentos e habilidades físicas, sensoriais, intelectuais e sociais, segundo suas características, interesses e necessidades de aprendizagem.

Assemelhando-se ao texto constitucional, ao dispor que é dever do Estado, da Família, da comunidade escolar e da sociedade assegurar o acesso educacional de qualidade às pessoas com deficiência, protegendo-as de toda forma de violência, negligência e discriminação.

É incumbido ao Poder Público o aprimoramento dos sistemas educacionais, com o objetivo de garantir condições de acesso, permanência, participação e aprendizagem, por meios que eliminem as barreiras e promovam a inclusão plena.

Disciplina sobre a oferta de educação bilíngue, em Libras como primeira língua e na modalidade escrita da língua portuguesa como segunda língua, em escolas e classes bilíngues e em escolas inclusivas. Além da formação e disponibilização de professores para o atendimento educacional especializado, de tradutores e intérpretes da Libras, de guias intérpretes e de profissionais de apoio. Oferta de ensino da Libras, do Sistema Braille e de uso de recursos de tecnologia assistiva, de forma a ampliar habilidades funcionais dos estudantes, promovendo sua autonomia e participação. Entre outras importantes disposições.

O Estatuto da Pessoa com Deficiência é atualmente um dos documentos mais importantes na promoção da inclusão das pessoas com deficiência na sociedade, considerado como um marco na luta por igualdade. Possui cerca de 125 artigos, no qual dedica exclusivamente 4 ao acesso à educação. Tem

[12] **Estatuto da Pessoa com Deficiência.** Disponível em: http://www.planalto.gov.br/ccivil_03/_ato2015-2018/2015/lei/l13146.htm. Acesso em: 06.jun.2019.

como base a Convenção sobre os Direitos das Pessoas com Deficiência e seu Protocolo Facultativo, ratificados pelo Congresso Nacional por meio do Decreto Legislativo nº 186, de 9 de julho de 2008.

Políticas inclusivas

Diversas políticas inclusivas foram lançadas pelo governo, com o objetivo de fomentar a inclusão de pessoas com deficiência, tanto no campo educacional, quanto no campo laboral. Destacaremos as principais políticas que se relacionam com o nosso campo de estudo, que é a área educacional.

Uma das primeiras grandes políticas públicas inclusivas foi o Programa universidade para todos (PROUNI)[13], que é um programa do Ministério da Educação, criado em 2005, que visa a concessão de bolsas de estudo em instituições de ensino superior, em cursos de graduação e sequenciais de formação específica. Se estende a pessoas com deficiência, que podem concorrer a bolsas integrais.

Outro importante programa é o Programa de acessibilidade no ensino superior (Programa incluir)[14], que foi criado em 2005 e propõe normas que permitem o acesso pleno de pessoas com deficiência às instituições federais de ensino superior (IFES). Tem como objetivo fomentar a criação e consolidação de núcleos de acessibilidade, que serão responsáveis por organizar, institucionalmente, a inclusão de pessoas com deficiência à vida acadêmica, permitindo a eliminação de barreiras comportamentais, pedagógicas, arquitetônicas e de comunicação.

Já o Plano de Desenvolvimento da Educação (PDE)[15] de 2007 disciplina sobre a acessibilidade arquitetônica dos prédios escolares, assim como a implantação de salas de recursos multifuncionais e a formação docente para o atendimento educacional especializado.

[13] **Programa Universidade para todos.** Disponível em: http://www.planalto.gov.br/ccivil_03/_Ato2004-2006/2005/Lei/L11096.htm. Acesso em: 07.jun.2019.

[14] **Programa Incluir.** Disponível em: Ministério da Educação: http://portal.mec.gov.br/programa-incluir. Acesso em: 07.jun.2019.

[15] **Plano de Desenvolvimento da Educação – PDE.** Disponível em: http://portal.mec.gov.br/arquivos/livro/livro.pdf. Acesso em: 07.jun.2019.

A Política nacional de educação especial na perspectiva da educação inclusiva[16] é um documento do Ministério da Educação, que fundamenta a política nacional educacional, com objetivo de promover a inclusão educacional. Indicando que o ponto de partido é a educação especial, mas o grande objetivo é a educação inclusiva plena.

O Plano Nacional dos Direitos da Pessoa com Deficiência – (Plano Viver sem Limite)[17] de 2011, tem como finalidade promover, por meio da integração e articulação de políticas, programas e ações, o exercício pleno e equitativo dos direitos das pessoas com deficiência, nos termos da Convenção Internacional sobre os Direitos das Pessoas com Deficiência e seu Protocolo Facultativo. Uma das diretrizes do plano é a garantia de um sistema educacional inclusivo. Seus eixos são o acesso à educação, atenção à saúde, inclusão social e acessibilidade.

Sociedade da Informação e a inclusão da pessoa com deficiência

Antes de adentrarmos ao assunto principal do artigo, há a necessidade de conceituarmos Sociedade da Informação e entendermos sua importância nos tempos atuais. Manuel Castells conceitua a Sociedade da Informação como:

> Um período histórico caracterizado por uma revolução tecnológica, movida pelas tecnologias digitais de informação e de comunicação. O seu funcionamento advém de uma estrutura social em rede, que envolve todos os âmbitos da atividade humana, numa interdependência multidimensional, que depende dos valores e dos interesses subjacentes em cada país e organização. Este percurso da história humana gera uma multiplicidade de opções para a vontade humana se concretizar. Entre esta noção e a de "sociedade informacional", existem algumas

[16] **Política nacional de educação especial na perspectiva da educação inclusiva.** Disponível em: http://portal.mec.gov.br/arquivos/pdf/politicaeducespecial.pdf

[17] **Plano Nacional dos Direitos da Pessoa com Deficiência – Plano Viver sem Limite.** Disponível em: http://www.planalto.gov.br/ccivil_03/_ato2011-2014/2011/decreto/d7612.htm. Acesso em: 07.jun.2019.

> diferenças, em que a sociedade da informação destaca a importância desta nas dinâmicas sociais, de um modo transversal, em qualquer período do tempo.[18]

O termo sociedade da informação surgiu no século XX, no momento em que começamos a viver um grande avanço tecnológico, tornando a tecnologia essencial ao desenvolvimento social e econômico de todos.

Iniciou ao passo que as telecomunicações e a internet começaram a facilitar o nosso contato com pessoas que estão do outro lado mundo, com mais rapidez e eficiência para o processamento da informação.

A sociedade passou a conviver e se adequar aos meios de comunicação mais rápidos, possibilitando a inserção da tecnologia em quase todos os âmbitos necessários para uma boa convivência social, econômica e também educacional.

Após todo esse avanço precisamos imaginar a inclusão da sociedade, pois uma inclusão digital faz parte de uma democratização, contribuindo para suas respectivas mudanças. Uma das mudanças foi o acesso ao ensino à distância, pois é conhecimento de todos que há pessoas que moram distantes de grandes polos de aprendizagem, e puderem usufruir de ensino à distância.

Mas a inclusão não se limita apenas a criação de ensino à distância, mas também na utilização de ferramentas tecnológicas inseridas no ensino dito como tradicional, ou seja, no cotidiano escolar, durante o ensino fundamental até mesmo o ensino superior. E a partir daí, passou a ser um desafio a todos, mas principalmente à pessoa com deficiência.

Porque agora a inclusão não será apenas uma questão de dar condições de matrículas e a acessibilidade estruturais, mas também de inclusão digital. A inclusão digital é objeto de discussão tanto nacional como internacionalmente, pois a busca da diminuição das pessoas excluídas digitalmente deve ser objetivo de todos que possuem o dever a uma educação de qualidade e uma transformação do mundo.

Sabemos que a educação digital é uma realidade, mas também sabemos que os primeiros passos a inclusão da pessoa com deficiência ainda nem

[18] CASTELLS, Manuel. **A Era da Informação: economia, sociedade e cultura.** Volume I, a sociedade em rede. p.21.

ocorreram, como por exemplo rampas de acesso adequadas em escolas, mas a velocidade da educação digital é maior e teremos que nos adequar ainda mais rapidamente.

Hoje podemos contar com a tecnologia assistiva, que ajuda a melhorar a qualidade de vida da pessoa com deficiência. Entendemos por tecnologia assistiva:

> Uma área do conhecimento, de característica interdisciplinar, que engloba produtos, recursos, metodologias, estratégias, práticas e serviços que dão mais autonomia, independência e qualidade de vida a pessoas com deficiência, incapacidades ou mobilidade reduzida.[19]

A tecnologia assistiva elabora diversos instrumentos e soluções para tratamento médico, mobilidade pessoal, ferramentas e máquinas, de acordo com objetivos específicos, todos catalogados.

O referido catálogo é divulgado no Portal Nacional de Tecnologia Assistiva, que atua como um grande apoio e troca de informações, pautando-se em pesquisas, desenvolvimento, execução e divulgação. Este portal é o primeiro da América Latina a fazer parte do *International Alliance of Assistive Technology Information*, que faz uma ligação com diversos países objetivando troca de experiências. No Brasil a parceria é com o Instituto de Tecnologia Social (ITS Brasil), que contribui com a elaboração de políticas no âmbito da ciência, tecnologia e inovação, possibilitando uma inclusão social das pessoas com deficiência e também idosos.

Conclusões

Temos percebido uma grande movimentação legislativa ao longo dos últimos anos objetivando uma melhor qualidade de vida e uma inserção da pessoa com

19 **Tecnologia assistiva ajuda a melhorar a qualidade de vida de pessoas com deficiência.** Disponível em: http://www.brasil.gov.br/noticias/educacao-e-ciencia/2010/08/tecnologia-assistiva. Acesso em: 08.jun.2019.

deficiência ao núcleo social. Várias outras medidas foram tomadas buscando atender as necessidades educacionais de todos que necessitam da inclusão.

É notável que o avanço tecnológico tem interferido no cotidiano de todos com uma rapidez considerável e qualquer medida a ser tomada para diminuir a exclusão digital, muitas vezes tem chegado com algum atraso e isto tem dificultado a inclusão e o uso de ferramentas digitais daqueles que tanto precisam de uma atenção especializada.

Estar incluído digitalmente hoje em dia, é estar incluído social, cultural e economicamente, mas quando falamos em educação deveria ser ponto principal e lidado com total cuidado pelas autoridades.

A inclusão digital já foi iniciada, precisamos aguardar a execução com a eficiência esperada de todos os setores para que exista uma real inserção das pessoas com deficiência e elas possam atingir o avanço educacional que tem direito. Valendo-se, principalmente, das tecnologias assistivas, que vão permitir uma educação inclusiva, através de metodologias, estratégias e serviços. Na medida em que o meio para que uma pessoa possa exercer sua cidadania é através da educação.

Referências

Apoio às pessoas portadoras de deficiência, sua integração social, sobre a Coordenadoria Nacional para Integração da Pessoa Portadora de Deficiência. Disponível em: http://www.planalto.gov.br/ccivil_03/leis/l7853.htm. Acesso em: 05.jun.2019.

CASTELLS, Manuel. **A era da informação: economia, sociedade e cultura**. Fundação Calouste Gulbenkian. Serviço de Educação e Bolsas, 2011.

DALL'AGNOL,Talita Cazassus. **Direito à educação das pessoas com deficiência**. Disponível em: https://diariodainclusaosocial.com/2016/12/09/direito-a-educacao-das-pessoas-com-deficiencia/. Acesso em 05.jun.2019.

Diretrizes e Bases da Educação. Disponível em: http://www.planalto.gov.br/ccivil_03/leis/l9394.htm. Acesso em 05.jun.2019.

Estatuto da Criança e do Adolescente. Disponível em: http://www.planalto.gov.br/ccivil_03/leis/l8069.htm. Acesso em 05.jun.2019.

Estatuto da Pessoa com Deficiência. Disponível em: http://www.planalto.gov.br/ccivil_03/_ato2015-2018/2015/lei/l13146.htm. Acesso em: 06.jun.2019.

GADOTTI, Moacir. **Escola cidadã educação pela cidadania**. São Paulo: Centro de Referência Paulo Freire, 2000. Disponível em: http://www.acervo.paulofreire.org:8080/jspui/bitstream/7891/1645/3/FPF_PTPF_13_009.pdf. Acesso em 06.jun.2019.

GIL, Marta. **A legislação federal brasileira e a educação de alunos com deficiência.** Disponível em: https://diversa.org.br/artigos/a-legislacao-federal-brasileira-e-a-educacao-de-alunos-com-deficiencia/. Acesso em 05.jun.2019.

Lei de Diretrizes e Bases da Educação Nacional (LDBEN). Disponível em: http://www.planalto.gov.br/ccivil_03/LEIS/L4024.htm. Acesso em: 04.jun.2019.

MAZZOTTA, Marcos José da Silveira. **Educação especial no Brasil: história e políticas públicas**. São Paulo: Cortez, 2011. p. 15-26.

NUNES, Luiz Antonio Rizzatto. **O Princípio da Dignidade da Pessoa Humana: doutrina e jurisprudência**. São Paulo: Saraiva, 2018. p. 72.

Plano de Desenvolvimento da Educação – PDE. Disponível em: http://portal.mec.gov.br/arquivos/livro/livro.pdf. Acesso em: 07.jun.2019.

Plano Nacional da Educação. Disponível em: http://www.planalto.gov.br/ccivil_03/leis/leis_2001/l10172.htm. Acesso em 07.jun.2019.

Plano Nacional dos Direitos da Pessoa com Deficiência – Plano Viver sem Limite. Disponível em: http://www.planalto.gov.br/ccivil_03/_ato2011-2014/2011/decreto/d7612.htm. Acesso em: 07.jun.2019.

Plano Nacional de Educação – PNE. Disponível em: http://www.planalto.gov.br/ccivil_03/_ato2011-2014/2014/lei/l13005.htm. Acesso em 06.jun.2019.

Política nacional de educação especial na perspectiva da educação inclusiva. Disponível em: http://portal.mec.gov.br/arquivos/pdf/politicaeducespecial.pdf

Programa Incluir. Disponível em: Ministério da Educação: http://portal.mec.gov.br/programa-incluir. Acesso em: 07.jun.2019.

Programa Universidade para todos. Disponível em: http://www.planalto.gov.br/ccivil_03/_Ato2004-2006/2005/Lei/L11096.htm. Acesso em: 07.jun.2019.

SÁNCHEZ, Jesús-Nicasio García. **Dificuldades de aprendizagem e intervenção psicopedagógica**. São Paulo: Artmed, 2004.

Segunda Lei de diretrizes e bases. Disponível em: http://www.planalto.gov.br/ccivil_03/leis/L5692.htm. Acesso em 04.jun.2019.

Tecnologia assistiva ajuda a melhorar a qualidade de vida de pessoas com deficiência. Disponível em: http://www.brasil.gov.br/noticias/educacao-e-ciencia/2010/08/tecnologia-assistiva. Acesso em: 08.jun.2019.

2. Uma análise sobre a tutela coletiva como forma de eliminar as barreiras de acesso à justiça para pessoas com deficiência

Augusto Rodrigues Porciuncula
Gabriel Oliveira Brito
Rafael Rizzi

Introdução

As inovações tecnológicas na sociedade atual geralmente são analisadas como benéficas em todos os sentidos por conta da diminuição de barreiras geográficas e temporais. Entretanto, a utilização da tecnologia na virtualização do processo judicial pode se tornar um problema para as pessoas com deficiência que necessitam do devido acesso à justiça.

Por meio deste artigo, busca-se analisar a tutela coletiva como meio de eliminar algumas barreiras tecnológicas de acesso à justiça impostas às pessoas com deficiência. Inicialmente será contextualizado o conceito de acesso à justiça e das barreiras de acesso à justiça apresentadas pela doutrina e pela Lei Brasileira de Inclusão (Lei n. 13.146 de 6 de julho de 2015). Posteriormente, serão estudados os efeitos negativos impostos às pessoas com deficiência em decorrência da implementação do processo judicial eletrônico e informatização do sistema processual. Por fim, será apresentada a tutela coletiva como meio de eliminação de tais barreiras, em juízo, para a coletividade de pessoas com deficiência que sofrem por conta de determinadas situações impostas pelas novas tecnologias surgidas na sociedade da informação.

Para este estudo foi adotado o método dedutivo e técnicas de pesquisa científica, com base em referências bibliográficas, sendo que, ao final, se propõe a utilização da tutela coletiva como meio para satisfação dos interesses coletivos das pessoas com deficiência surgidas na sociedade da informação, principalmente, no tocante aos sistemas de processamento de informações e prática de atos processuais eletrônicos diante da postura do Poder Judiciário que não atua da forma uniforme e organizada para a solução destas questões.

Acesso à justiça e as barreiras para as pessoas com deficiência.

O conceito de acesso à justiça evoluiu ao longo dos anos e o que antes era entendido como mero acesso formal ao Poder Judiciário passou a ter um significado mais amplo com a preocupação ao acesso com efetividade, de modo a estabelecer uma proteção contenciosa dos direitos para estabelecer o *acesso à ordem jurídica justa*.[1] Desde a publicação da obra de Mauro Cappelletti e Bryant Garth[2], diversos foram os escritos sobre a conceituação do acesso à justiça como o acesso efetivo à justiça[3], que consistiria na obtenção da justiça substancial[4], no sentido de que cabe a todos que tenham qualquer problema jurídico, uma atenção por parte do Poder Público, em especial do

[1] WATANABE, Kazuo. **Acesso à ordem jurídica justa**: conceito atualizado de acesso à justiça, processos coletivos e outros estudos. Belo Horizonte: Del Rey, 2019. p. 109.

[2] Os autores publicaram em 1978 o Relatório Geral de Acesso à Justiça, denominado como "Access to Justice: The Worldwide Movement to Make Rights Effective: A General Report", no qual, segundo os próprios autores, o objetivo principal seria de realizar uma nova abordagem sobre os problemas que o acesso apresentava nas sociedades contemporâneas. A inspiração era de tornar efetivos os direitos do cidadão comum, o que exigiria reformas de mais amplo alcance e uma nova criatividade no sentido de romper com a crença tradicional na confiabilidade das instituições jurídicas. Cf. CAPPELLETTI, Mauro; GARTH, Bryant. **Acesso à justiça**. Tradução de Ellen Gracie Northfleet. Porto Alegre: Fabris, 1988. p. 8

[3] Cf. CAPPELLETTI, Mauro; GARTH, Bryant. Ob. cit. p. 9

[4] Cf. DINAMARCO, Cândido Rangel. **Instituições de direito processual civil**. 8. ed. São Paulo: Malheiros, 2016. t. 1. p. 206.

Poder Judiciário[5]. Há que se destacar que o acesso à justiça envolve um problema econômico social, no sentido de que a aplicação depende da remoção de vários obstáculos[6], sejam eles de ordens interna e externa[7].

Tratar do acesso efetivo à justiça significa discutir a remoção destes obstáculos. Para Cappelletti e Garth[8], a efetividade perfeita seria expressa como uma completa igualdade de armas, sem diferenças estranhas ao direito que afetassem a afirmação ou reivindicação dos direitos. Os autores destacam que tal dimensão seria utópica, todavia não afasta a necessidade de apurar quais entraves ao acesso efetivo à justiça podem e devem ser atacados, destacando-se como barreiras de acesso à justiça as custas judiciais, as possibilidades das partes e os problemas especiais dos direitos difusos e coletivos.[9]

Estas barreiras prevalecem nos dias de hoje em alguns aspectos, Cappelletti e Garth[10] apresentam propostas de soluções práticas para os problemas de acesso à justiça, com uma aplicabilidade em cada uma das barreiras, sendo a assistência judiciária para os pobres como a primeira onda renovatória, a representação dos interesses difusos e coletivos como segunda onda, e o acesso à representação em juízo a uma concepção mais ampla de acesso à justiça como terceira onda.

Se o acesso à justiça consiste no acesso efetivo, que busca a eliminação de todos empecilhos possíveis para que se obtenha a justiça substancial, é necessário identificar novos tipos de barreiras de acesso que surgem com a tecnologia para diferentes pessoas e grupos da sociedade. Watanabe[11] destaca que o acesso à justiça exige a organização correta da esfera judicial e extrajudicial para a solução de conflitos de interesses e para a prestação de serviços de informação e orientação de problemas jurídicos.

[5] Cf. WATANABE, Kazuo. Política pública do poder judiciário nacional para tratamento adequado dos conflitos de interesses. **Revista de Processo**, São Paulo, v. 195/2011, p. 381-389, mai. 2011. p. 382.

[6] SILVA, José Afonso. Acesso à justiça e cidadania. **Revista de Direito Administrativo**, Rio de Janeiro, v. 216, p. 9-23, abr./jun 1999. p. 15.

[7] MARCACINI, Augusto Tavares Rosa. **Estudo sobre a efetividade do processo civil.** São Paulo, 2010. Disponível em https://books.google.com.br/books?isbn=0557166756. Acesso em 07 maio 2019. p. 37

[8] CAPPELLETTI, Mauro; GARTH, Bryant. Ob. cit. p. 15

[9] Ibidem. p. 15-29.

[10] Ibidem. p. 31-73.

[11] WATANABE, Kazuo. **Acesso à ordem jurídica justa**. Ob. cit. p. 112.

As pessoas com deficiência, por sua própria condição, têm maior dificuldade de serem tratadas em situação de igualdade no cenário social. Por conta de um processo de exclusão histórico-social, muitas vezes, são impedidas de exercerem plenamente os seus direitos de cidadania e de participarem, em plena igualdade, com os demais indivíduos da vida em comunidade[12].

Por conta disso, e do influxo da Convenção Sobre os Direitos das Pessoas com Deficiência e de seu Protocolo Facultativo, no Brasil, foi promulgada a Lei 13.146/2015, denominada de Lei Brasileira de Inclusão ou Estatuto da Pessoa com Deficiência, para enfrentar o problema da desigualdade de condições que estão sujeitas as pessoas com deficiência. O artigo 1º da referida Lei já define que é "destinada a assegurar e a promover, em condições de igualdade, o exercício dos direitos e das liberdades fundamentais por pessoa com deficiência, visando à sua inclusão social e cidadania".

O inciso IV, do artigo 3º, da mesma Lei, aponta as diversas categorias de barreiras a serem superadas para que seja alcançada a máxima inclusão da pessoa com deficiência em sociedade, o conceito apresentado de barreira é qualquer entrave, obstáculo, atitude ou comportamento que limite ou impeça a participação social da pessoa, bem como o gozo, a fruição e o exercício dos direitos à acessibilidade, à liberdade de movimento e de expressão, à comunicação, ao acesso à informação, à compreensão, à circulação com segurança, entre outros. As barreiras são classificadas da seguinte forma: na alínea "a" foi apresentado o conceito de barreiras urbanísticas que consistem nas barreiras existentes nas vias e nos espaços públicos e privados abertos ao público ou de uso coletivo; as barreiras arquitetônicas, assim definidas na alínea "b" consistem nas barreiras existentes nos edifícios, como a ausência de rampas ou elevadores que impeçam a locomoção de pessoas com deficiência física; as barreiras nos transportes, definidas na alíneas "c", também são relacionadas à acessibilidade da pessoa com deficiência e são aquelas barreiras que existem nos sistemas e meios de transportes, como exemplo, um ônibus que não possua a plataforma de elevação, para permitir que a pessoa com deficiência física tenha acesso ao veículo; a alínea "d" define as barreiras nas comunicações

[12] Cf. LEITE, Flávia Piva Almeida; SIMÃO FILHO, Adalberto; VIGLIAR, José Marcelo Menezes. Inclusão da pessoa com deficiência na sociedade da informação: considerações sobre a cidadania ativa e passiva no processo eleitoral. **Revista da Faculdade de Direito da UFG**, v. 40, n. 2, p. 152-173, jul./dez 2016. P. 159.

e na informação, que consistem em qualquer entrave, obstáculo, atitude ou comportamento que dificulte ou impossibilite o recebimento de mensagens e de informações por intermédio de sistemas de comunicação e de tecnologia da informação por pessoas com deficiência; a alínea "e" define as barreiras atitudinais como comportamentos ou atitudes que impeçam ou prejudiquem a participação social da pessoa com deficiência em igualdade de condições e oportunidades com as demais pessoas; por fim, a Lei apresenta a definição das barreiras tecnológicas na alínea "f" do inciso IV, do artigo 3º, as quais são aquelas que dificultam ou impedem o acesso da pessoa com deficiência às tecnologias.

A pertinência da definição legal reside no fato que o acesso efetivo à justiça é obtido por meio da eliminação de quantos empecilhos de acesso forem possíveis[13]. Dessa forma, a análise das barreiras de acesso à justiça para as pessoas com deficiência, passa primordialmente pelo reconhecimento que todas as hipóteses previstas em Lei são obstáculos da participação social da pessoa, bem como o gozo, a fruição e o exercício dos direitos à acessibilidade, à liberdade de movimento e de expressão, à comunicação, ao acesso à informação, à compreensão, à circulação com segurança.

A Lei Brasileira de Inclusão dispõe, especificamente, sobre o acesso à justiça para as pessoas com deficiência. O artigo 79 da referida Lei dispõe que "O poder público deve assegurar o acesso da pessoa com deficiência à justiça, em igualdade de oportunidades com as demais pessoas, garantindo, sempre que requeridos, adaptações e recursos de tecnologia assistiva". Inclusive, o legislador determina a promoção de políticas públicas internas de capacitação e conscientização dos servidores (Poder Judiciário, Ministério Público, da Defensoria Pública, órgãos de segurança pública e penitenciário) quanto aos direitos da pessoa com deficiência, bem como, a necessidade de oferecer os recursos de tecnologia assistiva para garantia do acesso à justiça no exercício profissional ou mesmo na condição de parte ou de testemunha.

Dessa forma, é possível identificar no detalhamento legal das diversas barreiras existentes para as pessoas com deficiência o dever estatal de garantir o acesso à justiça, com igualdade de oportunidade, e a garantia de que serão realizadas adaptações e recursos de tecnologia assistiva sempre que requeridos.

[13] CAPPELLETTI, Mauro; GARTH, Bryant. Ob. cit. p. 15

Entretanto, apesar de existir previsão legal expressa sobre o tratamento do acesso à justiça das pessoas com deficiência, nem sempre o que está positivado se concretiza integralmente na prática. A implementação do processo judicial eletrônico trouxe muitos benefícios ao sistema de justiça brasileiro quanto a celeridade e diminuição de custos e burocracia no impulsionamento processual, porém, toda inovação traz consigo seus defeitos quando se trata avanço tecnológico, pois os sistemas de processamento de informação, *softwares* e arquitetura informacional dos portais de acesso (*website*) não são desenvolvidos de forma satisfatória para atender aos interesses de todos.

Por tais motivos, o próximo capítulo tratará especificamente sobre as situações em que os sistemas de processamento de informações e prática de atos processuais eletrônicos apresentam verdadeiras barreiras à acessibilidade das pessoas com deficiência, o que significa uma expressa violação do que dispõe a Lei Brasileira de Inclusão.

Os sistemas de processamento de informações e prática de atos processuais eletrônicos e as barreiras à acessibilidade.

O Estatuto subdivide as barreiras em seis categorias, dentre as quais, para o estudo ora proposto, estão àquelas relacionadas à comunicação e informação, previstas no artigo 3º, inciso IV, alínea "d" – "qualquer entrave, obstáculo, atitude ou comportamento que dificulte ou impossibilite a expressão ou o recebimento de mensagens e de informações por intermédio de sistemas de comunicação e de tecnologia da informação – e alínea "f" – "as que dificultam ou impedem o acesso da pessoa com deficiência às tecnologias".

Diante da existência de tais barreiras, a atuação do Estado, em especial do Poder Judiciário, deve se pautar na promoção de iniciativas que proporcionem a inclusão da pessoa com deficiência na Sociedade da Informação, na perspectiva do acesso à justiça e, consequentemente, seja dada a concretude a inclusão exigida pelo Estatuto da Pessoa com Deficiência.

Antes mesmo do advento da Lei 13.146/2015, desde o ano 2000, com a promulgação da Lei nº 10.098/09[14], que estabeleceu normas gerais e critérios básicos para a promoção da acessibilidade das pessoas com deficiência física, mediante a supressão de barreiras e de obstáculos nas vias e espaços públicos, no mobiliário urbano, na construção e reforma de edifícios e nos meios de transporte e de comunicação, surgiu, de forma expressa, o dever do Poder Público promover a eliminação de barreiras (imateriais) na comunicação e estabelecer mecanismos e alternativas técnicas que tornassem acessíveis os sistemas de comunicação, para garantir, às pessoas com deficiência, o direito de acesso à informação.

Tal dever se aplica, também, ao ciberespaço, este definido por Pierre Lévy como "o espaço de comunicação aberto pela interconexão global de computadores"[15], de forma que, o artigo 47 do Decreto nº 5.296[16], de 2004 trouxe a obrigatoriedade de ser oferecida acessibilidade nos portais e sítios eletrônicos da administração pública na rede mundial de computadores (internet), para o uso das pessoas com deficiência visual, garantindo-lhes o pleno acesso às informações disponíveis.

Desta forma, o Poder Judiciário, como parte integrante da administração pública, também está obrigado a observar o previsto na Lei nº 10.098 de 2000, no Decreto nº 5.296, de 2004 e no Estatuto da Pessoa com Deficiência e assegurar o acesso da pessoa com deficiência à justiça em igualdade de oportunidades com as demais pessoas, impondo, sempre que necessário, as adaptações e recursos de tecnologia assistiva. Entretanto a lei limita este dever às hipóteses em que a pessoa com deficiência figure em um dos polos da ação ou atue como testemunha, ou ainda, participe da lide como advogado, defensor público, magistrado ou membro do Ministério Público, deixando expressa a previsão de que "a pessoa com deficiência tem garantido o acesso

[14] BRASIL. **Lei 10.098 de 19 de dezembro de 2009.** Disponível em http://www.planalto.gov.br/ccivil_0 3/LEIS/L10098.htm. Acesso em 03. jun. 2019.

[15] LÉVY, Pierre. O ciberepaço como um passo metaevolutivo. **Revista Famecos**, v. 7, n. 13, p. 62, 2000. Disponível em http://dx.doi.org/10.15448/1980-3729.2000.13.3081 Acesso em 02. abr. 2019.

[16] BRASIL. **Decreto nº 5.296 de 2 de dezembro de 2004.** Disponível em http://www.planalto.gov.br/ccivil_ 03/_Ato2004-2006/2004/Decreto/D5296.htm. Acesso em: 03. jun. 2019.

ao conteúdo de todos os atos processuais de seu interesse, inclusive no exercício da advocacia".

A concretização destas normas se mostra essencial para possibilitar acessibilidade às pessoas com deficiência ao Judiciário, pois, como entende Silva:

> Um dos principais instrumentos para assegurar a inclusão social é a acessibilidade, palavra que advém de acesso, a qual significa ato de ingressar. É considerada a materialização do direito de igualdade. Por este motivo, este direito é tão relevante, pois tenta assegurar o acesso das pessoas de modo isonômico aos demais direitos, quer sejam fundamentais ou não, além deste ato se encontrar intimamente ligado à dignidade da pessoa humana, por proporcionar liberdade, independência e autonomia no acesso à justiça, livre de barreiras arquitetônicas, comunicacionais, atitudinais e de tecnologia assistiva, possibilitando assim o pleno exercício de seus direitos. [17]

Apesar das diversas normas estabelecendo o dever de o Poder Judiciário realizar a inclusão da pessoa com deficiência por meio da promoção do acesso à informação e do acesso à justiça, no âmbito do processo eletrônico, instituído pela Lei nº 11.419, de 19 de dezembro de 2006[18], esta realidade ainda parece distante de se concretizar.

Com o advento da Lei nº 11.419, de 2006, foi estabelecido, no artigo 8º que, os órgãos do Poder Judiciário estariam livres para desenvolver sistemas eletrônicos de processamento de ações judiciais por meio de autos total ou parcialmente digitais, devendo priorizar sua padronização, entretanto, os tribunais, de todas as instâncias do país, contrataram ou mesmo desenvolveram sistemas díspares para operacionalizar o sistema eletrônico de processamento de ações judiciais.

17 SILVA, Lilian Rodrigues Carvalho da. **Pelo direito de inclusão:** um estudo de aplicação das medidas de acessibilidade para pessoas com deficiência no Fórum Central de Palmas – TO. 2017. Dissertação (Mestrado Profissional) – Universidade Federal do Tocantins. Palmas, 2017. p. 37. Disponível em http://hdl.handle.net/11612/895. Acesso em 4 maio 2018.

18 BRASIL. **Lei nº 11.419, de 19 de dezembro de 2006.** Disponível em http://www.planalto.gov.br/ccivil_03/_ato2004-2006/2006/lei/l11419.htm. Acesso em 03 jun. 2019

Segundo Souza Neto, com o objetivo de alcançar tal padronização, foi desenvolvido pelo Conselho Nacional de Justiça (CNJ) o primeiro sistema, chamado de "PROJUDI".

> O Sistema PROJUDI vem ser a primeira aposta do CNJ na tentativa de informatizar a justiça do país. Trata-se de um *software* fechado, mas que possui tecnologias livres, as quais permitem modificações. Após seu desenvolvimento ele foi distribuído às instituições judiciárias que requereram, através de convênios. Diversos tribunais que firmaram convênio realizaram alterações no PROJUDI, buscando adaptar à realidade de cada tribunal. Devido a essas adaptações, em cada Estado, houve uma perda de controle de versões. Durante essa trajetória de informatização no país, o CNJ constatou que o melhor seria ter uma versão padrão sendo controlada e coordenada pelo Conselho.[19]

Diante da falta de sucesso do PROJUDI, foi lançado, com o pronunciamento do Ministro Cezar Peluso, na 129ª Sessão Ordinária do Conselho Nacional de Justiça, em 21 de junho de 2011 o "Sistema Processo Judicial Eletrônico – PJe", sistema que contou com a colaboração de cinquenta tribunais, dentre eles cinco Tribunais Regionais Federais, dezoito Tribunais de Justiça, dois Tribunais de Justiça Militar dos Estados e toda a Justiça do Trabalho.[20] A instituição do "Sistema Processo Judicial Eletrônico – PJe" como sistema padrão de processamento de informações e prática de atos processuais ocorreu com a Resolução nº 185, de 18 de dezembro de 2013, do CNJ, ficando estabelecido, em seu artigo 44 que:

> Art, 44 – A partir da vigência desta Resolução é vedada a criação, desenvolvimento, contratação ou implantação de sistema ou módulo

[19] SOUZA NETO, Manoel Pedro de. **Identificação tipológica de processos judiciais**: um caso de cultura de sigilo versus cultura de acesso. 2016. Dissertação (Mestrado Profissional) – Universidade Federal de Santa Maria. Santa Maria, 2016. p. 86. Disponível em https://repositorio.ufsm.br/handle/1/12323. Acesso em 02 jun. 2019.

[20] PELUSO, Cezar. Pronunciamento do Ministro CEZAR PELUSO, no lançamento do PJE. **129ª Sessão Ordinária do Conselho Nacional de Justiça**. Brasília, 21 de junho de 2011. Disponível em http://www.cnj.jus.br/images/programas/processo-judiciail-eletronico/lancamentopje.discursoministropeluso.pdf

> de processo judicial eletrônico diverso do PJe, ressalvadas a hipótese do artigo 45 e as manutenções corretivas e evolutivas necessárias ao funcionamento dos sistemas já implantados ou ao cumprimento de determinações do CNJ.

Entretanto, apesar dos esforços do CNJ, no ano de 2014, no âmbito da justiça federal, os Tribunais Regionais Federais da 1ª Região se utilizavam do sistema "e-Jur", os da 2ª, 3ª e 5ª do sistema "PJe" e o Tribunal Regional Federal da 4ª região do sistema "E-proc"[21], sendo que, no âmbito dos Tribunais de Justiça, a diversidade de sistemas era ainda maior, pois os Tribunais de Justiça dos Estados do Acre, Pará, Alagoas, Rio Grande do Norte, Mato Grasso do Sul, São Paulo e Santa Catarina se utilizavam exclusivamente do Sistema "SAJ", os Tribunais de Justiça dos Estados do Paraná e do Distrito Federal, exclusivamente do "PJe" e ainda, os Tribunais de Justiça dos Estados do Tocantins e do Ceará, se utilizavam do sistema "SPROC", do Maranhão, Piauí e do Rio Grande do Sul, do sistema "THEMIS".[22]

Alguns Tribunais de Justiça ainda adotavam sistemas próprios como era o caso dos Tribunais de Justiça dos Estados do Amapá ("Tucujuris"), Roraima ("SAP"), Minas Gerais ("SISCON"), Rio de Janeiro ("E-Jud"), Goiás ("SPG"), Sergipe ("SCP") e Pernambuco ("JUDWIN"). Sendo que, em alguns casos, tais sistemas eram utilizados em conjunto, como no caso dos Tribunais de Justiça dos Estados do Amazonas, Bahia e Rio de Janeiro.[23]

A pluralidade de sistemas em atividade prejudica a uniformização preconizada pela Resolução nº 185, de 18 de dezembro de 2013, do CNJ, dificultando ainda mais a interoperabilidade de ferramentas que possibilitem o acesso à justiça, sob o modelo do processo eletrônico, às pessoas com deficiência, sendo que, mesmo com a instituição do "Sistema Processo Judicial Eletrônico – PJe" como sistema padrão de processamento de informações e prática de atos processuais não houve melhora.

[21] SOUZA NETO, Manoel Pedro de. **Identificação tipológica de processos judiciais**: um caso de cultura de sigilo versus cultura de acesso. 2016. Dissertação (Mestrado Profissional) – Universidade Federal de Santa Maria. Santa Maria, 2016. p. 77. Disponível em https://repositorio.ufsm.br/handle/1/12323. Acesso em 02 jun. 2019.

[22] Ibidem. p. 87.

[23] Ibidem. p. 88.

A falta de acessibilidade deste sistema, tanto para advogados, juízes, promotores, defensores públicos e o público em geral, já se tornou, inclusive, objeto de Mandado de Segurança, impetrado por uma advogada do Rio de Janeiro, para que, diante da falta de acessibilidade do sistema, pudesse peticionar fisicamente, ocasião em que, o Ministro do Supremo Tribunal Federal, Ricardo Lewandowski concedeu a medida liminar.

> Ora, a partir do momento em que o Poder Judiciário apenas admite o peticionamento por meio dos sistemas eletrônicos, deve assegurar o seu integral funcionamento, sobretudo, no tocante à acessibilidade. Ocorre que isso não vem ocorrendo na espécie. Conforme narrado na inicial deste writ, o processo judicial eletrônico é totalmente inacessível às pessoas com deficiência visual, pois não foi elaborado com base nas normas internacionais de acessibilidade web. Dessa forma, continuar a exigir das pessoas portadoras de necessidades especiais que busquem auxílio de terceiros para continuar a exercer a profissão de advogado afronta, à primeira vista, um dos principais fundamentos da Constituição de 1988, qual seja, a dignidade da pessoa humana (art. 1º, III, da CF). Além disso, tal postura viola o valor que permeia todo o texto constitucional que é a proteção e promoção das pessoas portadoras de necessidades especiais. [24]

Apesar de algumas experiências regionais buscarem reverter este cenário, apenas recentemente, foi divulgado que a versão 2.3 do "PJe", ainda em produção, incluirá alguns mecanismos de acessibilidade como teclas de atalho e compatibilidade com programas que possibilitam a leitura de tela, destacando que, no desenvolvimento desta versão, atuaram como colaboradores servidores cegos do Conselho Superior da Justiça do Trabalho (CSJT) e do Tribunal Regional do Trabalho da 18ª Região (GO).[25]

[24] BRASIL. Supremo Tribunal Federal. **Medida Cautelar em Mandado de Segurança 32.751/DF**. Relator: Min. Celso de Mello, 31 de janeiro de 2014. Disponível em: http://portal.stf.jus.br/processos/downloadPeca .asp?id=198663367&ext=.pdf. Acesso em: 03 jun. 2019.

[25] CONSELHO SUPERIOR DA JUSTIÇA DO TRABALHO. **Nova versão do PJe traz melhorias para a acessibilidade de pessoas com deficiência visual**. Divisão de Comunicação do CSJT. 03. abr. 2014. Disponível em http://www.csjt.jus.br/web/csjt/noticias-destaque/-/

Diante da atual realidade dos sistemas de processamento de informações e prática de atos processuais eletrônicos, em que pese a perspectiva de uma postura mais proativa, o Poder Judiciário ainda necessita de diversas transformações e adaptações substanciais para concretizar o previsto na Lei nº 10.098 de 2000, no Decreto nº 5.296, de 2004 e no Estatuto da Pessoa com Deficiência, possibilitando acessibilidade e a inclusão da pessoa com deficiência, na Sociedade da Informação, por meio do efetivo acesso à informação e acesso à justiça.

Todavia, não sendo o Estatuto da Pessoa com Deficiência mera norma programática, mas instrumento de concretização da Dignidade da Pessoa Humana e garantia da cidadania, é indispensável buscar meios coercitivos para a mais célere possível superação das barreiras existentes, propondo, nesse estudo, a investigação da tutela coletiva como instrumento de efetivação.

A tutela coletiva como meio de eliminar as barreiras em favor do interesse coletivo das pessoas com deficiência

Na lição de Cappelletti e Garth, "a titularidade de direitos é destituída de sentido, na ausência de mecanismos para sua efetiva reivindicação"[26]. Tal questão assume maior relevância quando se está diante da violação de interesses transindividuais (ou metaindividuais), tal como a superação das barreiras ao acesso à justiça.

Estes interesses transindividuais (ou metaindividuais) são aqueles relativos a uma situação fática ou jurídica que englobe comunidade, grupos, categorias ou indivíduos com comunhão de interesses e titularidade diversa de direitos subjetivos[27]. Conforme a elogiada[28] definição legal trazida pelo artigo 81 do Código de Defesa do Consumidor, são divididos em três espécies: (a) a dos

asset_publisher/E6rq/content/versao-2-3-do-pje-traz-melhorias-para-a-acessibilidade-de--deficientes-visuais. Acesso em: 03 jun. 2019.

26 CAPPELLETTI, Mauro; GART, Bryant. **Acesso à Justiça.** Porto Alegre: Sergio Antonio Fabris, 1998. p. 12

27 LISBOA, Roberto Senise. **Contratos difusos e coletivos**: a função social do contrato. 4 ed. São Paulo: Saraiva, 2012. p.62.

28 VIGLIAR, José Marcelo Menezes. **Interesses individuais homogêneos** em juízo. 3. ed. São Paulo: Atlas, 2013.p.16

interesses difusos; (b) a dos interesses coletivos; (c) a dos interesses individuais homogêneos. As três espécies comportam a possibilidade de defesa coletiva: as duas primeiras modalidades porque, diante de suas características próprias; a última, há a possibilidade tanto de uma defesa individual e, se a origem do interesse for comum, viabiliza-se também a tutela coletiva.

A proteção dos interesses (ou direitos) previstos na Lei Brasileira de Inclusão ou Estatuto da Pessoa com Deficiência têm natureza claramente coletiva, na medida em que englobam uma categoria determinada, ou pelo menos determinável, de pessoas, dizendo respeito a um grupo, classe ou categoria de indivíduos ligados por uma mesma relação jurídica-base e não apenas por meras circunstâncias fáticas. Ademais, a própria busca de meios de superar as barreiras ao acesso à justiça é indivisível e a titularidade coletiva por meio da comunhão[29]. Essa indivisibilidade é indispensável para caracterização do interesse coletivo pois não se concebe um tratamento diversificado entre membros de uma mesma categoria, bem como, existe uma relação que une e determina os titulares (são determináveis pela própria existência da relação jurídica), ou seja, estão unidos porque pertencem a uma relação jurídica idêntica[30]. Exatamente esta referibilidade da titularidade da pretensão metaindividual e indivisível a um determinado ou determinável agrupamento torna viável sua qualificação como interesses coletivos. No último Censo, realizado em 2010, foi apurado que 24% da população brasileira possui algum tipo de deficiência, ou seja, cerca de 46 milhões de brasileiros possuem algum grau de deficiência visual, auditiva, mental, psicossocial ou motora[31].

Dessa forma, a proteção trazida no Estatuto da Pessoa com Deficiência possui natureza de interesse coletivo e, a luz da segunda onda renovatória proposta por Cappelletti e Garth, as medidas judiciais coletivas emergem como meio idôneo de buscar a tutela e assegurar a observância do ordenamento jurídico ao grupo, pois em razão de sua natureza, ninguém teria a

[29] LISBOA, Roberto Senise. **Contratos difusos e coletivos**: a função social do contrato. 4 ed. São Paulo: Saraiva, 2012. p.65

[30] VIGLIAR, José Marcelo Menezes. **Tutela Jurisdicional Coletiva**. 4. ed. São Paulo: Atlas, 2013. P. 61

[31] IBGE. **Censo Demográfico 2010.** Características gerais da população, religião e pessoas com deficiência. Rio de Janeiro, 2010. Disponível em https://biblioteca.ibge.gov.br/visualizacao/periodicos/94/cd_ 2010_religiao_deficiencia.pdf. Acesso em 05. Jun. 2019. P. 34-35

legitimidade individual para corrigir a lesão a um interesse coletivo ou o prêmio, do ponto de vista particular, é pequeno demais para induzi-lo a tentar uma ação.[32] Inclusive, a redação original do Código de Processo Civil previa uma sistemática de conversão da ação individual em ação coletiva no artigo 333, porém foi vetada pelas seguintes razões:

> Da forma como foi redigido, o dispositivo poderia levar à conversão de ação individual em ação coletiva de maneira pouco criteriosa, inclusive em detrimento do interesse das partes. O tema exige disciplina própria para garantir a plena eficácia do instituto. Além disso, o novo Código já contempla mecanismos para tratar demandas repetitivas. No sentido do veto manifestou-se também a Ordem dos Advogados do Brasil – OAB. "[33]

Independente das críticas e elogios ao veto do dispositivo que instrumentalizava essa conversão de uma ação individual em coletiva, eventual pretensão deverá se balizar nos instrumentos de tutela coletiva. Neste aspecto, a Constituição de 1988, a Lei da Ação Civil Pública – LACP, em 1985; o Código de Defesa do Consumidor – CDC, em 1990, a Lei da Ação Popular, em 1965, o Mandado de Segurança Coletivo, em 2009, dentre outras, cumprem a função de regulamentar o microssistema das demandas coletivas e diante da ausência de uma codificação específica, Didier Jr. e Zaneti Jr[34] sustentam que o próprio Código de Defesa do Consumidor assume o status de "Código de Processo Coletivo Brasileiro".

A Constituição de 1988 foi extremamente importante para o desenvolvimento de um direito processual civil coletivo por conter princípios fundamentais como o acesso à justiça, dispor sobre os mecanismos processuais (como a ação popular, a ação civil pública, o mandado de segurança coletivo,

[32] CAPPELLETTI, Mauro; GART, Bryant. **Acesso à Justiça**. Porto Alegre: Sergio Antonio Fabris, 1998.

[33] BRASIL. Presidência da República. Casa Civil. Subchefia para Assuntos Jurídicos. **Mensagem nº 56, de 16 de março de 2015**. Disponível em http://www.planalto.gov.br/ccivil_03/_ato2015-2018/2015/Msg/VEP-56.htm. Acesso em 15 mai. 2019.

[34] DIDIER JR., Fredie. ZANETI JR., Hermes. Conceito de processo jurisdicional coletivo. **Revista de Processo**, v. 229. São Paulo: Revista dos Tribunais, 2014. p. 273-280.

etc) e prever a legitimidade de diversos atores (Ministério Público, entidades associativas e sindicatos). Porém, é a partir do Código de Defesa do Consumidor que se estrutura o microssistema na medida em que não é limitado (no ponto de vista procedimental) apenas para a proteção do consumidor diante aplicação recíproca dos demais diplomas que regulam a tutela coletiva. Nessa linha, Zavascki aponta que:

> Formado todo esse cabedal normativo, não há como deixar de reconhecer, em nosso sistema processual, a existência de um subsistema específico, rico e sofisticado, aparelhado para atender aos conflitos coletivos característicos da sociedade moderna. Conforme observou Barbosa Moreira, o "o Brasil pode orgulhar-se de ter uma das mais completas e avançadas legislações me matéria de proteção de tais interesses supra individuais", de modo que, se ainda insatisfatória a tutela de tais interesses, certamente "não é a carência de meios processuais que responde" por isso.[35]

A tutela coletiva, mais do que uma necessidade de adequação da técnica pois "a construção de um sistema processual eficaz depende da verificação das necessidades do direito material e da pacificação social[36]", traz em sua essência a correção de desigualdade e instrumento de justiça distributiva. Defende Sadek que:

> A tutela dos direitos difusos e coletivos atende a uma demanda de maior racionalização do processo, já que uma única ação judicial pode englobar um número maior de agentes. Seu maior ganho, entretanto, está na possibilidade de democratizar o acesso à justiça, contemplando grupos e coletividades. Ademais, há o reconhecimento da existência de conflitos que não são de natureza individual, mas coletiva, tendo por objetivo não o indivíduo abstrato ou genérico, mas o indivíduo em

[35] ZAVASCKI, Teori Albino. **Processo coletivo:** tutela de direitos coletiva e tutela coletiva de direitos. Tese (Doutorado em Direito). 2005. p. 24. Disponível em https://www.lume.ufrgs.br/bitstream/handle/10183/4574 /000502398.pdf. Acesso em 05. jun. 2019.

[36] BEDAQUE, José Roberto dos Santos. **Direito e Processo** – Influência do Direito Material sobre o processo. 6 ed. São Paulo, Malheiros. 2011. p.55

> sua especificidade, isto é, como consumidor, como criança, como idoso, como negro, como deficiente físico, como portador de uma doença, como desprovido de habitação. Em síntese, trata-se de um instrumento para corrigir desigualdades, um instrumento de justiça distributiva.[37]

A utilização de mecanismos de tutela coletiva para afastar as barreiras físicas (materiais) em prédios públicos já foi objeto de aplicação prática com resultados positivos na concretização da inclusão social. Pode-se citar, como exemplo, as Ações Civis Públicas 0001323-02.2015.8.26.0459, 0001323-02.2015.8.26.0459 e 1001941-95.2016.8.26.0619[38] proposta pelo Ministério Público Estadual diante da inadequação dos Fóruns a legislação, onde ficou assentado nas decisões judiciais que "a acessibilidade às edificações abertas ao público, de uso público ou privadas de uso coletivo é um direito assegurado às pessoas com deficiência ou com mobilidade reduzida, conforme artigo 227, § 2º e 244 da CF, artigo 11 da LF nº 10.098/00, artigo 25 da LE nº 12.907/08 e artigo 56 e 57 da LF nº 13.146/15."

Tal situação pode, e deve ser transplantada para a plena adequação do processo judicial eletrônico para a inclusão da pessoa com deficiência, por meio da promoção do acesso à informação e do acesso à justiça. Atualmente, os sistemas de processamento de informação, *softwares* e arquitetura informacional dos portais de acesso (*website*) não são desenvolvidos de forma satisfatória para atender aos interesses de todos, na medida em que, além da ausência de uniformidade e interoperabilidade, denota-se que as ferramentas de acessibilidade para deficientes visuais não são suficientes de romper as barreiras de transmissão da informação e tecnológicas.

As barreiras apontadas na Lei 13.146/2015, em seu artigo 3º, inciso IV, alínea "d" – "qualquer entrave, obstáculo, atitude ou comportamento que dificulte ou impossibilite a expressão ou o recebimento de mensagens e de informações por intermédio de sistemas de comunicação e de tecnologia da informação – e alínea "f" – "as que dificultam ou impedem o acesso da

[37] SADEK, Maria Tereza Aina. **Acesso à Justiça. Porta de Entrada para a Inclusão Social.** Disponível em http://books.scielo.org/id/ff2x7/pdf/livianu-9788579820137-15.pdf. Acesso em 05. jun. 2019. p.178

[38] BRASIL. **Tribunal de Justiça do Estado de São Paulo**. Disponível em https://esaj.tjsp.jus.br/cjsg/ resultadoCompleta.do. Acesso em 05. jun. 2019.

pessoa com deficiência às tecnologias", são evidenciadas através da constatação que apesar da existência de tecnologias assistivas (hardwares, periféricos e programas especiais que permitem, ou simplesmente facilitam, o acesso de pessoas com deficiência aos sítios na internet) é indispensável a adequação do portal ou sítio eletrônico.

A ausência de plena acessibilidade da página inaugural de cada Tribunal ou do próprio ambiente de aplicação do processo eletrônico, acaba por excluir uma parcela significativa da população brasileira do acesso à justiça, da mesma forma que as barreiras físicas dos prédios públicos – impugnadas através de mecanismos de tutela coletiva – foram consideradas violadoras do direito assegurado às pessoas com deficiência ou com mobilidade reduzida.

A compilação de regras e diretrizes de boas práticas de acessibilidade já existente, tanto no âmbito nacional, seja governamental[39] ou privado[40], bem como, internacional[41], para o desenvolvimento de meio virtual acessível e inclusão dos portais de acesso e aplicação no "desenho universal". As regras do Estatuto da Pessoa com Deficiência determinam que este desenho universal seja a regra de forma a garantir que a pessoa com deficiência possa viver de forma independente e exercer seus direitos de cidadania e de participação social, consequentemente a acessibilidade nos sítios da internet dos Tribunais não é uma liberalidade de quem veicula informações, pois não são juridicamente toleráveis as barreiras à informação e a tecnologia.

Assim, como as políticas públicas promovidas pelo Poder Judiciário vão no sentido da virtualização do sistema justiça com o processo eletrônico, a ausência de empecilhos ao acesso digital – por qualquer cidadão – é um imperativo inerente a esta escolha, ainda mais, quando se evidencia a ausência de uniformidade e interoperabilidade entre os diversos sistemas dos órgãos do Poder Judiciário.

[39] BRASIL. **eMAG – Modelo de acessibilidade em governo eletrônico.** Disponível em http://emag.governo eletronico.gov.br/. Acesso em 06. Jun. 2019.

[40] Web para todos. **Boas práticas de acessibilidade digital.** Disponível em https://mwpt.com.br/ acessibilidade-digital/boas-praticas/. Acesso em 06. jun. 2019.

[41] W3C. **WCAG** - web content accessibility guidelines. Disponível em https://www.w3c.br/Home/WebHome. Acesso em 06. Jun. 2019

Portanto, a tutela coletiva – onde o sistema processual prevê diversos instrumentos e a legitimidade de inúmeros atores, como por exemplo, o Ministério Público, a Defensoria Pública, as Associações de defesa de pessoas com deficiência etc – desse interesse indivisível e direcionado a um grupo, classe ou categoria de indivíduos ligados pelas diretrizes da Lei 13.146/15, mostra-se o meio para superar as barreiras tecnológicas e informacional de pessoas com deficiência trazidas com o processo eletrônico.

Conclusões

O presente estudo permite concluir que apesar de existirem diversas disposições legais que estabelecem o dever do Poder Público de estabelecer medidas efetivas de promoção da igualdade e do acesso à justiça para as pessoas com deficiência, muitas vezes estas medidas não são eficazes no sentido de eliminar todas as barreiras. No âmbito da Sociedade da Informação é possível identificar a existência de diversos programas de computador, sítios eletrônicos e ferramentas de aplicação que geram dificuldades para a correta utilização por ausência de adequação as diretrizes de acessibilidade.

Em relação às pessoas com deficiência, a situação se agrava quando estas inovações tecnológicas produzem empecilhos à concretização das políticas públicas de igualdade e acesso à justiça. Por este motivo, levou-se em consideração a tutela coletiva como um meio de eliminar as barreiras impostas às pessoas com deficiência na sociedade da informação, pois a garantia prevista em Lei não é consolidada na realidade, pois não há uma uniformização do sistema do processo eletrônico, bem como, não há cuidado pela acessibilidade na arquitetura informacional das páginas e portais dos Tribunais de Justiça, caracterizando um obstáculo do efetivo acesso à justiça para as pessoas com deficiência, seja atuando como partes, ou como representantes das partes.

Assim, a utilização da tutela coletiva assume destaque como instrumento de acesso à justiça não somente no caráter geral de representação em juízo dos direitos difusos, coletivos ou interesses individuais homogêneos, mas no sentido específico de garantir a efetividade dos direitos coletivos das pessoas com deficiência para que obtenham acesso efetivo aos portais dos Tribunais de Justiça e aos sistemas de processo eletrônico. Através dos instrumentos previstos como a Ação Civil Pública, Ação Popular, Mandado de Segurança Coletivo, dentre outros, pode-se, portanto, almejar a concretização efetiva do Estatuto da Pessoa com Deficiência e alcançar o acesso à *ordem jurídica justa* para um grupo composto por milhões de cidadãos brasileiros.

Referências

BRASIL. Supremo Tribunal Federal. **Medida Cautelar em Mandado de Segurança 32.751/DF**. Relator: Min. Celso de Mello, 31 de janeiro de 2014. Disponível em: http://portal.stf.jus.br/processos/downloadPeca .asp?id=198663367&ext=.pdf. Acesso em: 03 jun. 2019.

BEDAQUE, José Roberto dos Santos. **Direito e Processo** – Influência do Direito Material sobre o processo. 6 ed. São Paulo, Malheiros. 2011.

CAPPELLETTI, Mauro; GARTH, Bryant. **Acesso à justiça**. Tradução de Ellen Gracie Northfleet. Porto Alegre: Fabris, 1988

CONSELHO SUPERIOR DA JUSTIÇA DO TRABALHO. **Nova versão do PJe traz melhorias para a acessibilidade de pessoas com deficiência visual**. Divisão de Comunicação do CSJT. 03. abr. 2014. Disponível em http://www.csjt.jus.br/web/csjt/noticias-destaque/-/asset_publisher/E6rq/content/versao-2-3-do-pje-traz-melhorias--para-a-acessibilidade-de-deficientes-visuais. Acesso em: 03 jun. 2019.

DIDIER JR., Fredie. ZANETI JR., Hermes. Conceito de processo jurisdicional coletivo. **Revista de Processo**, v. 229. São Paulo: Revista dos Tribunais, 2014. p. 273-280.

DINAMARCO, Cândido Rangel. **Instituições de direito processual civil**. 8. ed. São Paulo: Malheiros, 2016.

LEITE, Flávia Piva Almeida; SIMÃO FILHO, Adalberto; VIGLIAR, José Marcelo Menezes. Inclusão da pessoa com deficiência na sociedade da informação: considerações sobre a cidadania ativa e passiva no processo eleitoral. **Revista da Faculdade de Direito da UFG**, v. 40, n. 2, p. 152-173, jul./dez 2016

LÉVY, Pierre. O ciberepaço como um passo metaevolutivo. **Revista Famecos**, v. 7, n. 13, p. 59-67, 2000. Disponível em http://dx.doi.org/10.15448/1980-3729.2000.13.3081 Acesso em 02. abr. 2019.

LISBOA, Roberto Senise. **Contratos difusos e coletivos**: a função social do contrato. 4 ed. São Paulo: Saraiva, 2012.

MARCACINI, Augusto Tavares Rosa. **Estudo sobre a efetividade do processo civil.** São Paulo, 2010. Disponível em https://books.google.com.br/books?isbn=0557166756. Acesso em 07 mai. 2019.

PELUSO, Cezar. Pronunciamento do Ministro CEZAR PELUSO, no lançamento do PJE. **129ª Sessão Ordinária do Conselho Nacional de Justiça**. Brasília, 21 de junho de 2011. Disponível em http://www.cnj.jus.br/images/programas/processo-judiciail-eletronico/lancamentopje.discu rsoministropeluso.pdf Acesso em: 03 jun. 2019.

SADEK, Maria Tereza Aina. **Acesso à Justiça. Porta de Entrada para a Inclusão Social.** Disponível em http://books.scielo.org/id/ff2x7/pdf/livianu-9788579820137-15.pdf. Acesso em 05. jun. 2019.

SILVA, Lilian Rodrigues Carvalho da. **Pelo direito de inclusão:** um estudo de aplicação das medidas de acessibilidade para pessoas com deficiência no Fórum Central de Palmas – TO. 2017. Dissertação (Mestrado Profissional) – Universidade Federal do Tocantins. Palmas, 2017. Disponível em http://hdl.handle.net/11612/895. Acesso em 02 jun. 2019.

SILVA, José Afonso. Acesso à justiça e cidadania. **Revista de Direito Administrativo**, Rio de Janeiro, v. 216, p. 9-23, abr./jun 1999.

SOUZA NETO, Manoel Pedro de. **Identificação tipológica de processos judiciais**: um caso de cultura de sigilo versus cultura de acesso. 2016. Dissertação (Mestrado Profissional) – Universidade Federal de Santa Maria. Santa Maria, 2016. 320 f. Disponível em https://repositorio.ufsm.br/handle/1/12323. Acesso em 02 jun. 2019.

VIGLIAR, José Marcelo Menezes. **Tutela Jurisdicional Coletiva**. 4. ed. São Paulo: Atlas, 2013.

VIGLIAR, José Marcelo Menezes. **Interesses individuais homogêneos** em juízo. 3. ed. São Paulo: Atlas, 2013.

WATANABE, Kazuo. **Acesso à ordem jurídica justa**: conceito atualizado de acesso à justiça, processos coletivos e outros estudos. Belo Horizonte: Del Rey, 2019.

WATANABE, Kazuo. Política pública do poder judiciário nacional para tratamento adequado dos conflitos de interesses. **Revista de Processo**, São Paulo, v. 195/2011, p. 381-389, mai. 2011.

ZAVASCKI, Teori Albino. **Processo coletivo:** tutela de direitos coletiva e tutela coletiva de direitos. Tese (Doutorado em Direito). 2005. p. 24. Disponível em https://www.lume.ufrgs.br/bitstream/handle/10183/4574/000502398.pdf. Acesso em 05. Jun. 2019.

3. A incapacidade civil à luz da LBI: inclusão na sociedade da informação

Beatriz Martins de Oliveira
Marcelo Nogueira Neves
Rafael Khalil Coltro

Introdução

A Sociedade da Informação é responsável por uma grande mudança no comportamento social mundial, e o avanço da tecnologia está alterando a forma como as pessoas vivem.

O compartilhamento de informações através do uso cada vez mais frequente da Internet reflete diretamente em questões sociais, políticas e econômicas de um país, o que acarreta na participação direta de todo cidadão neste processo acelerado de mudanças, tão latente em nosso cotidiano.

A acessibilidade é ponto fundamental para que todos possam exercer o pleno direito de usufruir todo o conteúdo da *web*, exercendo assim os direitos fundamentais da pessoa humana. Bruna Castanheira de Freitas assim nos ensina:

> (...) acessibilidade na *web* é a garantia de que qualquer pessoa possa navegar na Internet com plenitude, autonomia e independência.

> Por "navegar na Internet", abstrai-se a noção do sujeito poder interagir, perceber, contribuir, usufruir e entender a *web*. Também, abarca-se a noção de que a acessibilidade na *web* possui um rol de beneficiários muito maior do que a parcela de pessoas com deficiência.[1]

O acesso às novas culturas, línguas, países, religiões e ideologias nos inserem totalmente no mundo globalizado, e este novo cenário da tecnologia da informação e comunicação contribui para a total integração dos seres humanos, permitindo que, ao serem consideradas as circunstâncias especiais de acesso àqueles com deficiência, tenham a oportunidade de serem posicionados em mesmas condições de igualdade em relação a qualquer outra pessoa, impedindo assim que sofra qualquer tipo de segregação social. Neste sentido, nos ensinam Flávia Piva Almeida Leite, Adalberto Simão Filho e José Marcelo de Menezes Vigliar:

> Porém, para que haja uma sociedade verdadeiramente democrática, isto é, aquela que concretize o direito de todos e não apenas da maioria, temos que implementar com eficiência a tal almejada inclusão social. (...) a partir dos objetivos da denominada sociedade da informação mostra-se, prontamente, seu compromisso com a difusão e integração das tecnologias de informação para a melhoria da qualidade de vida e para o crescimento sustentável das nações. Permitir a comunicação integrada e da forma mais ampla possível e, assim, viabilizar a transferência do saber, são tarefas imprescindíveis para o alcance dos objetivos daqueles que estão comprometidos com as bases da sociedade.[2]

Mesmo objetivo conduziu a chamada Lei Brasileira de Inclusão a modificar o tratamento dado pelo ordenamento jurídico a pessoa com deficiência,

[1] FREITAS, Bruna Castanheira de. **A acessibilidade e o direito de navegar na *web*.** *In*: DE LUCCA, Newton; SIMÃO FILHO, Adalberto; LIMA, Cíntia Rosa Pereira de (coords.). **Direito & Internet III – Tomo II: marco civil da internet (Lei n. 12.965/2014)**. São Paulo: Quartier Latin, 2015, p. 155.

[2] LEITE, Flávia Piva Almeida; SIMÃO FILHO, Adalberto; VIGLIAR, José Marcelo Menezes. Inclusão da pessoa com deficiência na sociedade da informação: Considerações sobre a cidadania ativa e passiva no processo eleitoral. **Revista da faculdade de direito UFG, v. 40, n. 2**, 2016, p. 156.

afastando o quadro de incapacidade e oportunizando sua inserção na sociedade de forma a contemplar a dignidade da pessoa humana.

Tal medida é de suma importância para a sociedade da informação, pois a exclusão não encontra guarida em sua característica inserção através das informações, disponíveis nos mais diversos meios.

A tutela do Estado às pessoas com deficiência

De acordo com o último censo do Instituto Brasileiro de Geografia e Estatística (IBGE), o Brasil possui 45 milhões de Pessoas com Deficiência (PCDs)[3], o que representa quase 24% da população brasileira. Em 1991 esse percentual representava somente 1,41% de nossa população[4].

Segundo consta, as principais razões para o grande aumento no número de pessoas com deficiência são a alteração dos instrumentos de coleta de informações, incluindo o modelo social, e o aumento da expectativa de vida da população.[5]

Estamos diante, portanto, de uma faixa da população que representa número expressivo de pessoas e que dependem da efetividade da tutela estatal tanto no âmbito legislativo quanto no estabelecimento de políticas públicas que venham a contribuir neste processo de inserção social.

Destaca-se que, na previsão inicial do Código Civil, tais pessoas eram tidas por incapazes – total ou relativamente, a depender do tipo de deficiência, de forma que, necessitavam de representantes ou assistentes que pronunciassem ou confirmassem sua vontade, estando, portanto, impossibilitados legalmente de participar dos atos da vida civil.

[3] Disponível em: http://www.brasil.gov.br/economia-e-emprego/2016/09/cresce-numero-de-pessoas-com-deficiencia-no-mercado-de-trabalho-formal. Acesso em: 18 de mai. 2019.

[4] Censo 2000 do Instituto Brasileiro de Geografia e Estatística – IBGE. Disponível em: https://ww2.ibge.gov.br/home/estatistica/populacao/censo2010/caracteristicas_religiao_deficiencia/caracteristicas_religiao_deficiencia_tab_uf_xls.shtm. Acesso em: 18 de mai. 2019.

[5] CROSARA, Ana Paula de Resende; VITAL, Flavia Maria de Paiva. **A Convenção sobre Direitos das Pessoas com Deficiência comentada.** Brasília: Secretaria Especial dos Direitos Humanos, 2008. p. 18.

A Constituição Federal brasileira estabelece em seus artigos 23 e 24 ser competência da União, dos Estados, Distrito Federal e Municípios "cuidar da saúde e assistência pública, da proteção e garantia das pessoas com deficiência" e legislar sobre a "proteção e integração social das pessoas portadoras de deficiência". Ainda no artigo 227, em seu parágrafo 1º, inciso II, o Estado "criará programas de prevenção e atendimento especializado para as pessoas portadoras de deficiência física, sensorial ou mental, bem como de integração social do adolescente e do jovem portador de deficiência, mediante o treinamento para o trabalho e a convivência, e a facilitação do acesso aos bens e serviços coletivos, com a eliminação de obstáculos arquitetônicos e de todas as formas de discriminação".

Portanto, a Constituição Federal não deixou de observar a necessidade da criação de ferramentas e alternativas para que as pessoas com deficiência possam gozar da plenitude de seus direitos nas mesmas condições de outro cidadão. E o que se busca compreender é se o Estado tem guardado suas obrigações, visando a finalidade de excluir as barreiras ainda existentes para o cumprimento dos preceitos constitucionais.

O Marco Civil da Internet (Lei 12.965/2014), no ano de 2014, se consagrou como importante instrumento legislativo que veio regulamentar o uso da Internet no Brasil, e demonstrou a preocupação do legislador em transpor as barreiras físicas impostas às pessoas com deficiência, passando a contemplar também a tentativa de eliminaras barreiras existentes no ambiente digital.

Referida Lei, em seus artigos 7º, inciso XII e 25, inciso II, prevê, respectivamente que: "o acesso à Internet é essencial ao exercício da cidadania, e ao usuário é assegurada a acessibilidade, consideradas as características físico-motoras, perceptivas, sensoriais, intelectuais e mentais do usuário, nos termos da lei", e, "as aplicações de internet de entes do poder público devem buscar acessibilidade a todos os interessados, independentemente de suas capacidades físico-motoras, perceptivas, sensoriais, intelectuais, mentais, culturais e sociais, resguardados os aspectos de sigilo e restrições administrativas e legais".

Quanto ao Marco Civil da Internet, Freitas assim expõe: "Tem-se que a lei brasileira – fortalecida por aquilo afirmado no Marco – garante ao usuário o direito de ter a acessibilidade na web aplicada a todo e qualquer site da Internet, seja ele pertencente ou não à administração pública ou privada."[6]

Já em 2015, pouco mais de um ano após a promulgação do Marco Civil da Internet, entrou em vigor no país a Lei Brasileira de Inclusão da Pessoa com Deficiência (Lei 13.146/2015), também conhecida como Estatuto da Pessoa com Deficiência, que em seu artigo 63 estabelece que "é obrigatória a acessibilidade nos sítios de internet mantidos por empresas com sede ou representação comercial no País ou por órgãos do governo, para uso da pessoa com deficiência, garantindo-lhe acesso às informações disponíveis, conforme as melhores práticas e diretrizes de acessibilidade adotadas internacionalmente".

O Estatuto da Pessoa com Deficiência é, sem qualquer sombra de dúvidas, uma importante conquista na busca pelo tratamento igualitário das pessoas com deficiência, vindo a corroborar o que o Marco Civil da Internet já dispunha sobre o tema, bem como efetivar direitos e garantias já estabelecidos na Constituição Federal.

O que se almeja com a abordagem do tema, em dispositivos legais, é justamente permitir a inserção da pessoa com deficiência na sociedade da informação, tentando eliminar, portanto, a existência de eventuais barreiras físicas, digitais, sociais e legais que possam contribuir para o não exercício pleno de seus direitos.

Teoria das Incapacidades – CC antes e depois da LBI

Por outro lado, o art. 1º do Código Civil estabelece que toda pessoa é capaz de direitos e deveres civis. Essa capacidade estabelecida é relativa à titularidade de direitos e deveres, ou seja, o código prevê – e previu desde sua edição – que toda pessoa é capaz de ser titular de direitos e deveres civis. Conforme Maria Helena Diniz, refere-se a: "Aptidão, oriunda da personalidade, para adquirir direitos e contrair obrigações na vida civil, que não pode ser

[6] FREITAS, Bruna Castanheira de. A acessibilidade e o direito de navegar na *web*. *In*: DE LUCCA, Newton; SIMÃO FILHO, Adalberto; LIMA, Cíntia Rosa Pereira de (coords.). **Direito & Internet III – Tomo II: marco civil da internet (Lei n. 12.965/2014)**. São Paulo: Quartier Latin, 2015, p. 164.

recusada ao indivíduo, sob pena de se negar sua qualidade de pessoa, despindo-o dos atributos da personalidade."[7]

Os artigos 3º e 4º, ambos do CC, respectivamente, estabelecem os incapazes absolutamente e relativamente de exercer os atos da vida civil pessoalmente, ou seja, aqueles que, apesar de plenamente capazes de possuir o direito, são incapazes de exercê-lo de forma pessoal e autônoma. A esta capacidade, chamamos capacidade de exercício, que arremete a "Aptidão de exercer por si só os atos da vida civil, dependendo, portanto, do discernimento, que é critério, prudência, juízo, tino, inteligência."[8]

Estes dispositivos tiveram sua redação alterada pela Lei Brasileira de Inclusão. A redação anterior enumerava como absolutamente incapazes os menores de dezesseis anos; os que, por enfermidade ou deficiência mental, não tiverem o necessário discernimento para a prática desses atos; e os que, mesmo por causa transitória, não puderem exprimir sua vontade. E como relativamente incapazes os maiores de dezesseis e menores de dezoito anos; os ébrios habituais, os viciados em tóxicos, e os que, por deficiência mental, tenham o discernimento reduzido; os excepcionais, sem desenvolvimento mental completo; e os pródigos.

Desta forma, com a intenção de proteger o rol de pessoas acima transcrito, a Lei, em caráter excepcional, restringiu a estes o exercício dos direitos civis, a capacidade de exercício, impondo-lhes a necessidade de que outra pessoa manifeste ou confirme sua vontade. Neste sentido Gonçalves esclarece:

> Nem todas as pessoas têm, contudo a capacidade de *fato*, também denominada capacidade de *exercício* ou de *ação*, que é a aptidão para exercer, por si só, os atos da vida civil. Por faltarem a certas pessoas alguns requisitos materiais, como maioridade, saúde, desenvolvimento mental etc., a lei, com intuito de protegê-las, malgrado não lhes negue a capacidade de adquirir direitos, sonega-lhes o de se autodeterminarem, de os exercer pessoal e diretamente, exigindo

[7] DINIZ, Maria Helena. **Dicionário Jurídico Universitário**. São Paulo: Saraiva, 2010, p. 96.
[8] *Ibidem*.

> sempre a participação de outra pessoa, que as representa ou assiste. (grifo do autor)[9]

No antigo sistema, portanto, era necessário à pessoa com deficiência ou enfermidade que a privasse do discernimento legalmente tido como necessário ao ato da vida civil, conforme artigos citados, fosse representada, caso absolutamente, ou assistida, caso parcialmente incapaz, para que seus atos pudessem ter validade legal, sendo impossibilitadas legalmente de realizar o ato de forma autônoma.

A Lei Brasileira de Inclusão (Lei n. 13.146/2015), fruto da Convenção sobre os Direitos das Pessoas com Deficiência e seu Protocolo Facultativo, e em total consonância com os dispositivos constitucionais supracitados, dispõe em seu art. 1º que tem por finalidade assegurar às pessoas com deficiência o exercício de seus direitos em condição de igualdade, visando sua inclusão social e cidadania.

Neste intuito, o art. 114 da supracitada lei mitigou a teoria das incapacidades então vigente, pois alterou o art. 3º do CC, fixando como absolutamente incapaz somente o menor de 16 (dezesseis anos), isto é, excluindo do rol a pessoa enferma ou com deficiência mental e alterou o art. 4º do CC, também excluindo do rol de incapazes os que por deficiência mental tenham o discernimento reduzido e os excepcionais, sem desenvolvimento mental completo.

Assim, a regra no ordenamento jurídico brasileiro passou a ser da plena capacidade civil da pessoa com deficiência, como expressa o art. 6º da LBI. Esta capacidade, consoante art. 84 da citada Lei, deve ser assegurada em igualdade de condições com as demais pessoas. Gonçalves leciona:

> A consequência direta e imediata dessa alteração legislativa é que a pessoa com deficiência agora é considerada plenamente capaz, salvo se não puder exprimir sua vontade — caso em que será considerada relativamente incapaz (art. 4º, III), podendo, quando necessário, ter um curador nomeado em processo judicial (Estatuto da Pessoa com Deficiência, art. 84). Observe-se que a incapacidade relativa não

[9] GONÇALVES, Carlos Roberto. **Direito Civil Brasileiro, volume 1: parte geral**. 11. ed. São Paulo: Saraiva, 2013, p. 96.

> decorre propriamente da deficiência, mas da impossibilidade de exprimir a sua vontade. [10]

Essa nova orientação objetiva resguardar a dignidade da pessoa com deficiência, assegurando a autonomia de sua vontade e a isonomia entre as pessoas, de forma que, em regra, não há mais que se falar em representação, assistência ou curatela da pessoa com deficiência, e seus atos autônomos têm plena validade legal. Quanto à curatela, ressalte-se que terá lugar excepcionalmente e apenas para direitos patrimoniais e negociais, nos termos do art. 85 da LBI.

Desse modo, a LBI não admite que as pessoas com deficiência sejam consideradas civilmente incapazes em razão única e exclusiva de sua deficiência, alterando e introduzindo novas previsões legais no Código Civil que conferem a capacidade civil àqueles com deficiência.

O próprio conceito de pessoa com deficiência previsto no artigo 2º da LBI permite alterar o foco para o meio social e estabelecer a preocupação na efetiva participação da pessoa, deixando, portanto, de observar apenas os aspectos físicos e mentais, intelectuais ou sensoriais que a caracterizam.

Assim descreve o artigo 2º da LBI quanto ao conceito de pessoa com deficiência: "Considera-se pessoa com deficiência aquela que tem impedimento de logo prazo de natureza física, mental, intelectual ou sensorial, o qual, em interação com uma ou mais barreiras, pode obstruir sua participação plena e efetiva na sociedade em igualdade de condições com as demais pessoas".

Neste sentido, nas palavras de Ana Cláudia Mendes de Figueiredo e Eugênia Augusta Gonzaga:

> As novas regras legais, que romperam com a identificação histórica entre deficiência e incapacidade civil, foram pautadas essencialmente nos princípios da CDPD, entre os quais o respeito à dignidade, que é inerente à autonomia individual e à liberdade de fazer as próprias escolhas. O direito à capacidade civil também está em consonância com os princípios da não discriminação, da plena e efetiva

[10] GONÇALVES, Carlos Roberto. **Direito Civil: parte geral.** 23. ed. São Paulo: Saraiva, 2017, p. 52.

participação e inclusão na sociedade, da igualdade de oportunidades e da acessibilidade.[11]

Desta forma, a Lei oportunizou real inclusão da pessoa com deficiência, a partir do reconhecimento de sua capacidade, o qual decorre da intenção de afastar as discriminações preexistentes que foram arraigadas na cultura brasileira quando ainda se tinha pouca informação.

LBI: Instrumento de inclusão e resultado da Sociedade da Informação

Podemos concluir que a Sociedade da Informação gerou novas demandas quanto a necessidade de disponibilizar para todas informações em igualdade de condições, e a busca pela promoção do direito de acesso passa obrigatoriamente pela inclusão digital, independentemente de idade, posição social ou econômica, além de restrições físicas e/ou intelectuais.

Uma das demandas, indiscutivelmente, é a inclusão da pessoa com deficiência neste cenário, o que demonstra que a LBI é também resultante da sociedade que busca estar inserida no mundo globalizado, contribuindo para que as pessoas com deficiência estejam integradas em condições de igualdade em relação às demais pessoas.

Diante do avanço tecnológico que se apresenta como um fator positivo para o desenvolvimento pessoal, social e profissional de todo cidadão, se constata que fatores negativos também são trazidos com o referido avanço, como a desigualdade e a discriminação através da impossibilidade de acesso, além da violação de outros direitos e garantias individuais previstos tanto na Constituição Federal, quanto na legislação infraconstitucional, como o Marco Civil da Internet e a Lei Brasileira de Inclusão. Conforme, Paulo Hamilton Siqueira Júnior:

[11] FIGUEIREDO, Ana Cláudia Mendes de; GONZAGA, Eugênia Augusta. Pessoas com deficiência e seu direito fundamental à capacidade civil. *In*: GONZAGA, Eugênia Augusta; MEDEIROS, Jorge Luiz Roberto de (orgs.). **Ministério público, sociedade e a lei brasileira de inclusão da pessoa com deficiência**, Brasília: ESMPU, 2018. Disponível em: http://escola.mpu.mp.br/publicacoes/obras-avulsas/e-books/ministerio-publico-sociedade-e-a-lei-brasileira-de-inclusao-da-pessoa-com-deficiencia. Acesso em: 14 mai. 2019, p. 88.

> O advento da sociedade da informação não trouxe somente benefícios sociais indiscutíveis. Grande parte da população mundial permanece à margem desse processo e os resultados satisfatórios das novas tecnologias não lhes proporcionam qualquer favor, seja pelo impossibilidade de acesso à informação, seja pela impossibilidade de fornecimento de produto ou do serviço de nova tecnologia em regiões menos desenvolvidas, ou pela falta de investimentos governamentais para implementação das tecnologias supervenientes à informatização.[12]

O acesso à informação é requisito básico para que todas as pessoas, incluindo-se aqui as com qualquer tipo de deficiência, possam exercer plenamente seus direitos de forma autônoma e sem qualquer tipo de restrição.

Para o exercício de sua cidadania e direitos fundamentais, as pessoas com deficiência, através do amparo legal que a LBI lhes proporciona, devem ter disponíveis todos os meios possíveis para permitir que não sofram a imposição de obstáculos que as impeçam de exercer tais direitos.

Políticas públicas deverão ser adotadas para que as barreiras que hoje impedem o pleno exercício de direitos deixem de existir, e a acessibilidade atinja de forma gradual o que a LBI traz como previsão legal, ou seja, a acessibilidade geral e irrestrita para a pessoa com deficiência, através do total acesso às informações disponíveis. Como descreve Figueiredo e Gonzaga:

> Logo, é de rigor que operadores do Direito e executores das políticas públicas – e por que não dizer toda a sociedade – abracem o novo modelo e encontrem, na legislação em vigor, as soluções que a vida diária exige, sem retrocessos quanto às proteções legais já existentes ou negação de direito fundamental ao exercício da capacidade civil.[13]

[12] SIQUEIRA JR, Paulo Hamilton. Direitos humanos e cidadania digital. *In*: DE LUCCA, Newton; SIMÃO FILHO, Adalberto; LIMA, Cíntia Rosa Pereira de (coords.). **Direito & Internet III – Tomo I: marco civil da internet (Lei n. 12.965/2014)**. São Paulo: Quartier Latin, 2015, p. 180.

[13] FIGUEIREDO, Ana Cláudia Mendes de; GONZAGA, Eugênia Augusta. Pessoas com deficiência e seu direito fundamental à capacidade civil. *In*: GONZAGA, Eugênia Augusta; MEDEIROS, Jorge Luiz Roberto de (orgs.). **Ministério público, sociedade e a lei brasileira de inclusão da pessoa com deficiência**. Brasília: ESMPU, 2018. Disponível em: http://escola.mpu.mp.br/publicacoes/obras-avulsas/e-books/

O reconhecimento da capacidade civil das pessoas com deficiência foi uma importante consequência da Sociedade da Informação e um importante passo para garantir a vida digna das pessoas com deficiência, porém os desafios não ficarão restritos apenas à letra da Lei, muito ao contrário, toda a sociedade deverá passar por um processo de mudança cultural, sendo inclusive submetida à campanhas educacionais, nas quais as pessoas com deficiência sejam pessoas plenamente capazes de realizar seus atos na vida diária.

Capacidade Civil da pessoa com deficiência e as relações sociais

Conforme debatido, a regra após a LBI passou a ser da capacidade civil da pessoa com deficiência, o que, provavelmente, decorreu da interação da Sociedade da Informação, que permitindo maior acessibilidade a todos, encaminhou o avanço da sociedade também neste sentido.

Em relação a referido avanço destacamos as palavras de Roberto Senise Lisboa: "a Sociedade da Informação veio aprimorar o convívio social, colaborando para o progresso e facilitando o acesso à informação (...)".[14]

Tal mudança, entretanto, acarreta diversas e importantes consequências que devem ser analisadas no contexto social, tais como a possibilidade da pessoa com deficiência contrair casamento, ser responsabilizado civilmente por seus atos, a ausência de benefícios quanto à prescrição e decadência, possibilidade de ser parte nos Juizados Especiais etc.

Este novo tratamento dado à pessoa com deficiência, isto é, sua maior integração ao meio social a partir da possibilidade de que desenvolva atos da vida civil de forma autônoma, levanta questionamentos sobre a extinção da proteção anteriormente privilegiada no ordenamento jurídico brasileiro.

Neste sentido, há de se considerar que a Sociedade da Informação proporcionou desenvolvimento pessoal como nunca, decorrente do imenso e imediato acesso à informação, permitindo a presunção de que de fato a pessoa

ministerio-publico-sociedade-e-a-lei-brasileira-de-inclusao-da-pessoa-com-deficiencia. Acesso em: 14 mai. 2019, p. 97.

[14] LISBOA, Roberto Senise. Direito na Sociedade da Informação, **Revista dos Tribunais**, volume 847/2006, p.85, maio de 2006.

com deficiência possua capacidade não apenas de ter direitos, mas de exercê-los também em igualdade aos demais.

De fato, a Sociedade da Informação proporcionou tal avanço, propagando infinitas transformações que culminaram no reconhecimento de diversos direitos, e a LBI, respondendo a este fato social, veio regulamentar os direitos reconhecidos às pessoas com deficiência e possibilitar juridicamente diversas relações sociais.

Políticas públicas de inclusão da PCD na Sociedade da Informação

A LBI, como mencionado, busca assegurar uma série de direitos fundamentais às pessoas com deficiência. Alguns exemplos tradicionais são rampas de acesso para cadeira de rodas e banheiros adaptados para deficientes. Ocorre que, felizmente, referida legislação trata também, com bastante destaque, de alguns direitos fundamentais oriundos da era da Sociedade da Informação, como o direito ao acesso à internet, considerado como fundamental para o pleno exercício da cidadania[15], consagrando também às pessoas com deficiência pela LBI, em seu art. 63:

> Art. 63. É obrigatória a acessibilidade nos sítios da internet mantidos por empresas com sede ou representação comercial no País ou por órgãos de governo, para uso da pessoa com deficiência, garantindo-lhe acesso às informações disponíveis, conforme as melhores práticas e diretrizes de acessibilidade adotadas internacionalmente.[16]

Pode-se notar uma série de políticas públicas que buscam garantir a acessibilidade às pessoas com deficiência aos *websites* e aos serviços e informações tradicionalmente oferecidos à população via internet. Acessibilidade refere-se principalmente às recomendações do WCAG (*World Content Accessibility*

[15] Nesse sentido: Lei 12.965/14 – Art. 7º: O acesso à internet é essencial ao exercício da cidadania, e ao usuário são assegurados os seguintes direitos(...)

[16] BRASIL. Lei nº 13.146, de 6 de julho de 2015. Institui a lei brasileira de inclusão da pessoa com deficiência. Disponível em: http://www.planalto.gov.br/ccivil_03/_ato2015-2018/2015/lei/l13146.htm. Acesso em: 04 mai. 2019.

Guide) do W3C e, no caso do Governo Brasileiro, foi padronizado o modelo eMAG (Modelo de Acessibilidade em Governo Eletrônico)[17]. No portal do Governo Federal, por exemplo, existe uma barra de acessibilidade na parte superior do site, onde se encontram atalhos de navegação padronizados e a opção para alterar o contraste e brilho, bem como o tamanho das fontes. Essas ferramentas estão disponíveis em todas as páginas do portal.[18]

Observa-se também uma grande incidência de políticas públicas adotadas pela Justiça Eleitoral, visando garantir que as pessoas com deficiência possam gozar plenamente de seus direitos políticos, entre eles o atendimento prioritário a pessoas com deficiência nas sedes da Justiça Eleitoral. O eleitor com deficiência pode também, requerer a transferência do local de votação para uma seção especial, que seja mais adequada para atender melhor às suas necessidades, como uma seção instalada em local com rampas e/ou elevadores[19], além de deter uma série de ferramentas que objetivam garantir a acessibilidade às pessoas com deficiência ao *website* do Tribunal Superior Eleitoral.

Outra interessante política visando a acessibilidade das pessoas com deficiência foi a realizada no município de São Paulo, que em dezembro de 2007, com a aprovação da Lei Municipal nº 14.659/07, oficializou a Secretaria Municipal da Pessoa com Deficiência (SMPED), cuja missão institucional consiste em promover o protagonismo da pessoa com deficiência e sua efetiva participação na sociedade.[20]

Dentre as diversas iniciativas e projetos de inclusão social das pessoas com deficiência realizadas pela SMPED, podem-se destacar duas que certamente demonstram uma relevância incomparável na busca pela acessibilidade.

A primeira medida foi a criação da Central de Intermediação em Libras (CIL), que permite que pessoas com deficiência auditiva, surdos e surdo-cegos tenham acessibilidade em quaisquer serviços públicos na cidade de São Paulo,

[17] BRASIL. **Acessibilidade.** Disponível em: https://www.governodigital.gov.br/acessibilidade. Acesso em: 03 mai. 2019.

[18] BRASIL. **Portal do Governo Federal.** Disponível em: http://brasil.gov.br/. Acesso em: 03 mai. 2019.

[19] BRASIL. **Acessibilidade nas eleições.** Disponível em: http://www.tse.jus.br/eleitor/processo-eleitoral-brasileiro/votacao/acessibilidade-nas-eleicoes. Acesso em: 03 mai. 2019.

[20] BRASIL. **Secretaria Municipal da Pessoa com Deficiência (SMPED).** Disponível em: https://www.prefeitura.sp.gov.br/cidade/secretarias/pessoa_com_deficiencia/acesso_a_informacao/index.php?p=189608. Acesso em: 03 mai. de 2019.

através de um aplicativo, denominado "CIL – SMPED", que pode ser obtido gratuitamente em celulares, tablets ou computadores. Quando acionado, o serviço faz uma espécie de mediação entre surdo e intérprete, garantindo assim maior independência e autonomia para cidadãos paulistanos detentores de algum tipo de deficiência auditiva que, porventura, necessitem utilizar os serviços oferecidos pelos órgãos estatais municipais.

A outra medida bastante relevante elencada, refere-se à criação do "Selo de Acessibilidade Digital", que visa aplicar efetivamente o disposto no art. 63 da LBI nos *websites* que podem ser acessados no município. Através desta iniciativa, a Secretaria Municipal da Pessoa com Deficiência, em conjunto com a Comissão Permanente de Acessibilidade, avalia o grau de acessibilidade das páginas que são submetidas à avaliação, e, seguindo critérios e procedimentos estabelecidos na portaria 08/2018, premiam aqueles *sites* ou portais eletrônicos que cumprem com os referidos critérios com o Selo de Acessibilidade Digital, numa forma de incentivar a expansão dos recursos de acessibilidade para além dos *websites* e portais eletrônicos de domínio público.[21]

Essas são apenas algumas iniciativas e políticas públicas adotadas recentemente visando efetivar os direitos e garantias trazidos à tona pela LBI, e muitas outras práticas podem já serem observadas pelo país afora. Tais políticas de inclusão, apesar de não serem ainda suficientes para garantir uma acessibilidade plena às pessoas com deficiências, tratam-se de importantes passos no caminho da efetivação dos direitos fundamentais e de inserção na Sociedade da Informação desta importante parcela da população brasileira.

Portanto, verifica-se que a sociedade brasileira vive real mudança no contexto dos direitos da pessoa com deficiência, sendo que as políticas públicas para inclusão e o reconhecimento da capacidade civil destas pessoas revelam avanço legal e social, decorrente do maior acesso à informação, e que certamente culminará em mais progresso.

[21] BRASIL. **Selo de Acessibilidade Digital.** Disponível em: https://www.prefeitura.sp.gov.br/cidade/secretarias/pessoa_com_deficiencia/selo_de_acessibilidade_digital/index.php. Acesso em: 03 mai. 2019.

Considerações Finais

A sociedade contemporânea atravessa "uma verdadeira revolução digital em que são dissolvidas as fronteiras entre telecomunicações, meios de comunicação de massa e informática"[22]. O advindo da denominada Era da Informação trouxe muitas mudanças que acabaram por refletir diretamente na forma que se desenvolvem as questões sociais, políticas e econômicas em nosso país e no mundo.

Uma das mais relevantes mudanças que puderam ser observadas com a revolução trazida pela Sociedade da Informação foi uma verdadeira massificação do uso da internet[23], tornando-se tal ferramenta algo visto como essencial para um pleno exercício da cidadania. E neste contexto, mostram-se necessárias políticas de inclusão para aqueles que se encontram em situação de desigualdade, como as pessoas com deficiência, a fim de garantir a este grupo de pessoas, que segundo os últimos censos, cresce cada vez mais, representando quase ¼ de toda a população do país.

Convergindo com este entendimento, ressalta-se a importância da Lei Brasileira de Inclusão, que busca reconhecer diversos direitos àquelas pessoas que se encontram nesta situação desfavorável. Talvez a mais importante conquista trazida pela referida lei tenha sido o reconhecimento da capacidade civil da pessoa com deficiência, uma vez que consolidou a base principiológica em nosso ordenamento jurídico contraria a discriminação que sofriam tais indivíduos.

Tal reconhecimento, além de ser consequência da Sociedade da Informação é um requisito que se mostrará imprescindível ao contínuo desenvolvimento social a ela inerente e oportunizará a real inserção da pessoa com deficiência na sociedade.

Entretanto, os desafios não se encontram restritos unicamente à mera promulgação de uma Lei, muito ao contrário, toda a sociedade deve passar

[22] BARRETO JUNIOR, Irineu Francisco. Atualidade do Conceito Sociedade da Informação para a pesquisa
jurídica. *In*: PAESANI, Liliana Minardi (coord.). **O Direito na Sociedade da Informação.** São Paulo:
Atlas, 2007. p. 2.

[23] *Ibidem*, p. 5.

por um processo de mudança cultural, sendo inclusive submetida a campanhas educacionais, objetivando propiciar a todos uma visão das pessoas com deficiência como pessoas plenamente capazes de realizar seus atos na vida diária.

Nota-se que passos vêm sendo dados na direção da efetivação prática dos preceitos determinados pela LBI em nossa sociedade, pois resta perceptível a existência de diversas políticas públicas que buscam propiciar às pessoas com deficiência o gozo de seus direitos fundamentais. No que se refere ao acesso à internet, pode-se observar um relativo progresso na tentativa de garantir o acesso pleno desta ferramenta às pessoas com deficiência, observado, por exemplo, com a implementação do sistema eMAG nos sites governamentais.

Entretanto, mesmo com tais mudanças, é nítido que muito há que se fazer para que as pessoas com deficiência encontrem-se nas mesmas condições de uso e acesso à informação quando comparadas aos demais cidadãos, devendo ainda tais políticas públicas e educacionais continuar a serem incentivadas e cada vez mais aplicadas em todos os aspectos de nossa sociedade, visando assim erradicar obstáculos ou qualquer outro meio de discriminação que hoje ainda dificultam ou impedem o gozo pleno dos direitos da PCD.

Referências

BARRETO JUNIOR, Irineu Francisco. Atualidade do Conceito Sociedade da Informação para a pesquisa jurídica. *In*: PAESANI, Liliana Minardi (coord.). **O Direito na Sociedade da Informação**. São Paulo: Atlas, 2007.

BRASIL. **Acessibilidade**. Disponível em: https://www.governodigital.gov.br/acessibilidade. Acesso em: 03 mai. 2019.

BRASIL. **Acessibilidade nas eleições**. Disponível em: http://www.tse.jus.br/eleitor/processo-eleitoral-brasileiro/votacao/acessibilidade-nas-eleicoes. Acesso em: 03 mai. 2019.

BRASIL. **Constituição da República Federativa do Brasil**. Disponível em: http://www.planalto.gov.br/ccivil_03/constituicao/constituicaocompilado.htm. Acesso em: 04 mai. 2019.

BRASIL. **Lei n. 12.965, de 23 de abril de 2014**. Estabelece princípios, garantias, direitos e deveres para o uso da Internet no Brasil. Disponível em: http://www.planalto.gov.br/ccivil_03/_ato2011-2014/2014/lei/l12965.htm. Acesso: em 04 mai. 2019.

BRASIL. **Lei nº 13.146, de 6 de julho de 2015**. Institui a lei brasileira de inclusão da pessoa com deficiência. Disponível em: http://www.planalto.gov.br/ccivil_03/_ato2015-2018/2015/lei/l13146.htm. Acesso em: 04 mai. 2019.

BRASIL. **Portal do Governo Federal**. Disponível em: http://brasil.gov.br/. Acesso em: 03 mai. 2019.

BRASIL. **Secretaria Municipal da Pessoa com Deficiência (SMPED)**. Disponível em: https://www.prefeitura.sp.gov.br/cidade/secretarias/pessoa_com_deficiencia/acesso_a_informacao/index.php?p=189608. Acesso em: 03 mai. de 2019.

BRASIL. **Selo de Acessibilidade Digital**. Disponível em: https://www.prefeitura.sp.gov.br/cidade/secretarias/pessoa_com_deficiencia/selo_de_acessibilidade_digital/index.php. Acesso em: 03 mai. 2019.

CROSARA, Ana Paula de Resende; VITAL, Flavia Maria de Paiva. **A Convenção sobre Direitos das Pessoas com Deficiência comentada**. Brasília: Secretaria Especial dos Direitos Humanos, 2008.

DE LUCCA, Newton; SIMÃO FILHO, Adalberto; LIMA, Cíntia Rosa Pereira (coords.). **Direito & Internet III – Tomos I e II: marco civil da internet (Lei n. 12.965/2014)**. São Paulo: Quartier Latin, 2015.

DINIZ, Maria Helena, **Dicionário Jurídico Universitário**. São Paulo: Saraiva, 2010.

FIGUEIREDO, Ana Cláudia Mendes de; GONZAGA, Eugênia Augusta. Pessoas com deficiência e seu direito fundamental à capacidade civil. *In*: GONZAGA, Eugênia Augusta; MEDEIROS, Jorge Luiz Roberto de (orgs.). **Ministério público, sociedade e a lei brasileira de inclusão da pessoa com deficiência**, Brasília: ESMPU, 2018. Disponível em: http://escola.mpu.mp.br/publicacoes/obras-avulsas/e-books/ministerio-publico-sociedade-e-a-lei-brasileira-de-inclusao-da-pessoa-com-deficiencia. Acesso em: 14 mai. 2019, p. 85-108.

FREITAS, Bruna Castanheira de. A acessibilidade e o direito de navegar na *web*. *In*: DE LUCCA, Newton; SIMÃO FILHO, Adalberto; LIMA, Cíntia Rosa Pereira de (coords.). **Direito & Internet III – Tomo II: marco civil da internet (Lei n. 12.965/2014)**. São Paulo: Quartier Latin, 2015, p. 155-168.

GONÇALVES, Carlos Roberto, **Direito Civil Brasileiro, volume 1: parte geral**, 11. ed. São Paulo: Saraiva, 2013.

GONÇALVES, Carlos Roberto, **Direito Civil: parte geral,** 23. ed. São Paulo: Saraiva, 2017.

GONZAGA, Eugênia Augusta; MEDEIROS, Jorge Luiz Roberto de (orgs.). **Ministério público, sociedade e a lei brasileira de inclusão da pessoa com deficiência**, Brasília: ESMPU, 2018. Disponível em: http://escola.mpu.mp.br/publicacoes/obras-avulsas/e-books/ministerio-publico-sociedade-e-a-lei-brasileira-de-inclusao-da-pessoa-com-deficiencia. Acesso em: 14 mai. 2019.

LEITE, Flávia Piva Almeida; SIMÃO FILHO, Adalberto; VIGLIAR, José Marcelo Menezes. Inclusão da pessoa com deficiência na sociedade da informação: Considerações sobre a cidadania ativa e passiva no processo eleitoral. **Revista da faculdade de direito UFG, v. 40, n.2**, 2016, p. 152-173.

LISBOA, Roberto Senise. Direito na Sociedade da Informação, **Revista dos Tribunais**, volume 847/2006, p.78-95, maio de 2006.

SIMÕES, André; ATHIAS, Leonardo; BOTELHO, Luanda (orgs.). **Panorama nacional e internacional da produção de indicadores sociais: grupos populacionais específicos e uso no tempo**. Rio de Janeiro: IBGE, Coordenação de população e indicadores sociais, 2018. Disponível em: https://biblioteca.ibge.gov.br/visualizacao/livros/liv101562.pdf. Acesso em: 05 mai. 2019.

SIQUEIRA JR, Paulo Hamilton. Direitos humanos e cidadania digital. *In*: DE LUCCA, Newton; SIMÃO FILHO, Adalberto; LIMA, Cíntia Rosa Pereira de (coords.). **Direito & Internet III – Tomo I: marco civil da internet (Lei n. 12.965/2014)**. São Paulo: Quartier Latin, 2015, p. 171-185.

4. A inclusão digital de pessoas com deficiência na sociedade da informação

Cesar Sequeira Caetano
Eduardo Salgueiro Coelho
Priscila Margarito Vieira da Silva

Introdução

O mundo vem passando por grandes transformações, e na atual sociedade conhecida como *sociedade da informação*, o uso das novas tecnologias tornou-se a maior ferramenta na propagação da informação e do conhecimento.

As novas tecnologias geram melhor qualidade de vida ao homem, no entanto, o cidadão que não possui as ferramentas necessárias ou não adquiriu a capacidade para compreender o mundo tecnológico é considerado um excluído digital.

A inclusão digital compreende a capacidade de utilizar das Tecnologias da Informação e Conhecimento (TIC's), e dela compreender minimamente o mundo digital, mas, sobretudo, permite melhor qualidade de vida para aqueles que a utilizam.

No entanto, a questão da desigualdade social encontra-se interligada com a inclusão digital, uma vez que nem todo o indivíduo têm um computador, ou acesso à internet, ou ainda, não contraiu a capacidade para utilizar das novas tecnologias.

Deste modo, no mundo um número cada vez maior de pessoas é excluída digitalmente da sociedade da informação, portanto, uma parcela da sociedade enfrenta ainda maiores dificuldades na questão da inclusão digital, qual seja a pessoa com deficiência.

As pessoas com deficiência não é um fato dos nossos dias. As primeiras leis escritas de que temos conhecimento, apontam contradições, os problemas, os conflitos, as possiblidades, as alternativas e os comportamentos jurídicos correlacionados às pessoas com deficiência, fato que perdura até aos dias atuais.

Na Grécia antiga as crianças mal constituídas eram eliminadas e, as pessoas tidas como inúteis em caso de guerra deviam ser mortas! Platão em sua obra "A República", menciona que os melhores homens devem se unir às melhores mulheres e, os defeituosos às defeituosos, expondo que vale a pena criar os filhos dos primeiros e não os dos últimos.

Nos dias da pós-modernidade os deficientes não estão apenas relacionados a problemas congênitos, mas ao uso das tecnologias disponíveis, armamentos, máquinas, equipamentos, meios de transporte são as principais causas de pessoas com deficiência. O mundo moderno, valendo-se do avanço tecnológico deve propiciar a essas pessoas condições de inseri-las na sociedade e dar-lhes condições de igualdade de oportunidades como deferidas aos demais.

Visando combater a desigualdade social e extinguir a exclusão digital de pessoas com deficiência são necessárias políticas públicas, com a contribuição da sociedade civil junto com o Estado.

Este artigo abordará conceitos e reflexões sobre a inclusão e exclusão digitais de pessoas com deficiência e a importância das políticas públicas para o exercício da cidadania e dignidade da pessoa, seja ela portadora de necessidades especiais ou não.

Inclusão digital e a exclusão digital

Desde o início da existência da civilização, o mundo vem passando por várias transformações, e na atual sociedade em que vivemos, conhecida como *"sociedade da informação"* a tecnologia tem assumido papel importante na transformação e no desenvolvimento econômico e social.

O desenvolvimento tecnológico cresce rapidamente a cada dia trazendo mudanças significativas na vida das pessoas, e é após a invenção do computador e o surgimento da internet, que a atual sociedade foi forçada a conviver com o fenômeno tecnológico.

As novas tecnológicas, conhecidas como Tecnologias da Informação e Conhecimento (TIC's) têm colaborado para melhoria na qualidade de vida do homem, tanto na área, educacional, econômica, social, cultural, e até mesmo na área da saúde, tornando inclusive as tarefas laborais e cotidianas mais rápidas e eficazes, o que antes era realizado com maiores dificuldades e por muito mais tempo.

Não há dúvidas que tecnologia está cada vez mais presente na sociedade, seja produzir ou disponibilizar um produto ou serviço, seja comunicar, realizar serviços bancários, estudar, fazer uma pesquisa, realizar uma compra, e tantas outras modificações, que vem transformando aceleradamente a vida do homem.

Ao viver esse fenômeno tecnológico, a atual sociedade se depara com a necessidade de incluir digitalmente todos os cidadãos para essa nova realidade, para que esses possam minimante compreender e utilizar às Tecnologias da Informação e Conhecimento (TIC's).

Para fazer parte dessa nova realidade e estar inserido no mundo tecnológico é necessário disponibilizar recursos apropriados que o homem possa adentrar na era digital. No entanto, não basta apenas à exposição de um indivíduo em frente a um computador conectado à internet para ser considerado como um incluído digitalmente, é necessário capacitá-lo.

A **inclusão digital** é um indicador importante no desenvolvimento social, uma vez que um indivíduo que está incluído digitalmente é capaz de compreender a atual sociedade e melhorar sua qualidade de vida a partir do empregado das ferramentas tecnologias. Dessa forma, o maior objetivo da inclusão digital é democratizar as Tecnologias da Informação e do Conhecimento (TIC's) para todos os cidadãos.

Nesse sentido, o dispor sobre a inclusão digital André Lemos conceitua:

> Inclusão Digital significa hoje o acesso da população ao mundo digital, equiparando as potencialidades num mundo geográfico, social, etário e intelectual diversificado; numa tentativa de se garantir não apenas

> a capacitação/treinamento do indivíduo ao uso do equipamento, mas estimular o exercício dos direitos garantidos a cada cidadão como educação, acesso á informação e participação nas atividades do núcleo social que este se encontra, garantindo a construção de sua cidadania. [1]

Ana Iasbel B. Paraguay citada por Gladison Luciano Perosini ao também conceituar o que venha ser inclusão digital preleciona:

> Inclusão Digital é gerar igualdade de oportunidade da sociedade da informação. A seja partir da constatação de que o acesso aos modernos meios de comunicação, especialmente a Internet, gera para o cidadão um diferencial no aprendizado e na sua capacidade de ascensão financeira[...][2]

De acordo com os autores, a inclusão digital não significa apenas disponibilizar ao cidadão equipamentos tecnológicos, mas sim visa capacitá-lo para ser gerado igualdade de oportunidades para todos os cidadãos da sociedade da informação, garantindo a construção de sua cidadania, uma vez que a inclusão digital é a democratização ao acesso das Tecnologias da Informação e Comunicação (TIC's).

Nesse ínterim, Maria Helena Silveira Bonil e Paulo Cesar Souza de Oliveira, ao citarem Manuel Castells preceituam:

> Um excluído digital tem três grandes formas de ser excluído. Primeiro, não tem acesso à rede de computadores. Segundo, tem acesso ao sistema de comunicação, mas com uma capacidade técnica muita baixa. Terceiro, (para mim é mais importante forma de ser excluído e da que menos se fala) é estar conectado à rede e não saber qual o acesso usar, qual a informação buscar, como combinar uma informação com outra e como utilizar para a vida. Esta é a mais grave porque amplia, aprofunda a exclusão mais séria de toda a História; é a exclusão da educação e

1 LEMOS, André. (org). **Cidade digital: portais, inclusão e redes no Brasil.** Salvador: EDUFBA, 2007. p.31.

2 PEROSINI, Gladison Luciano. **Inclusão digital e tecnológica na sociedade da informação** [livro eletrônico]. 1º ed. Rio de Janeiro. Autografia, 2017. p. eletrônica.

> da cultura porque o mundo digital incrementa extraordinariamente (CASTELLS, 2005).[3]

Portanto, incluir um cidadão digitalmente, **não significa apenas disponibilizar computadores e acesso à internet, é necessário capacitá-lo para utilizar das** Tecnologias da Informação e Conhecimento (TIC's), e assim ser considerado como alfabetizado digitalmente.

Pedro Demo, ao conceituar o que venha ser alfabetização digital preleciona:

> A alfabetização digital significa habilidade imprescindível para ler a realidade e dela dar minimamente conta, para ganhar a vida, e acima de tudo ser alguma coisa na vida. Em especial, é fundamental que o incluído controle sua inclusão.[4]

Um indivíduo alfabetizado digitalmente tem a capacidade de minimante compreender e utilizar de forma plena as ferramentas disponibilizadas pelas novas tecnologias, pois ao estar inserido no mundo digital, o cidadão não está excluído da nova realidade.

O indivíduo que não tem um computador, ou acesso à internet, ou os conhecimentos primordiais para a utilizar das Tecnologias da Informação e Conhecimento (TIC's) são excluídos digitalmente. Assim, alfabetizar digitalmente um indivíduo constitui em oferecer as ferramentas tecnológicas disponíveis na atual sociedade e prepará-lo o cidadão de forma plena, capacitando para conhecimento e melhores oportunidades.

No entanto, quando se fala em inclusão digital, a questão da desigualdade social é umas das piores ameaças que impede a inclusão digital do cidadão, uma vez que as pessoas desfavorecidas economicamente não tem um computador, ou acesso à internet, ou ainda, não possuem a capacidade para utilizar as tecnologias previstas na atual sociedade.

Os mais avantajados economicamente são os primeiros a terem acesso às novas tecnologias, porém a classe mais pobre são os que mais sofrem com a

[3] BONILLA, Maria Helena Silveira; PRETTO, Nelson de Luca. (orgs). **Inclusão digital: polêmica contemporânea.** [livro eletrônico]. 2º v. Salvador: EDUFBA, 2011. p. 492.

[4] DEMO, Pedro. **Inclusão digital: cada vez mais no centro da inclusão social.** Disponível em: <http://revista.ibict.br/inclusao/article/view/1504/1691>. Acesso em: 02 jun. 2019.

inclusão digital, uma vez que não conseguem acompanhar os novos conhecimentos gerados pelas novas tecnologias, provocando também a exclusão social.

Segundo a pesquisa internacional ICT Facts and Figures 2016, realizada pela ITU, a agência da Organização das Nações Unidas (ONU) para tecnologias da informação, revelou que nos domicílios de países desenvolvidos a internet está presente em cerca de 83,8% das casas, sendo que o índice chega a 64,4% nas Américas e a 84% na Europa.[5]

De acordo com a pesquisa, a internet nos países desenvolvido é bem maior em relação aos países subdesenvolvidos, o que demonstra que nos países economicamente fortes estão à frente ao uso das Tecnologias da Informação e Conhecimento (TIC's).

No Brasil, segundo a pesquisa do IBGE (Instituto Brasileiro de Geografia e Estatística) divulgada em 21/02/2018, demonstrou que um **quarto dos estudantes da rede pública não acessavam a Internet, sendo que ainda pesquisa demonstrou** que a utilização da Internet aumentou de acordo com o nível escolar das pessoas, sendo que pessoas sem instrução (11,2%), fundamental incompleto (43,6%), superior incompleto (97,1%) e superior completo (95,7%). [6]

Assim, os dados do IBGE demonstraram que no Brasil os estudantes da rede pública e os que possuem índices de baixo grau de escolaridade, são os que mais sofrem com a exclusão digital, uma vez que esses são os menos desprovidos economicamente, e logo não possuem recurso para adquirir a capacidade de compreender as novas tecnologias disponíveis na atual sociedade.

O sociólogo Sérgio Amadeu da Silveira ao dispor sobre os reflexos da desigualdade social na questão da inclusão digital preceitua:

> [...] Enquanto um jovem das camadas abastecidas da sociedade tem acesso ao *ciberespaço* e a todas as fontes de informação disponíveis em

[5] ITU. **ICT Facts and Figures 2016**. Disponível em <https://www.itu.int/en/ITU-D/Statistics/Documents/facts/ICTFactsFigures2016.pdf> Acesso em: 02 jun. de 2019.

[6] **IBGE.** PNAD Contínua TIC 2016: 94,2% das pessoas que utilizaram a Internet o fizeram para trocar mensagens. **Disponível em:: <https://agenciadenoticias.ibge.gov.br/agencia-noticias/2013-agencia-de-noticias/releases/20073-pnad-continua-tic-2016-94-2-das-pessoas-que-utilizaram-a-internet-o-fizeram-para-trocar-mensagens.html> Acesso em: 02 jun. de 2019.**

> bilhões de *sites* espalhados pelo globo, o adolescente das camadas pauperizadas fica privado de interagir com os produtores de conteúdo, de observá-los, de questioná-los e de copiar seus arquivos. Para a pessoa incluída na rede, a navegação estimula a criatividade, permite realizar pesquisas sobre inúmeros temas e encontrar com maior velocidade o resultado de sua busca. Quem está desconectado desconhece o oceano informacional, ficando impossibilitado de encontrar informação básica, de descobrir novas temas, de despertar para novos interesses.[7]

Deste modo, verifica que em vários países do mundo, como no Brasil, os mais pobres sofrem com a exclusão digital, que por sua vez gera a exclusão social, já que no atual mercado de trabalho, o conhecimento e a capacidade de compreender as novas tecnologias são primordiais para a nova sociedade.

Incluir digitalmente um cidadão não é uma tarefa fácil, uma vez que não basta apenas fornecer ferramentas tecnológicas, é necessário capacitar o cidadão para utilizar dos recursos disponíveis. Essa capacitação tem por fim gerar possibilidades de melhoria em diversos aspectos na vida do homem, portanto além da questão da desigualdade social, há uma parcela da sociedade que sofre com a questão da exclusão digital, qual seja o portador de deficiência.

Segundo a Organização Mundial da Saúde (OMS), com dados revelados em 2011, afirma que um milhão de pessoas possuem alguma deficiência, o que significa que em uma em cada sete pessoas no mundo são deficientes, sendo que ainda foi revelado que 80% das pessoas que possuem alguma deficiência residem nos países em desenvolvimento[8], agravando ainda mais a inclusão digital das pessoas com deficiência, já que a inclusão digital está intimamente ligada com a exclusão social.

No Brasil, segundados dados do IBGE feito em parceria com o Ministério da Saúde, divulgado em 21/08/2015, revelou que 6,2% da população brasileira

[7] SILVEIRA, Sérgio Amadeu da. **Exclusão digital: a miséria na era da informação.** 1ª ed. São Paulo: Fundação Perseu Abramo, 2001. p. 17

[8] **NAÇÕES UNIDAS BRASIL.** A ONU e as pessoas com deficiênc*ia*. **Disponível em: <https://nacoesunidas.org/acao/pessoas-com-deficiencia/>. Acesso em: 02 jun. 2019.**

têm algum tipo de deficiência[9], o que demonstra que uma parcela significativa da sociedade necessita ser incluída no mundo digital.

Assim, na atual sociedade, onde saber utilizar das ferramentas tecnológicas tornou-se essencial, e a inclusão digital traz melhores possibilidades de melhoria em diversos aspectos na vida do homem, o uso Tecnologias da Informação e Conhecimento (TIC's) é fundamental para uma melhor qualidade de vida das pessoas com deficiência pois excluir digital um cidadão e gerar exclusão social.

É preciso antes de tudo, saber compreender que uma pessoa com deficiência é uma pessoa igual às outras, porém com limitações os quais devem ser respeitadas.

As Tecnologias da Informação e Conhecimento (TIC's) jamais podem ser desprezadas às pessoas com deficiência, no entanto entender melhor a importância de incluir digitalmente um cidadão portador de deficiência, primeiramente faz necessário entender o significado de ser uma pessoa deficiente.

Da pessoa portadora de deficiência

Existem várias formas de denominação de pessoa portadora de qualquer tipo de deficiência. Algumas, podemos afirmar descabidas aos dias atuais (quando mencionamos a conduta do politicamente correto), como aleijado, mongoloide, débil mental, doente mental, capenga, coxo, surdo-mudo, ou, ainda, o uso de diminutivos como, ceguinho, mudinho, ou outras expressões que efetivamente estigmatizam ou inferiorizam a pessoa portadora de algum tipo de deficiência.

Para os consultores da Unesco[10] não é correto chamar uma pessoa de cega, aquela com baixa visão, entendendo como correto deficiente visual; de surda uma pessoa com deficiência auditiva; ou com síndrome de Down a pessoa com deficiência mental.

[9] **GOVERNO DO BRASIL.** 6,2% da população têm algum tipo de deficiência. **Disponível em <http://www.brasil.gov.br/cidadania-e-justica/2015/08/6-2-da-populacao-tem-algum-tipo-de-deficiencia/pessoas-com-deficiencia.jpg/view>. Acesso em: 02 jun. 2019.**

[10] HAZARD, Damien; GALVÃO FILHO, Teófilio Alves; REZENDE, André Luiz Andrade. **Inclusão digital e social de pessoas com deficiência: textos de referência para monitores de telecentros.** Brasília: Unesco, 2007. p. 16

É considerada pessoa deficiente a que se enquadra nos §§ 1 e 2 do artigo 1º da Lei n. 10.690/2003 que assim determina:

> § 1º (...) a pessoa portadora de deficiência física aquela que apresenta alteração completa ou parcial de um ou mais segmentos do corpo humano, acarretando o comprometimento da função física, apresentando-se sob a forma de paraplegia, paraparesia, monoplegia, monoparesia, tetraplegia, tetraparesia, triplegia, triparesia, hemiplegia, hemiparesia, amputação ou ausência de membro, paralisia cerebral, membros com deformidade congênita ou adquirida, exceto as deformidades estéticas e as que não produzam dificuldades para o desempenho de funções.
> § 2º Para a concessão do benefício previsto no art. 1º é considerada pessoa portadora de deficiência visual aquela que apresenta acuidade visual igual ou menor que 20/200 (tabela de Snellen) no melhor olho, após a melhor correção, ou campo visual inferior a 20°, ou ocorrência simultânea de ambas as situações.

O Decreto 5.296/2004, em seu art. 5º § 1º acrescenta à Lei n. 10.690/2003, as seguintes pessoas tidas como deficientes:

> I – pessoa portadora de deficiência, além daquelas previstas na Lei nº 10.690, de 16 de junho de 2003, a que possui limitação ou incapacidade para o desempenho de atividade e se enquadra nas seguintes categorias:
> a) deficiência física: alteração completa ou parcial de um ou mais segmentos do corpo humano, acarretando o comprometimento da função física, apresentando-se sob a forma de paraplegia, paraparesia, monoplegia, monoparesia, tetraplegia, tetraparesia, triplegia, triparesia, hemiplegia, hemiparesia, ostomia, amputação ou ausência de membro, paralisia cerebral, nanismo, membros com deformidade congênita ou adquirida, exceto as deformidades estéticas e as que não produzam dificuldades para o desempenho de funções;
> b) deficiência auditiva: perda bilateral, parcial ou total, de quarenta e um decibéis (dB) ou mais, aferida por audiograma nas frequências de 500Hz, 1.000Hz, 2.000Hz e 3.000Hz;

> c) deficiência visual: cegueira, na qual a acuidade visual é igual ou menor que 0,05 no melhor olho, com a melhor correção óptica; a baixa visão, que significa acuidade visual entre 0,3 e 0,05 no melhor olho, com a melhor correção óptica; os casos nos quais a somatória da medida do campo visual em ambos os olhos for igual ou menor que 60°; ou a ocorrência simultânea de quaisquer das condições anteriores;
> d) deficiência mental: funcionamento intelectual significativamente inferior à média, com manifestação antes dos dezoito anos e limitações associadas a duas ou mais áreas de habilidades adaptativas, tais como:
> 1. comunicação;
> 2. cuidado pessoal;
> 3. habilidades sociais;
> 4. utilização dos recursos da comunidade;
> 5. saúde e segurança;
> 6. habilidades acadêmicas;
> 7. lazer; e
> 8. trabalho;
> e) deficiência múltipla - associação de duas ou mais deficiências; e
> II – pessoa com mobilidade reduzida, aquela que, não se enquadrando no conceito de pessoa portadora de deficiência, tenha, por qualquer motivo, dificuldade de movimentar-se, permanente ou temporariamente, gerando redução efetiva da mobilidade, flexibilidade, coordenação motora e percepção.

Também, segundo esses autores a denominação de "*pessoa com necessidades especiais*" é utilizada de forma indevida para pessoas com deficiência, uma vez que a aquela denominação foi criada na Declaração Internacional de Salamanca (1994), para tratar de educação para "pessoas com necessidades educacionais especiais".[11]

[11] HAZARD, Damien; GALVÃO FILHO, Teófilio Alves; REZENDE, André Luiz Andrade. **Inclusão digital e social de pessoas com deficiência: textos de referência para monitores de telecentros.** Brasília: Unesco, 2007. p. 17

Tem-se no Brasil a correta denominação de "pessoa com deficiência" como característica para acrescentar e não a diminuir essa pessoa.

Pessoas com deficiência e a ONU

A Organização Mundial de Saúde (OMS), define deficiência como "Toda perda ou anomalia de uma estrutura ou função psicológica, fisiológica ou anatômica"[12].

As Nações Unidas, através da Assembleia Geral de Dezembro de 1982, aprovou a pela Resolução nº 37/52, que criou o Programa Mundial para as Pessoas com Deficiência (*World Programme of Action Concerning Disabled*), programa este com a finalidade promover diretrizes eficazes para a prevenção da deficiência e para a reabilitação e a realização dos objetivos de "igualdade" e "participação plena" das pessoas deficientes na vida social e no desenvolvimento, dando oportunidades iguais a toda população e, uma participação equitativa na melhoria das condições de vida resultante do desenvolvimento social e econômico. Este programa visa atender com urgência e eficácia aos deficientes de todos os países participantes da ONU, independentemente do seu nível de desenvolvimento.

A ONU estima que cerca de 10% da população mundial sofra algum tipo de deficiência, física, mental ou sensorial, o que equivale aos nossos dias em torno de 770 milhões de pessoas, (ante a estimativa de 7,7 bilhões de habitantes do planeta), que devem ser reconhecidas com mesmos direitos e oportunidades como aos demais seres humanos. Esses 10% da população mundial com algum tipo de deficiência repercute de forma negativa em 25% da população, assim, 1,9 bilhões de pessoas são afetadas pelo problema da deficiência. No entanto, esses percentuais, segundo a ONU, variam em relação a cada país, de acordo com o estágio de desenvolvimento econômico e a política de prevenção adotada.

12 CAMARA DOS DEPUTADOS. Disponível em: <https://www2.camara.leg.br/atividade-legislativa/comissoes/comissoes-permanentes/cdhm/comite-brasileiro-de-direitos-humanos-e-politica-externa/ProgAcMundPessDef.ht> Acesso em: 03 mai. 2019.

Das crianças nascidas com deficiência

A referência em processos de deficiência e seu tratamento em crianças ocorreu nos EUA em 1982 no caso que ficou conhecido como *Baby Doe* ou Bebe X[13].

Essa criança nasceu com má formação intestinal e mongolismo. O médico pediatra propôs aos pais não operar a criança e deixá-la morrer. Os pais aceitaram e a criança morreu. Um funcionário do Hospital se revoltou com o caso e o levou ao conhecimento da Associação Nacional pelo Direito à Vida (*National Right to Life Association – NRLA*). Esta Associação propôs uma ação contra o médico. O judiciário se pronunciou e decidiu que aquela conduta não estava contrária ao Direito e decidiu pela improcedência da ação. A NRLA passou a pressionar o governo americano por medidas que impedissem o abandono clínico de qualquer criança portadora de deficiência.

O presidente americano à época (Ronal Reagan) estabeleceu uma política que proibia subvenção a hospitais que não assegurassem reanimação intensiva a todo bebe nascido vivo. Também o congresso americano aprovou em 1984, lei que impõe atendimento terapêutico sistemático a todo bebê nascido vivo. Essa lei obriga os hospitais a utilizar meio técnicos disponíveis para manter recém-nascidos vivos, salvo se o tratamento for inútil ou desumano. Essas crianças passaram a ser denominadas *superpreemies* pela imprensa americana.

Segundo Mark Hunter (apud CASTERET, 1998)[14] após uma série de reportagens constatou que 250 mil jovens, 2/3 dos sobreviventes padecem de graves deficiências físicas, auditivas, visuais, mentais, pulmonares digestivas e outras.

O cálculo econômico das despesas com essas crianças sobreviventes fica em torno de 10 bilhões de dólares ao ano. Diante desses dados o governo americano passou a subvencionar apenas as crianças atingidas por deficiências agudas[15].

13 ASSIS; Olney Queiroz. **Pessoa portadora de deficiência: direitos e garantias.** 2ª ed. São Paulo. Damásio de Jesus.2005 p. 35.

14 ASSIS; Olney Queiroz. **Pessoa portadora de deficiência: direitos e garantias.** 2ª ed. São Paulo. Damásio de Jesus.2005 p. 35

15 ASSIS; Olney Queiroz. **Pessoa portadora de deficiência: direitos e garantias.** 2ª ed. São Paulo. Damásio de Jesus.2005 p. 36

São tidas pessoas com deficiência no Brasil

No Brasil, o Censo de 2010[16] aponta que quase 46 milhões de brasileiros, cerca de 24% da população, declarou ter algum grau de dificuldade em pelo menos uma das habilidades investigadas (enxergar, ouvir, caminhar ou subir degraus), ou possuir deficiência mental / intelectual.

Aponta esse levantamento que considerando somente pessoas que possuem grande ou total dificuldade para enxergar, ouvir, caminhar ou subir degraus (ou seja, pessoas com deficiência nessas habilidades), além dos que declararam ter deficiência mental ou intelectual, há mais de 12,5 milhões de brasileiros com deficiência, valor que corresponde a 6,7% de toda a população brasileira.

A deficiência visual foi constada em 3,4% da população brasileira; a deficiência motora em 2,3%; deficiência auditiva em 1,1%; e a deficiência mental/ intelectual em 1,4%. Também foi constatado nesse levantamento que 18,8% da população apresentou dificuldade para enxergar; 7,0% tinha dificuldade em se movimentar; e 5,1% possuía dificuldade para ouvir.

O IPEA – Instituto de Pesquisa Econômica Aplicada, elaborou em 2015, um relatório de Estimativa dos Custos dos Acidentes de Trânsito no Brasil[17] com Base na Atualização Simplificada das Pesquisas Anteriores (do IPEA), conjuntamente com a Associação Nacional de Transportes Públicos (ANTP) e o Departamento Nacional de Trânsito (Denatran), duas pesquisas sobre o tema: Impactos sociais e econômicos dos acidentes de trânsito nas aglomerações urbanas, realizada entre os anos 2001 e 2003, e Impactos sociais e econômicos dos acidentes de trânsito nas rodovias brasileiras, realizada no período 2004 a 2006. O objetivo desse levantamento (de forma simplificada) era atender a solicitação da Casa Civil e atualizar as pesquisas já realizadas. Foram utilizadas informações do ano-base 2014, sobre de acidentes de trânsito nas rodovias federais brasileiras, obtidas da base de dados da Polícia Rodoviária Federal (PRF), assim como procedimentos de atualização monetária dos custos unitários utilizados nas pesquisas anteriores.

[16] IBGE EDUCA. Disponível em: <https://educa.ibge.gov.br/jovens/conheca-o-brasil/populacao/20551-pessoas-com-deficiencia.html>. Acesso 03 mai.2019.

[17] IPEA. Disponível em: <http://www.ipea.gov.br/portal/images/stories/PDFs/relatoriopesquisa/160516_relatorio_estimativas.pdf>. Acesso 03 mai.2019.

Nesse estudo o IPEA colheu junto à PRF (polícia Rodoviária Federal), dados referentes ao ano de 2014, quando restaram constatados 167.247 acidentes de trânsito nas rodovias federais brasileiras, com 8.233 mortes e 26.182 feridos graves. Esses acidentes geraram um custo para a sociedade de R$ 12,8 bilhões, sendo que 62% desses custos estavam associados às vítimas dos acidentes, como cuidados com a saúde e perda de produção devido às lesões ou morte, e o restante estavam associados aos veículos, como danos materiais e perda de cargas, além dos procedimentos de remoção dos veículos acidentados.

Os custos dos acidentes nas rodovias estaduais e municipais segundo esse estudo encontram-se na faixa de R$ 24,8 bilhões a R$ 30,5 bilhões no ano de 2014.

Dilema da sociedade pós-moderna – inclusão, e integração ou exclusão?

Não restam dúvidas que o abandono clínico de crianças com deficiência é gerado pela via econômica e, causa angústia aos comprometidos com os Direitos Humanos, em especial quando averiguado que tanto a política jurídica de proteção quanto à política jurídica de extermínio são possíveis, principalmente quando ambas são aceitas de modo indiferente pelo conjunto de cidadãos.

Os governos antigos se valiam de normas que facilitavam o extermínio de pessoas com deficiência. Em Esperta e Atenas "as crianças mal constituídas devem ser eliminadas" e "todas as pessoas inúteis devem ser mortas quando da cidade estiver sitiada"[18]

Platão[19] em sua obra a República no seu pensamento de sociedade ideal defende que "por consequência, estabelecerás em nossa República uma medicina que se limite ao cuidado dos que receberam da natureza corpo são; e pelo que toca aos que receberam corpo mal organizado, deixá-los morrer".

O autor[20] questiona em sua obra sobre o tema: O que esperar de uma sociedade cujas ações são conduzidas pelo cálculo econômico fundado na

[18] ASSIS; Olney Queiroz. **Pessoa portadora de deficiência: direitos e garantias.** 2ª ed. São Paulo. Damásio de Jesus.2005 p. 43

[19] PLATÃO. A **República**. São Paulo: Cultriz. 1970 p.88.

[20] ASSIS; Olney Queiroz. **Pessoa portadora de deficiência: direitos e garantias.** 2ª ed. São Paulo. Damásio de Jesus.2005 p. 63

relação custo/benefício e dependente das apostas e manipulações do mercado de capitais? Qual o fundamento ético que conduz a sociedade moderna? Taz o pensamento de Weber que o capitalismo vencedor, apoiado em base mecânica, não carece mais de seu suporte ético. E conclui: O aumento de riqueza associado ao jogo da bolsa de valores e mercadorias concede-lhe, com frequência, o caráter de esporte.

Deve o Direito ser entendido e aplicado não apenas como saber tecnológico, em busca de cálculos econômico estatal e empresarial mas acima de tudo na busca da prática virtuosa em favor da vida, do ser humano.

Certo é que com o passar dos anos vivenciamos políticas praticas em favor das pessoas com deficiência, em especial nas instituições caritativas que possibilitam a essas pessoas tratamentos em termos de saúde, reabilitação, educação e trabalho.

Não resta dúvidas que a qualificação e reabilitação das pessoas com deficiência, as traz ao melhor convívio social.

No ano de 1980 que surgiu um movimento denominado Década Mundial das Pessoas com Deficiência que passou a considerar que as barreiras físicas e sociais e econômicas criam obstáculos à participação social e ao exercício da cidadania das pessoas com deficiência.[21]

Surgiu o termo acessibilidade para definir a (in)capacidade da pessoa deficiente ou com mobilidade reduzida em vários setores da sociedade garantida pela constituição de ir e vir. A ISO determina que a dificuldade com a acessibilidade pode ocorrer em seis dimensões: arquitetônica; de comunicação; metodológica (métodos e tecnologias quanto a estudo, trabalho, vida social e outras); instrumental (ferramentas de estudo trabalho e lazer); programática (sem barreiras invisíveis de políticas públicas, normas e regulamentos); atitudinal (comportar, agir, reagir diante dos obstáculos).

A pessoa com deficiência encontra vários tipos de barreiras que a impedem de possuir uma vida (boa) em sociedade. A promoção da acessibilidade possibilita superar esses tipos de barreiras, que podem ser sociais, atitudinais, como físicas, de comunicação e de transporte.

[21] HAZARD, Damien; GALVÃO FILHO, Teófilio Alves; REZENDE, André Luiz **Andrade. Inclusão digital e social de pessoas com deficiência: textos de referência para monitores de telecentros**. Brasília: Unesco, 2007, p.19. Apud Sassaki 2003

Exemplos de barreiras físicas: acesso aos prédios sem elevador; portas de circulação estreitas: elevadores pequenos e sem sinalização Braille; banheiros inadequados; balcões altos que impossibilitam a comunicação com pessoas de cadeira de rodas, entre outros.

Salientamos ainda as barreiras urbanísticas para deficientes: desnível de calçadas que dificultam a passagem de pessoas com cadeira de rodas ou com muletas e andadores; desnível do meio-fio em locais de travessia; calçadas estreitas, piso irregular que dificultas em especial o deficiente visual, entre outras. As dificuldades de acesso aos meios de transporte sejam eles particulares ou coletivos, terrestres, marítimos, aéreos e fluviais.

Do desenho universal

Na década de 1960 surgiu nas universidades americanas a necessidade de universalizar modelos de desenho que neutralizassem os obstáculos que dificultavam acessos aos ambientes das pessoas com deficiência. Passou a ter importância o tema "adaptação ao meio físico" viando o transporte e produtos a serem utilizados por pessoas com deficiência; posteriormente veio a preocupação com acessibilidade independente e autônoma de pessoas com deficiência física, mental, auditiva, ou múltipla, em ambientes físicos (urbanos e edificações), aos meios de transporte.

O desenho universal também chamado de "desenho para todos", "arquitetura para todos", serve não apenas aos deficientes físicos mas a todos de dele se possam vale ou necessitar.

Normas de acessibilidade

A ABNT – Associação Brasileira de Normas Técnicas, fundada em 1940, é responsável por elaborar normas técnicas a serem aplicadas em todo país.

ABNT elaborou normas técnicas obrigatórias impostas a arquitetos e engenheiros (através do manual para Acessibilidade de Pessoas com Deficiência a Edificações, Mobiliário e Equipamentos Urbanos), manual esse seguido também pelo Poder Público na fiscalização dessas obras.

A NBR 9050 aponta que os critérios de acessibilidade devem conter: portas com largura mínima de 80 cm; rampas com largura mínima de 120 cm, corrimão dos dois lados em duas alturas; os percursos devem estar livres de postes e lixeiras; as placas de sinalização devem estar acima de 210 cm; obstáculos suspensos (telefones públicos devem ser instalados entre 70 cm e 120 cm com piso cor e textura diferenciados; bancadas mesas e balcões devem ter acessibilidade a pessoas com cadeira de rodas.

Essas normas foram elaboradas em 1985, revisadas em 1994, 2004 e incorporadas ao Decreto 5.296/2004.

Políticas públicas para a inclusão de pessoas com deficiência

Em razão do avanço das Tecnologias da Informação e Conhecimento (TIC's) na Sociedade da Informação, pode-se dizer que "*ser excluído dessas redes é sofrer uma das formas mais danosas de exclusão em nossa economia e em nossa cultura*"[22], por isso, é fundamental para a dignidade da pessoal humana e o exercício da cidadania das pessoas com deficiência a inclusão digital por meio de políticas públicas, para extinguir a discriminação e a segregação e garantir o direito constitucional inclusivo na educação, trabalho, saúde, acessibilidade, não discriminação entre outros. Não se admite a exclusão digital do deficiente:

> [...] ações para reduzir essa desigualdade digital apenas são efetivas quando são assegurados aos excluídos digitais os meios tecnológicos, os recursos de usabilidade, as ferramentas de assistência, os apoios institucional e social, assim como as capacitações e habilitações para que eles possam vencer todos os tipos de barreiras e, assim, percorrer a trajetória rumo ao centro participativo da sociedade informacional[23].

[22] CASTELLS, Manuel. **A galáxia da Internet – reflexões sobre a internet, os negócios e a sociedade.** Trad. Maria Luiza X. de A. Borges; revisão técnica Paulo Vaz. Rio de Janeiro: Jorge Zahar, 2003. p.8.

[23] ÁVILA, Ismael Mattos A. e HOLANDA, Giovanni Moura de. **Inclusão digital no Brasil: uma perspectiva sociotécnica.** In: SOUTO, Átila A., DALL'ANTONIA, Juliano C. e HOLANDA, Giovanni Moura de. (org). **As cidades digitais no mapa do Brasil: uma rota para a inclusão digital.** Brasília, DF: Ministério das Comunicações, 2006. p.46.

Diante desse contexto, sabe-se que é necessário para a inclusão do deficiente, a participação da sociedade e do Poder Público, pois os deficientes possuem suas particularidades, vulnerabilidades e fortalezas, como qualquer outra pessoa humana.

Muito se tem discutido no Brasil sobre os movimentos de inclusão das pessoas com deficiência, entretanto, ainda há um longo caminhado para ser trilhado em busca de igualdade de condições, seja ela qual for.

A Constituição Federal de 1988, destaca-se também na garantia da participação direta da sociedade civil nas políticas públicas. Entende-se por Políticas Públicas aquelas utilizadas para a promoção do bem-estar da sociedade, ou seja, ações que o governo busca para resolver os problemas da sociedade. Também, pode ser conceituado como:

> [...] totalidade de ações, metas e planos que os governos (nacionais, estaduais ou municipais) traçam para alcançar o bem-estar da sociedade e o interesse público. É certo que as ações que os dirigentes públicos (os governantes ou os tomadores de decisões) selecionam (suas prioridades) são aquelas que eles entendem serem as demandas ou expectativas da sociedade. Ou seja, o bem-estar da sociedade é sempre definido pelo governo e não pela sociedade. Isso ocorre porque a sociedade não consegue se expressar de forma integral. Ela faz solicitações (pedidos ou demandas) para 1 6 Políticas públicas – Conceitos e práticas os seus representantes (deputados, senadores e vereadores) e estes mobilizam os membros do Poder Executivo, que também foram eleitos (tais como prefeitos, governadores e inclusive o próprio Presidente da República) para que atendam as demandas da população [24].

Visando acompanhar e avaliar o desenvolvimento de uma política nacional para inclusão da pessoa com deficiência e das políticas setoriais de educação, saúde, trabalho, assistência social, transporte, cultura, turismo, desporto,

[24] LOPES, B.; AMARAL, J. N.; WAHRENDORFF, R.. **Políticas Públicas: conceitos e práticas**. Belo Horizonte: Sebrae, 2008., p.05. Disponível em http://www.mp.ce.gov.br/nespeciais/promulher/manuais/MANUAL%20DE%20POLITICAS%20P%C3%9ABLICAS.pdf. Acesso em 04 jun.2019.

lazer e política urbana dirigidos a esse grupo social, foi criado em 1999 o Conselho Nacional dos Direitos da Pessoa com Deficiência (Conade), sendo promovidas quatro Conferências Nacionais dos Direitos da Pessoa com Deficiência para a participação da sociedade brasileira na proposição, avaliação e monitoramento das políticas públicas, além de encontros locais, municipais, estaduais e regionais.[25]

O Brasil deu outro um passo importante para a inclusão das pessoas com deficiência ao aderir os termos da convenção sobre os Direitos da Pessoa com deficiência e seu Protocolo Facultativo, assinados em Nova York, em 30/03/2007, posteriormente aprovada no Congresso Nacional por meio do Decreto Legislativo nº 186/08 e pelo Decreto do Poder Executivo nº 6.949, que balizaram a política nacional para a pessoa com deficiência, sendo na época criada a Secretaria Nacional de Promoção dos Direitos da Pessoa com Deficiência, órgão integrante da Secretaria de Direitos Humanos da Presidência da República que atua na articulação e coordenação das políticas públicas voltadas para as pessoas com deficiência[26].

O propósito da referida Convenção sobre os direitos das pessoas com deficiência, previsto no art. 1º é:

> [...] promover, proteger e assegurar o exercício pleno e equitativo de todos os direitos humanos e liberdades fundamentais por todas as pessoas com deficiência e promover o respeito pela sua dignidade inerente. Pessoas com deficiência são aquelas que têm impedimentos de longo prazo de natureza física, mental, intelectual ou sensorial, os quais, em interação com diversas barreiras, podem obstruir sua participação plena e efetiva na sociedade em igualdades de condições com as demais pessoas[27].

[25] Disponível em https://www.pessoacomdeficiencia.gov.br/app/conade. Acesso em 04 jun, 2019.

[26] Disponível em https://www.pessoacomdeficiencia.gov.br/app/sobre-a-secretaria. Acesso em 04.jun.2019.

[27] Disponível em http://www.planalto.gov.br/ccivil_03/CONGRESSO/DLG/DLG-186-2008.htm. Acesso em 04.jun.2019.

Para a devida inclusão digital do deficiente via política pública são essenciais serem observados três aspectos basilares: (i) alfabetização na utilização de TIC; (ii) infraestrutura adequada; e (iii) conteúdo de qualidade e devidamente adaptado ao usuário.

O Estado tem compartilhado sua responsabilidade, descentralizando suas funções, assumindo não ter condições econômicas suficientes para amparar todas as necessidades identificadas, deixando parte para a própria sociedade civil fazer, ainda mais quando o cenário nacional passa sérias crises econômicas, discutindo-se reformas emergenciais, cortando gastos em diversos setores e ministérios, evidente estágio de retrocesso, inclusive na questão da inclusão digital do deficiente.

Mesmo assim, algumas políticas públicas e programas promovem a inclusão digital, entre eles, podem ser citados os Telecentros[28], alguns já devidamente adequados para pessoas deficientes, objetivando a inclusão digital de pessoas com necessidades especiais.

Outro exemplo de inclusão está nas salas multifuncionais para educação inclusiva, adequando-se as escolas a fim de promover acessibilidade nas redes públicas de ensino, trazendo facilitadores de aprendizagem por meio de recursos tecnológicos e na educação à distância.

A denominada tecnologia assistiva[29] tem contribuído com as pessoas com deficiência na utilização de computadores, isso porque, ajudam na realização

[28] O termo "telecentro" tem sido utilizado genericamente para denominar as instalações que prestam serviços de comunicações eletrônicas para camadas menos favorecidas, especialmente nas periferias dos grandes centros urbanos ou mesmo em áreas mais distantes. Essa experiência tem sido utilizada em iniciativas que vão desde a prestação de serviços de telefonia e fax em escritórios espalhados no Senegal até centros associados a projetos de telecomutação e teletrabalho na Europa e Austrália. Outros termos usados como sinônimos ou como designações em outros idiomas têm sido: *telecottage*, centro comunitário de tecnologia, *teletienda* , oficina comunitária de comunicação, centro de aprendizagem em rede, telecentro comunitário de uso múltiplo, clube digital, cabine pública, infocentro, espace *numérisé*, T*elestuben*, centros de acesso comunitário etc. Aqui se adota "telecentro" como denominação genérica para abarcar toda essa gama de experiências. **Sociedade da Informação no Brasil. Livro Verde.** Disponível em https://www.governodigital.gov.br/documentos-e-arquivos/livroverde.pdf. Acesso em 04.jun.2019.

[29] Tecnologia Assistiva é uma área do conhecimento, de característica interdisciplinar, que engloba produtos, recursos, metodologias, estratégias, práticas e serviços que objetivam promover a funcionalidade, relacionada à atividade e participação, de pessoas com deficiência, incapacidades ou mobilidade reduzida, visando sua autonomia, independência, qualidade de

de tarefas, promovendo autonomia, independência, qualidade de vida e inclusão social.

As Tecnologias da Informação e Conhecimento (TIC's) tem se desenvolvido e ajudam em diversos aspectos as pessoas deficientes no tocante a inclusão digital e social, porém ainda faltam políticas públicas eficazes capazes de atender a todos.

Conclusões

As novas tecnologias têm causado modificações importantes em diversas áreas da sociedade, seja, econômica, social, educacional, cultural, dentre outros, uma vez que proporciona celeridade e facilidade em gerar conhecimento e fornecer comunicação.

Porém, as novas tecnologias não alcançam toda a sociedade, uma vez que a questão da desigualdade social se faz presente na inclusão digital, já que nem todo o indivíduo possui das ferramentas disponíveis, ou ainda, não adquiriu a capacidade para utilizá-la.

Deste modo, em vários países do mundo, como no Brasil, os mais pobres sofrem com a exclusão digital, que por sua vez gera a exclusão social, porém uma parcela da sociedade enfrenta ainda maiores dificuldades na questão da inclusão digital, qual seja a pessoa com deficiência.

Além da desigualdade de social que abrange a maioria das pessoas com deficiência em todo mundo, a exclusão digital é ainda mais agravada por estar relacionada às limitações físicas e psicológicas das pessoas com deficiência.

Excluir digitalmente a pessoa com deficiência das novas tecnologias é arrancar oportunidade de se ter qualidade de vida, uma vez que as Tecnologias da Informação e Conhecimento (TIC's) proporcionam conhecimento, cria oportunidade de usufruir dos recursos tecnológicos disponíveis.

A pessoa portadora de deficiência deve ser tratada com dignidade e respeito, direitos que lhe são conferidos pela constituição de 1988.

vida e inclusão social. **ATA VII Reunião Do Comitê De Ajudas Técnicas – CAT CORDE / SEDH / PR.** Disponível em http://www.assistiva.com.br/Ata_VII_Reuni%C3%A3o_do_Comite_de_Ajudas_T%C3%A9cnicas.pdf. Acesso em 04. jun 2019.

A ONU desde 1982, com o Programa de Ação Mundial para as Pessoas com Deficiência, apresenta sua preocupação em trazer ao convívio social as pessoas com deficiência mental ou sensorial, que estima corresponderem a 10% da população mundial, fato que repercute em mais de 25% da sociedade.

Diferente das eras antigas em que as pessoas com deficiência via de regra a possuíam de forma congênita, hoje combatida por vacinas e pelo avanço da medicina, na modernidade ou pós-modernidade a deficiência física possui como fatores preponderantes, armamentos, guerras, máquinas, equipamentos, meios de transporte entre outras. Constatamos que o aumento e a diminuição de pessoas com deficiência estão diretamente relacionados ao estágio de desenvolvimento econômico e à política de prevenção adotada por cada país. Assim países periféricos possuem mais pessoas com deficiência que os países desenvolvidos. Investimentos sociais são necessários a trazer essas pessoas à vida comum.

O Brasil tem buscado realizar políticas públicas para a inclusão de pessoas com deficiência, porém em razão da crise política e econômico que se instalou no país nos últimos anos, faltam políticas públicas e programas de qualidade para atender os que necessitam, sendo essencial a retomada dessas ações para a devida inclusão digital da pessoa com deficiência.

Referências

ASSIS; Olney Queiroz. **Pessoa portadora de deficiência: direitos e garantias.** 2ª ed. São Paulo. Damásio de Jesus.2005 p. 36

ÁVILA, Ismael Mattos A. e HOLANDA, Giovanni Moura de. **Inclusão digital no Brasil: uma perspectiva sociotécnica**. In: SOUTO, Átila A., DALL'ANTONIA, Juliano C. e HOLANDA, Giovanni Moura de. (org). **As cidades digitais no mapa do Brasil: uma rota para a inclusão digital**. Brasília, DF: Ministério das Comunicações, 2006.

BONILLA, Maria Helena Silveira; PRETTO, Nelson de Luca. (orgs). **Inclusão digital: polêmica contemporânea.** [livro eletrônico]. 2º v. Salvador: EDUFBA, 2011.

CAMARA DOS DEPUTADOS. Disponível em: <https://www2.camara.leg.br/atividade-legislativa/comissoes/comissoes-permanentes/cdhm/comite-brasileiro-de-direitos-humanos-e-politica-externa/ProgAcMundPessDef.ht> Acesso em: 03 mai. 2019.

CASTELLS, Manuel. **A galáxia da Internet** – reflexões sobre a internet, os negócios e a sociedade. Trad. Maria Luiza X. de A. Borges; revisão técnica Paulo Vaz. Rio de Janeiro: Jorge Zahar, 2003.

DEMO, Pedro. **Inclusão digital: cada vez mais no centro da inclusão social.** Disponível em: <http://revista.ibict.br/inclusao/article/view/1504/1691>. Acesso em: 02 jun. 2019.

GOVERNO DO BRASIL. **6,2% da população têm algum tipo de deficiência.** Disponível em <http://www.brasil.gov.br/cidadania-e-justica/2015/08/6-2-da-populacao-tem-algum-tipo-de-deficiencia/pessoas-com-deficiencia.jpg/view>. Acesso em: 02 jun. 2019.

HAZARD, Damien; GALVÃO FILHO, Teófilio Alves; REZENDE, André Luiz Andrade. **Inclusão digital e social de pessoas com deficiência: textos de referência para monitores de telecentros.** Brasília: Unesco, 2007.

IBGE EDUCA. Disponível em: <https://educa.ibge.gov.br/jovens/conheca-o-brasil/populacao/20551-pessoas-com-deficiencia.html>. Acesso 03 mai.2019.

IBGE. ***PNAD* Contínua TIC 2016: 94,2% das pessoas que utilizaram a Internet o fizeram para trocar mensagens.** Disponível em: <https://agenciadenoticias.ibge.gov.br/agencia-noticias/2013-agencia-de-noticias/releases/20073-pnad-continua-tic-2016--94-2-das-pessoas-que-utilizaram-a-internet-o-fizeram-para-trocar-mensagens.html> Acesso em: 02 ju. de 2019.

IPEA. Disponível em: <http://www.ipea.gov.br/portal/images/stories/PDFs/relatoriopesquisa/160516_relatorio_estimativas.pdf>. Acesso 03 mai.2019.

ITU. **ICT Facts and Figures 2016.** Disponível em <https://www.itu.int/en/ITU-D/Statistics/Documents/facts/ICTFactsFigures2016.pdf> Acesso em: 02 jun. de 2019.

LEMOS, André. (org). **Cidade digital: portais, inclusão e redes no Brasil.** Salvador: EDUFBA, 2007.

LOPES, B.; AMARAL, J. N.; WAHRENDORFF, R.. **Políticas Públicas: conceitos e práticas.** Belo Horizonte: Sebrae, 2008., p.05. Disponível em http://www.mp.ce.gov.br/nespeciais/promulher/manuais/MANUAL%20DE%20POLITICAS%20P%C3%9ABLICAS.pdf. Acesso em 04 jun.2019.

NAÇÕES UNIDAS BRASIL. **A ONU e as pessoas com deficiência. Disponível em: <https://nacoesunidas.org/acao/pessoas-com-deficiencia/>.** Acesso em: 02 jun. 2019.

PEROSINI, Gladison Luciano. **Inclusão digital e tecnológica na sociedade da informação** [livro eletrônico]. 1º ed. Rio de Janeiro. Autografia, 2017.

PLATÃO. **A República.** São Paulo: Cultrix, 1970.

SILVEIRA, Sérgio Amadeu da. **Exclusão digital: a miséria na era da informação.** 1ª ed. São Paulo: Fundação Perseu Abramo, 2001.

SOCIEDADE DA INFORMAÇÃO NO BRASIL. **Livro Verde.** Disponível em https://www.governodigital.gov.br/documentos-e-arquivos/livroverde.pdf. Acesso em 04.jun.2019 [illegible], Pedro. **Inclusão digital cada vez mais no centro da inclusão social.** Disponível em: <http://revista.ibict.br/inclusao/article/view/1504/1681>. Acesso em 02 jun. 2019.

GOVERNO DO BRASIL. 6,2% da população têm algum tipo de deficiência. Disponível em: <http://www.brasil.gov.br/cidadania-e-justica/2015/08/6-2-da-populacao-tem-algum-tipo-de-deficiencia/pessoas-com-deficiencia.jpg/view>. Acesso em 02 jun. 2019.

HAZARD, Damien; GALVÃO FILHO, Teófilo Alves; REZENDE, André Luiz Andrade. **Inclusão digital e social de pessoas com deficiência: textos de referência para monitores de telecentros.** Brasília: Unesco, 2007.

IBGE EDUCA. Disponível em: <https://educa.ibge.gov.br/jovens/conheca-o-brasil/populacao/20551-pessoas-com-deficiencia.html>. Acesso 05 out. 2019.

IBGE. PNAD Contínua TIC 2016: **94,2% das pessoas que utilizaram a Internet o fizeram para trocar mensagens.** Disponível em: <https://agenciadenoticias.ibge.gov.br/agencia-noticias/2012-agencia-de-noticias/releases/20073-pnad-continua-tic-2016-94-2-das-pessoas-que-utilizaram-a-internet-o-fizeram-para-trocar-mensagens.html>. Acesso em 02 jun. de 2019.

IPEA. Disponível em: <http://www.ipea.gov.br/portal/images/stories/PDFs/relatoriopesquisa/150812_relatorio_estimativas.pdf>. Acesso 02 mai. 2019.

ITU. ICT Facts and Figures 2016. Disponível em: <https://www.itu.int/en/ITU-D/Statistics/Documents/facts/ICTFactsFigures2016.pdf>. Acesso em 02 jun. de 2019.

LEMOS, André (org.). **Cidade digital: portais, inclusão e redes no Brasil.** Salvador: EDUFBA, 2007.

LOPES, B.; AMARAL, J. N.; CALDAS, R. WAHRENDORFF, L. **Políticas Públicas: conceitos e práticas.** Belo Horizonte: Sebrae, 2008. p.85. Disponível em: <http://www.mp.ce.gov.br/nespeciais/promulher/manuais/MANUAL%20DE%20POLITICAS%20P%C3%9ABLICAS.pdf>. Acesso em 04 jun. 2019.

NAÇÕES UNIDAS BRASIL. A ONU e as pessoas com deficiência. Disponível em: <https://nacoesunidas.org/acao/pessoas-com-deficiencia/>. Acesso em 02 jun. 2019.

[illegible], Cládison Luciano. **Inclusão digital e tecnológica na sociedade da informação** [livro eletrônico]. 1. ed. Rio de Janeiro, Autografia, 2017.

PLATÃO. **A República.** São Paulo: Cultrix, 1970.

SILVEIRA, Sergio Amadeu da. **Exclusão digital: a miséria na era da informação.** São Paulo: Fundação Perseu Abramo, 2001.

SOCIEDADE DA INFORMAÇÃO NO BRASIL. Livro Verde. Disponível em: <https://www.governodigital.gov.br/documentos-e-arquivos/livroverde.pdf>. Acesso em 04 jun. 2019.

5. A importância da tomada de decisão apoiada na sociedade da informação

Deise Santos Curt
Luís Filipe Fernandes Ferreira
Matheus dos Santos Horas

Introdução

O presente artigo busca tratar da importância e aplicação da tomada de decisão apoiada quando solicitada pela pessoa com deficiência cognitiva/intelectual para o exercício da sua plena capacidade para os atos da vida civil.

Para tanto, aborda o que é a tomada de decisão apoiada, em que casos ela se aplica, quais os seus limites, como é procedimento, e quais as obrigações dos apoiadores da pessoa com deficiência. Além disto, com o objetivo de comparação com a situação atual, apresenta uma breve evolução dos direitos das pessoas com deficiência intelectual no Brasil, envolvendo o tratamento em centros asilares de saúde mental e um pouco da luta antimanicomial.

Neste sentido vamos analisar as previsões de vários dispositivos legais relativos à matéria para permitir uma visão mais ampla sobre a tomada de decisão apoiada e seus impactos na vida da pessoa com deficiência.

Por fim, apresentamos as conclusões se a tomada de decisão apoiada será, sempre, uma via obrigatória a todas as pessoas com deficiência, ou se deve ser tratada de forma isolada conforme o caso e a necessidade apresentada.

Como evolução legislativa, a Lei 13.146/15[1], de 06/07/2015, instituiu a Lei Brasileira de Inclusão da Pessoa com Deficiência, também chamada de "Estatuto da Pessoa com Deficiência" e alterou vários dispositivos da Lei 10.406[2] de 10/01/2002 (Código Civil Brasileiro) trazendo ainda ao ordenamento jurídico brasileiro uma série de alterações no tratamento civil das capacidades das pessoas com deficiência no Brasil, incluindo o direito de consentir aos procedimentos médicos de saúde por si.

Apesar de uma forte discussão acerca dos prós e contras sobre a consideração da plena capacidade civil das pessoas com deficiência mental, o Estatuto da Pessoa com Deficiência eliminou o entendimento de incapacidade civil sobre estas pessoas que existia até então.

A Lei 13.146/15 define, em seu art. 2º, que pessoa com deficiência é "aquela que tem impedimento de longo prazo de natureza física, mental, intelectual ou sensorial, o qual, em interação com uma ou mais barreiras, pode obstruir sua participação plena e efetiva na sociedade em igualdade de condições com as demais pessoas.", esclarecendo que quando for necessária a avaliação desta deficiência, esta será realizada por uma equipe multiprofissional e interdisciplinar, com análise biopsicossocial, onde os instrumentos para a avaliação devem ser criados pelo poder executivo, como segue:

> Art. 2º Considera-se pessoa com deficiência aquela que tem impedimento de longo prazo de natureza física, mental, intelectual ou sensorial, o qual, em interação com uma ou mais barreiras, pode obstruir sua participação plena e efetiva na sociedade em igualdade de condições com as demais pessoas.
> § 1º A avaliação da deficiência, quando necessária, será biopsicossocial, realizada por equipe multiprofissional e interdisciplinar e considerará:
> I – os impedimentos nas funções e nas estruturas do corpo;

[1] Lei nº 13.146, de 06/07/2015. **Institui a Lei Brasileira de Inclusão da Pessoa com Deficiência** (Estatuto da Pessoa com Deficiência). Diário Oficial da República Federativa do Brasil, Brasília. Disponível em: http://www.planalto.gov.br/ccivil_03/_ato2015-2018/2015/lei/l13146.htm.

[2] Lei nº 10.406 de 10 de janeiro de 2002. **Institui o Código Civil Brasileiro**. Diário Oficial da República Federativa do Brasil, Brasília, 10/01/2002. Disponível em http://www.planalto.gov.br/ccivil_03/leis/2002/l10406.htm

II – os fatores socioambientais, psicológicos e pessoais;
III – a limitação no desempenho de atividades; e
IV – a restrição de participação.
§ 2º O Poder Executivo criará instrumentos para avaliação da deficiência.

Ao longo da história da psiquiatria mundial, e, principalmente na brasileira, muitos abusos foram cometidos com as pessoas com deficiência, de certa forma, com respaldo legislativo, mitigando toda a dignidade e poder de escolha dessas minorias que permaneciam a mercê dos desejos daqueles que tinham a plena capacidade civil.

Somente após assinados vários acordos e tratados internacionais e protocolos, foi que, no final da década de 70, as pessoas com deficiência começaram a ser consideradas sujeitos de direitos, merecendo tratamento como "qualquer outro ser humano".

Mais tarde com a edição da Lei nº 10.216[3], de 06/04/2001, conhecida como Lei da Reforma Psiquiátrica, e já na vigência da Constituição Federal de 1988 é que foram estabelecidos critérios objetivos para internações e tratamentos psiquiátricos mais humanos.

Porém, foi com a promulgação do Estatuto da Pessoa com Deficiência – baseado no princípio da dignidade da pessoa humana – inserido na Constituição Federal, que as pessoas com deficiência passaram a ser tratadas como sujeitos de direitos como qualquer outra pessoa, passando a ter seus direitos resguardados, sua dignidade e autonomia, inclusive para poder praticar os atos comuns da vida civil comuns às demais pessoas, bem como para participar de conselhos de saúde mental e consentir ou não com procedimentos médicos que as envolvam. Assim, discute-se se essas decisões envolvendo a saúde dessas pessoas possam ser tomadas por si mesmas ou se a tomada de decisão apoiada será, sempre, uma via obrigatória.

[3] Lei no 10.216, de 06/04/2001- **Dispõe sobre a proteção e os direitos das pessoas portadoras de transtornos mentais e redireciona o modelo assistencial em saúde mental.** Diário Oficial da República Federativa do Brasil, Brasília. Disponível em http://www.planalto.gov.br/ccivil_03/leis/leis_2001/l10216.htm

A tomada de decisão apoiada para pessoas com deficiência

O Código Civil de 2002 previa em seu artigo 1780 uma forma de assistência para as pessoas que não podiam expressar sua vontade para os atos da vida civil, seja por incapacidade temporária decorrente de doença ou mesmo permanente. Este instituto era a curatela para as pessoas enfermas ou ainda para aquelas com deficiência física ou mental.

Ocorre que tal artigo foi revogado para a aplicação às pessoas com deficiência em função da promulgação da Lei 13.146/15 (Estatuto da Pessoa com Deficiência). Assim, a partir da promulgação do citado Estatuto temos a "tomada de decisão apoiada" prevista no artigo 1783-A, conforme segue:

> 1783-A. A tomada de decisão apoiada é o processo pelo qual a pessoa com deficiência elege pelo menos 2 (duas) pessoas idôneas, com as quais mantenha vínculos e que gozem de sua confiança, para prestar-lhe apoio na tomada de decisão sobre atos da vida civil, fornecendo-lhes os elementos e informações necessários para que possa exercer sua capacidade. (Incluído pela Lei nº 13.146, de 2015).

Assim, temos que a tomada de decisão apoiada é um processo no qual uma pessoa com deficiência escolhe duas ou mais pessoas para auxiliá-la na tomada de ações da vida civil e sendo esta assistência delimitada conforme o caso concreto.

Há que se lembrar que as pessoas que serão os apoiadores da decisão a ser tomada pela pessoa com deficiência devem ser de relacionamento desta, serem idôneas e que acima de tudo estejam sendo escolhidas pela confiança que a pessoa deposita nesses apoiadores, os quais devem fornecer informações e orientações gerais para que a pessoa com deficiência possa exercer sua vontade da forma mais completa possível.

O processo judicial visa definir e homologar os apoiadores da pessoa com deficiência e em quais situações devem participar. Cabe reforçar que os apoiadores não decidem no lugar da pessoa apoiada, mas sim auxiliam a mesma para que esta possa decidir por si.

No processo participam a pessoa com deficiência, os apoiadores indicados por esta, o Ministério Público (apesar da pessoa apoiada ser capaz), o juiz e uma equipe multidisciplinar para melhor analisar a situação do apoio requerido no caso concreto.

O objetivo da tomada de decisão apoiada encontra definido no Artigo 1º da Lei 13.146/15 (Estatuto da Pessoa com Deficiência), para assegurar a inclusão social das pessoas com deficiência. No Parágrafo Único do mesmo artigo, dispõe que a base da Lei é a Convenção sobre Direitos das Pessoas com Deficiência, que apesar de ratificado em 2009, somente entrou em nosso ordenamento jurídico em 2015, o que mostra o descaso do Brasil no trato às pessoas com deficiência.

> Art. 1º É instituída a Lei Brasileira de Inclusão da Pessoa com Deficiência (Estatuto da Pessoa com Deficiência), destinada a assegurar e a promover, em condições de igualdade, o exercício dos direitos e das liberdades fundamentais por pessoa com deficiência, visando à sua inclusão social e cidadania.
> Parágrafo único. Esta Lei tem como base a Convenção sobre os Direitos das Pessoas com Deficiência e seu Protocolo Facultativo, ratificados pelo Congresso Nacional por meio do Decreto Legislativo nº 186[4], de 9 de julho de 2008 , em conformidade com o procedimento previsto no § 3º do art. 5º da Constituição da República Federativa do Brasil , em vigor para o Brasil, no plano jurídico externo, desde 31 de agosto de 2008, e promulgados pelo Decreto nº 6.949[5], de 25 de agosto de 2009 , data de início de sua vigência no plano interno.

Cabe ressaltar que o instituto da decisão apoiada é uma via intermediária entre a curatela e a interdição, e que só deve ser usado pela pessoa com deficiência em situações específicas nas quais esta pessoa não se sinta plenamente

[4] DECRETO LEGISLATIVO Nº 186, de 2008. **Aprova o texto da Convenção sobre os Direitos das Pessoas com Deficiência e de seu Protocolo Facultativo, assinados em Nova Iorque, em 30 de março de 2007.** Diário Oficial da República Federativa do Brasil, Brasília. Disponível em http://www.planalto.gov.br/ccivil_03/CONGRESSO/DLG/DLG-186-2008.htm

[5] DECRETO Nº 6.949, DE 25 DE AGOSTO DE 2009. **Promulga a Convenção Internacional sobre os Direitos das Pessoas com Deficiência e seu Protocolo Facultativo, assinados em Nova York, em 30 de março de 2007.** Diário Oficial da República Federativa do Brasil, Brasília. Disponível em http://www.planalto.gov.br/ccivil_03/_Ato2007-2010/2009/Decreto/D6949.htm

capacitada ou com informações suficientes para tomar determinada atitude sem a consulta ou apoio de pessoas específicas de seu contato. Isto pois, com a alteração do Código Civil de 2002 (via promulgação da Lei 13.146/15), estas pessoas passaram a ser consideradas pela lei como plenamente capazes.

Neste sentido, ver que o Artigo 3º do Código Civil informa quem são os totalmente incapazes: "São absolutamente incapazes de exercer pessoalmente os atos da vida civil os menores de 16 (dezesseis) anos." E no Artigo 4º encontramos uma lista taxativa de quem são os relativamente incapazes. (grifo nosso).

> São incapazes, relativamente a certos atos ou à maneira de os exercer:
> I – os maiores de dezesseis e menores de dezoito anos;
> II – os ébrios habituais e os viciados em tóxico;
> III – aqueles que, por causa transitória ou permanente, não puderem exprimir sua vontade;
> IV – os pródigos.
> Parágrafo único. A capacidade dos indígenas será regulada por legislação especial.

Note-se que as pessoas com deficiência não são listadas como incapazes sendo-lhe, portanto, aplicado o previsto no Artigo 1º do Código Civil, que define: "Toda pessoa é capaz de direitos e deveres na ordem civil". Desta forma as pessoas com deficiência podem e devem ser tratadas como totalmente capazes dos atos da vida civil e a tomada de decisão apoiada deve ser vista como uma exceção a esta plena capacidade.

O procedimento é feito pela pessoa com deficiência, que, por meio de seu advogado, solicita ao juiz que nomeie pelos menos 2 apoiadores (já indicados pela pessoa a ser assistida) e estes a auxiliarão em determinados atos da vida civil como situações envolvendo casamento, procedimentos de venda e compra, outras transações comerciais, reconhecimento de paternidade ou maternidade dentre outros.

Cumpre reforçar que todos os atos para os quais a pessoa com deficiência vai necessitar de apoio na decisão devem estar delimitados na petição ao juiz, bem como a duração da necessidade de tal apoio. Assim, a ação dos apoiadores será apenas nas situações informadas pelo juiz e como exceções à plena capacidade civil. Para todas as demais, a pessoa com deficiência é considerada capacitada para agir de forma autônoma, devendo ser respeitada sua vontade, bem como seus direitos e interesses, especialmente os de cunho patrimonial.

Neste aspecto, importante reforçar que as decisões tomadas pela pessoa apoiada têm plena validade (*erga omnes*), gerando efeitos para terceiros como negócios jurídicos completos como preceitua o artigo 104 do Código Civil:

> A validade do negócio jurídico requer:
> I – agente capaz;
> II – objeto lícito, possível, determinado ou determinável;
> III – forma prescrita ou não defesa em lei.

Por questões de garantia e conforto de todos os contratantes, as pessoas envolvidas em negócios jurídicos de cunho patrimonial (terceiros) podem pedir que além do comparecimento dos apoiadores na execução do negócio, estes também assinem o contrato ou a documentação de formalização da transação e com isto gerar maior segurança à transação efetuada.

Ressalte-se, contudo, que nos casos de negócios jurídicos que possam trazer riscos à pessoa com deficiência e onde haja divergência entre a opinião desta e a dos apoiadores, o juiz deverá convocar o Ministério Público para oitiva e após isto deliberar como resolver a questão.

O que causa estranheza é que a intervenção do Ministério Público no caso de pessoas apoiadas ou decisão apoiada não se encontra na lista de funções previstas no Ministério Público como informa o Artigo 129 da Constituição Federal de 1988, visto que, trata-se de transações efetuadas entre agentes capazes, como dispõe a lei. Além disto cabe ressaltar que o negócio feito entre dois particulares capazes não parece ser revestido de interesse público.

Para que a pessoa apoiada possa exercer de forma mais completa possível a sua plena capacidade e sentir-se autônoma, vale destacar que a tomada de decisão apoiada pode ser interrompida ou ser cessada a qualquer tempo, partindo de pedido da própria pessoa apoiada.

Da mesma sorte, o apoiador também pode a qualquer momento solicitar ao juiz a sua exoneração do encargo de apoiador. Nesta situação, caberá ao juiz analisar o caso concreto e buscar salvaguardar os interesses da pessoa apoiada para aceitar ou não o pedido de tal exclusão. No caso de haver apenas 2 apoiadores e um deles solicitar a exclusão, deve o juiz ouvir a pessoa apoiada para que esta indique um substituto e assim continue a haver, pelo menos, dois apoiadores como previsto na Lei 13.146/15.

Também com o intuito de proteger a pessoa apoiada e seus interesses, a lei permite que seja feita uma avaliação e acompanhamento das obrigações assumidas pelos apoiadores, e no caso destes não estarem cumprindo com suas obrigações, a pessoa apoiada ou qualquer outra pode fazer uma denúncia ao Ministério Público ou para o juiz. Uma vez constatado que o apoiador – em conjunto ou em separado – está sendo omisso ou negligente com suas obrigações, pode o juiz definir uma pessoa substituta, ouvindo-se, neste caso a própria pessoa apoiada.

Vale ressaltar que não há previsão legal de que os apoiadores recebam a incumbência proposta pela pessoa com deficiência e homologada pelo juiz e tenham que executá-la de forma gratuita. Não há vedação que seja definida uma forma de remuneração aos apoiadores pela assistência e apoio que serão prestados à pessoa com deficiência.

Na Sociedade da Informação temos transações ocorrendo entre contratantes que, por vezes, nem se encontram fisicamente no mesmo local, estando o vendedor em um continente diferente daquele onde se encontra o comprador.

Há os tipos de contratações onde uma das partes é uma máquina de autoatendimento ou em última análise, um robô operando através de um algoritmo previamente programado para poder cobrir a quase totalidade dos tipos de contratação demandados pelos interessados, com base em experiências anteriores.

Temos também situações onde o objeto de negócio é um bem intangível, ou ainda negócios em que comprador e vendedor estão em países diferentes e cada qual com sua legislação própria para o tratamento dos negócios jurídicos. Podemos ter ainda situações onde a formalização do negócio jurídico é feita por meio eletrônico através de um contrato de adesão. Ou mesmo casos onde o pagamento da transação será feito através de meios não convencionais como por exemplo através de criptomoedas. Estes são apenas alguns exemplos de situações que nos deparamos cada vez com mais frequência.

Se estas situações causam problemas a pessoas mais acostumadas e experimentadas a este ritual, podemos entender que para pessoas com deficiência, estas dificuldades podem ser maiores se não houver mecanismos que permitam proteger os interesses de tais pessoas e auxiliá-los na tomada de decisão.

É neste sentido que a tomada de decisão apoiada visa ajudar a estas pessoas, fornecendo-lhes auxílio e segurança para que elas não venham a ser prejudicadas por alguma dificuldade de compreensão do negócio como um todo ou mesmo das consequências negativas que podem ocorrer. Neste sentido, esta proteção legal à pessoa com deficiência não protege somente a ela, mas também aos outros envolvidos nas transações em que estas desejem incorrer.

Tomada de Decisão Apoiada e a Dignidade da Pessoa Humana

A decisão apoiada ao atender de forma plena à pessoa com deficiência atinge um dos fundamentos previstos na Constituição Federal, que é o princípio da dignidade da pessoa humana. Embora vulgarizado, este princípio, revela sua natureza jurídica em suas características intrínsecas, como segue:

A dignidade humana consiste na qualidade intrínseca e distintiva de cada ser humano, que o protege contra todo tratamento degradante e discriminação odiosa, bem como assegura condições materiais mínimas de sobrevivência. Consiste em atributo que todo indivíduo possui, inerente à sua condição humana, não importando qualquer outra condição referente à nacionalidade, opção política, orientação sexual, credo etc[6].

Como ensina André Ramos o princípio da dignidade da pessoa humana é dicotômico, comportando o instituído na vedação de tratos degradantes e a garantia do mínimo material existente, ou, simplesmente, mínimo existencial.

Ao labutar com a ideia de condições mínimas para uma existência nada mais trivial trata-se da prática de atos, embora singelos, da vida civil, desde negócios jurídicos simples como a aquisição de pães na padaria até alienação de imóveis e contração de empréstimos bancários.

O fundamento do direito ao mínimo existencial, por conseguinte, está nas condições para o exercício da liberdade, que alguns autores incluem na

[6] RAMOS, André de Carvalho. **Curso de direitos humanos**. São Paulo: Saraiva, 2014, p. 74.

liberdade real, na liberdade positiva ou até na liberdade para, ao fito de diferenciá-las da liberdade que é mera ausência de constrição[7].

Destarte, a tomada de decisão apoiada para pessoas com deficiência está intimamente ligada ao mínimo existencial, ademais, não se limita apenas a este, pois a falta de seu cumprimento pode violar a segunda característica do princípio internacional: a vedação de tratos degradantes.

Um dos problemas que a disciplina legal da decisão apoiada trouxe está no seguinte trecho do art. 1.783-A do Código Civil: "prestar-lhe apoio na tomada de decisão sobre atos da vida civil". O legislador menciona atos da vida civil de forma indiscriminada, surgindo a dúvida se atos como casamento e exercício de direitos políticos também estão abrangidos pela redação do texto; considerando que a prestação é de apoio, não de decisão.

A discussão adquire maiores proporções e pertinência à dignidade da pessoa humana, pois os atos de casamento e exercício políticos são tutelados pela legislação nacional e diplomas internacionais como a Declaração Universal dos Direitos Humanos, que foi proclamada pela Assembleia Geral das Nações Unidas em Paris, em 10/12/ 1948, por meio da Resolução 217 A (III) da Assembleia Geral como uma norma comum a ser alcançada por todos os povos e nações. A Declaração estabelece, pela primeira vez, uma proteção mundial para os direitos humanos. No quesito em questão, temos:

> Art. XVI:
> 1. Os homens e mulheres de maior idade, sem qualquer restrição de raça, nacionalidade ou religião, têm o direito de contrair matrimônio e fundar uma família. Gozam de iguais direitos em relação ao casamento, sua duração e sua dissolução.
> 2. O casamento não será válido senão com o livre e pleno consentimento dos nubentes.

O diploma internacional apenas invalida o casamento em que não houve o pleno consentimento dos nubentes. Desta forma, até que ponto o apoio da decisão não irá ferir o pleno consentimento do nubente?

[7] TORRES, Ricardo Lobo. O mínimo existencial e os direitos fundamentais. **Revista Direito Administrativo:** Rio de Janeiro, jul/set. 1989. 177: 29-49. p.30.

Reforce-se que os apoiadores da pessoa assistida irão apoiá-la em suas decisões, mas não poderão tomar decisões no lugar daquela, visto que os poderes recebidos não incluem procuração para agirem em nome dela.

Outra problemática semelhante está presente no Pacto de São José da Costa Rica.

> Artigo 23 – Direitos políticos
> 1. Todos os cidadãos devem gozar dos seguintes direitos e oportunidades:
> a) de participar da condução dos assuntos públicos, diretamente ou por meio de representantes livremente eleitos;
> b) de votar e ser eleito em eleições periódicas, autênticas, realizadas por sufrágio universal e igualitário e por voto secreto, que garantam a livre expressão da vontade dos eleitores

Semelhante ao matrimônio, o direito de votar deve expressar a livre vontade do eleitor, sem interferência em seu arbítrio. Essas considerações são feitas para os mais diversos tipos de deficiências, seja física ou mental.

Em todos os aspectos, o auxílio prestado pelos apoiadores (no mínimo dois, como prevê a Lei 13.146/15) devem preservar a livre manifestação de vontade do apoiado. Para simplificar, ao nos referirmos aos apoiadores vamos denominá-los genericamente como "apoiador", mas cientes da quantidade mínima que a legislação determina

Já foi dito que um dos aspectos sobre a tomada de decisão apoiada é que a solicitação feita pela pessoa com deficiência ao juiz baseia-se na confiança que esta deposita no apoiador que ele indica. Entretanto, esse apoiador que deve ser pessoa idônea também tem um elemento subjetivo que complementa esta relação. Deve o apoiador agir pautado pela boa-fé. Confiança e boa-fé são institutos completamente distintos, porém que se complementam.

Pensa de forma diversa Roberto Senise Lisboa ao afirmar que: "a boa-fé e a confiança não se sobrepõem: embora não se encontre um divisor de águas absoluto entre os princípios em questão, um complementa o outro"[8].

[8] LISBOA, Roberto Senise. **Confiança contratual.** São Paulo: Atlas, 2012, p.147.

Todavia na mesma obra em que ele faz tal afirmação, um pouco mais à frente, distingue ambos institutos de forma categórica: "confiante age porque "espera do outro" [...] Pessoa que age impulsionada por boa-fé – procura se conduzir de modo a satisfazer os interesses do outro. Age "para o outro"[9]. Desta forma, fica clara a intenção do legislador de que a pessoa apoiada escolhe o apoiador conduzido pela confiança, enquanto o apoiador, por sua vez, deve agir sempre de boa-fé, pois essencialmente vai agir para o outro.

Diante do exposto, é possível concluir que a decisão apoiada possui uma intrínseca relação com a dignidade da pessoa humana e seus direitos fundamentais, pois garante maior acessibilidade para pessoas com deficiência exercerem os mais variados atos da vida civil. As considerações que devem ser feitas é que legislador não definiu a abrangência deste apoio, tampouco as limitações que devem ser impostas ao apoiador para preservar a autonomia da vontade da pessoa com deficiência.

Termo de consentimento livre e esclarecido às pessoas com deficiência mental

O tratamento de doenças mentais até o início da década de 80 tinha objetivo meramente segregacional, nos moldes até então adotados de tratamento institucionalizado, com base nos ideais de Pinel[10]. O "louco" deveria estar longe da sociedade para qual apresentavam riscos, como "crônicos sociais".

> O Iluminismo trouxe, particularmente na França e Alemanha, as grandes instituições de despejo, com loucos, marginais, mendigos e ladrões internados em suas próprias misérias. O doente mental era considerado perverso e sem distinção moral. O manicômio criado por Pinel, no século XVII, para receber esses doentes mentais que viviam misturados a marginais e mendigos, se solidificou por início como um avanço no atendimento psiquiátrico, tornando-se

[9] Idem. p.149.

[10] Philippe Pinel, médico francês, considerado por muitos como o pai da psiquiatria (1745-1826). Obra mais importante: "**Traité médico-philosophique sur l'aliénation mentale ou la manie**" de 1809.

> posteriormente um símbolo de repressão ideológica e comportamental. A indústria econômica e seus grupos se apoderaram dessa instituição, então, e passaram a se utilizar dela como instrumento de fabricação de alienados, crônicos socialmente.[11]

A doença mental não era levada a sério pelas autoridades e nem pela sociedade, tanto que, o art. 11 do Decreto Presidencial nº 24.559 de 03/07/1934,[12] de Getúlio Vargas, definia um rol bastante extenso de quem poderia ser considerada autoridade apta a decretar a internação compulsória de uma pessoa, incluindo policiais, curadores, patrões, pais, marido, filhos, parentes em até 4º grau, chefes de repartições psiquiátricas ou qualquer outro interessado que comprovasse alguma ligação com o doente há, pelo menos, sete dias antes da internação, provada a sua maioridade.

Até existia um esboço a respeito de um termo de consentimento escrito para permissão dessas internações, mas somente para as internações voluntárias. Ocorre que a maioria das internações eram compulsória e baseada em poucos critérios científicos e objetivos.

> Art. 11 A internação de psicopatas toxicómanos e intoxicados habituais em estabelecimentos psiquiátricos, públicos ou particulares, será feita:
> a) por ordem judicial ou a requisição de autoridade policial;
> b) a pedido do próprio paciente ou por solicitação do conjuge, pai ou filho ou parente até o 4º grau inclusive, e, na sua falta, pelo curador, tutor, diretor de hospital civil ou militar, diretor ou presidente de qualquer sociedade de assistência social, leiga ou religiosa, chefe do dispensário psiquiátrico ou ainda por algum interessado, declarando a natureza das suas relações com o doente e as razões determinantes da sua solicitação.

[11] FIRMINO, H. **Nos Porões da Loucura**. Rio de Janeiro: Codecri, 1982. p. 20.

[12] BRASIL. DECRETO n. 24.559, de03/07/1934. **Dispõe sôbre a profilaxia mental, a assistência e proteção à pessôa e aos bens dos psicopatas, a fiscalização dos serviços psiquiátricos e dá outras providências.** Disponível em: http://www.planalto.gov.br/ccivil_03/decreto/1930-1949/D24559.htm. Acesso em 03 mai. 2019.

> § 1º Para a internação voluntária, que sòmente poderá ser feita em estabelecimento aberto ou parte aberta do estabelecimento mixto, o paciente apresentará por escrito o pedido, ou declaração de sua aquiescência. *(texto original)*

Os doentes mentais não eram considerados sujeitos de direitos civis[13], mas vistos como escória da sociedade e foram vítimas de diversos abusos dentro das instituições de internação. Para mudar este panorama, surgiu na Itália a Resolução ONU Nº 2.542/75, que promulgou a Declaração dos Direitos das Pessoas Portadoras de Deficiência[14], e que ganhou forte impulso no Brasil.

Também ajudaram alguns tratados internacionais de Direitos dos Deficientes como a Resolução nº. A/8429 da Assembleia Geral da ONU de 22/12/1971, que instituiu a Declaração dos Direitos de Pessoas com Deficiência Mental[15] [16], e mais tarde, em 1990, com a Declaração de Caracas[17], a mídia

[13] MALHEIRO, Emerson Penha; CALUMBI, Deise Santos Curt. O Influxo do Direito Internacional dos Direitos Humanos nas Regras de Tutela Dos Interesses Dos Deficientes Mentais no Cenário de Direito do Brasil. **Revista dos Tribunais**, São Paulo, v. 999, n.108, p. 27-42, jan. 2019

[14] Um trecho da declaração de Caracas, ou Declaração dos Direitos das Pessoas Deficientes, de 1975, que declara que as condições psicológicas de discernimento dessas pessoas devem ser levadas em consideração, dando o direito a autodeterminação destas, assim como as pessoas não portadoras de transtornos mentais possuem: "O parágrafo 7 da Declaração dos Direitos das Pessoas Mentalmente Retardadas estabelece: "Sempre que pessoas mentalmente retardadas forem incapazes devido à gravidade de sua deficiência de exercer todos os seus direitos de um modo significativo ou que se torne necessário restringir ou denegar alguns ou todos estes direitos, o procedimento usado para tal restrição ou denegação de direitos deve conter salvaguardas legais adequadas contra qualquer forma de abuso. Este procedimento deve ser baseado em uma avaliação da capacidade social da pessoa mentalmente retardada, por parte de especialistas e deve ser submetido à revisão periódicas e ao direito de apelo a autoridades superiores".

[15] **DECLARAÇÃO DOS DIREITOS DO DEFICIENTE MENTAL**, ONU, 1971.

[16] A Declaração dos Direitos de Pessoas com Deficiência Mental, além de assegurar o direito a tratamento médico adequado, incluiu os deficientes dentro do rol de pessoas de direitos e deveres Civis (como direito ao trabalho remunerado, moradia, educação, saúde etc.) e assegurou o seu direito à dignidade, dando a eles o direito de *gozar dos mesmos direitos dos demais seres humanos*.

[17] **DECLARAÇÃO DE CARACAS**. Organização Pan-Americana de Saúde (OPAS) e Organização Mundial de Saúde, 1990. Disponível em: http://bvsms.saude.gov.br/bvs/publicacoes/declaracao_caracas.pdf. Acesso em: 03 mai. 2019

nacional e internacional começou a divulgar os maus tratos sofridos pelas pessoas com deficiência. Para tanto, foram fundamentais várias denúncias de abusos e os trabalhos do psiquiatra Italiano Franco Basaglia em sua Luta Antimanicomial.[18]

Basaglia tinha firme convicção de que a psiquiatria aplicada de forma isolada não era capaz de tratar os problemas de muitos pacientes, chegando, por vezes, a agravar o quadro dos internados. Por conta disso, pregava a restruturação do tratamento psiquiátrico, que em sua opinião devia ser abandonado e em seu lugar deviam serem aplicadas novas formas de atendimento terapêutico envolvendo centros comunitários para facilitar a socialização, centros de convivência, além do tratamento ambulatorial, mantendo a pessoa com deficiência junto de seu núcleo social como forma de auxiliar da recuperação (quando possível) ou na maior integração com os demais membros daquela comunidade.

Assim, a luta antimanicomial, (Psiquiatria Democrática ou Negação à Psiquiatria), acaba por ter suas origens nas mudanças implementadas por Basaglia para o tratamento e ressocialização das pessoas com deficiência, o que muito mudou a situação destas e mais tarde veio a culminar com a extinção da maioria desses centros de internação, que na opinião de muitos não eram centros de tratamento, mas sim centros de maus tratos e tortura.

Em 1989, no Brasil, o deputado Paulo Delgado, propôs o projeto de lei nº 3.657 (Lei Paulo Delgado)[19], que dispunha sobre a extinção progressiva dos manicômios e sua substituição por outros recursos assistenciais e regulamentava a internação psiquiátrica compulsória. Em outras palavras, tratava sobre a proteção e os direitos das pessoas que apresentam transtornos mentais, e tinha como pilar essencial a desinstitucionalização (remoção dos pacientes dos centros de internação), propondo modelos de atendimento ambulatoriais da forma preconizada pelo movimento de Franco Basaglia, e exigindo que as

[18] ARBEX, Daniela. **Holocausto Brasileiro:** Genocídio: 60 mil mortos no maior Hospício do Brasil. 1. ed. São Paulo: Geração Editorial, 2013.p. 195- 219.

[19] BRASIL. PL nº 3.657, de 1989. **Dispõe sobre a extinção progressiva dos manicômios e sua substituição por outros recursos assistenciais e regulamenta a internação psiquiátrica compulsória.** Disponível em: http://imagem.camara.gov.br/Imagem/d/pdf/DCD29SET1989.pdf#page=30. Acesso em: 03 mai. 2019.

internações compulsórias fossem notificadas à autoridade judiciária para que se manifestasse a respeito de sua legalidade[20].

Apesar da importância do tema, sobretudo para aqueles que tinham deficiência mental ou para seus familiares e conviventes, esse projeto de lei somente foi aprovado em 2001. A despeito do longo prazo para sua análise e aprovação, esta foi feita com diversas alterações quanto ao texto original, e a lei aprovada ficou conhecida como Lei da Reforma Psiquiátrica (Lei nº 10.216/01). Ocorre que a situação social e o tratamento dos direitos humanos em 1989 eram bem diferentes daquela à época da aprovação da lei em 2001.

Vale lembrar que antes mesmo da lei 10.216/01 ser aprovada, o Brasil já era um estado democrático de direito e com ela foi assegurando a todos um tratamento digno, independentemente da capacidade, limitações ou necessidades especiais apresentadas.

Passou-se a valorizar mais o princípio da dignidade humana, um dos pilares fundamentais da liberdade, igualdade e fraternidade inseridos na Constituição Federal de 1988. Já não se podia mais aceitar que existissem formas de tratamento humano degradantes como aquelas encontradas nos centros de internação de pessoas com deficiência mental, por exemplo.

Com a Lei da Reforma Psiquiátrica, ficou proibida a criação e manutenção de instituições asilares de saúde mental, a não ser os hospitais psiquiátricos de custódia, onde se internam, por determinação judicial e segundo critérios médicos, com o objetivo de tratar os doentes criminosos e, com isto, proteger a sociedade. Ainda assim, este tipo de internação possui natureza punitiva, diferente de outras espécies de internação que podem ocorrer em instituições hospitalares comuns, por um curto período, mas jamais contra a vontade do paciente, como se percebe no Artigo 4º da citada Lei 10.216/01 abaixo:

> Art. 4º A internação, em qualquer de suas modalidades, só será indicada quando os recursos extra-hospitalares se mostrarem insuficientes.

[20] CONFESSOR JÚNIOR, Waldeci Gomes. A internação compulsória no contexto da reforma psiquiátrica brasileira. **Jus Navigandi**, Teresina, ano 15, n. 2529, 4 jun. 2010. Disponível em: http://jus.com.br/artigos/14967. Acesso em: 03 mai. 2019.

> § 1º O tratamento visará, como finalidade permanente, a reinserção social do paciente em seu meio.
> § 2º O tratamento em regime de internação será estruturado de forma a oferecer assistência integral à pessoa portadora de transtornos mentais, incluindo serviços médicos, de assistência social, psicológicos, ocupacionais, de lazer, e outros.
> § 3º É vedada a internação de pacientes portadores de transtornos mentais em instituições com características asilares, ou seja, aquelas desprovidas dos recursos mencionados no § 2º e que não assegurem aos pacientes os direitos enumerados no parágrafo único do art. 2º. *(grifo nosso)*

Isso gerou uma discussão acerca da forma de tratamento dos viciados em tóxicos[21] envolvendo a internação compulsória ou voluntária deles. De um lado temos os que defendem a liberdade e autonomia do indivíduo, baseados no artigo 5º, inciso II, da Constituição Federal de 1988 que diz: "ninguém será obrigado a fazer ou deixar de fazer alguma coisa senão em virtude de lei", juntamente com a Lei 10.216/01 que proíbe a institucionalização de pacientes sem sua anuência. E de outro lado, temos os que defendem que os toxicômanos não possuem capacidade de discernimento para entender a extensão dos atos praticados por eles e por conta disto, ao negar-se a uma internação estariam colocando a sociedade em risco.

O Código Civil de 2002, em seu art. 15 diz que "ninguém pode ser constrangido a submeter-se, com risco de vida, a tratamento médico ou a intervenção cirúrgica". Acontece que este dispositivo era mitigado em relação às pessoas com deficiência mental, visto que antes da Lei 13.146/15, eram considerados indivíduos incapazes de realizar atos da vida civil e precisavam estar assistidos por um curador.

Ainda assim, a Lei da Reforma psiquiátrica (Lei 10.216/01) já trouxe em seu bojo artigos que remetem ao consentimento do paciente, por exemplo, o art. Art. 7º que diz que "a pessoa que solicita voluntariamente sua internação,

21 SOUSA, Letícia Alvernaz Gomes de. **Internação compulsória de dependentes químicos**. In: Âmbito Jurídico, Rio Grande, XIX, n. 153, out 2016. Disponível em: http://www.ambito-juridico.com.br/site/?n_link=revista_artigos_leitura&artigo_id=18088&revista_caderno=9. Acesso em: 03 mai. 2019.

ou que a consente, deve assinar, no momento da admissão, uma declaração de que optou por esse regime de tratamento" lembrando que o paciente pode pedir solicitação para saída do tratamento, como preceitua o Parágrafo Único do referido artigo. Além disto, temos o artigo 11 que diz:

> Art 11 – Pesquisas científicas para fins diagnósticos ou terapêuticos não poderão ser realizadas sem o consentimento expresso do paciente, ou de seu representante legal, e sem a devida comunicação aos conselhos profissionais competentes e ao Conselho Nacional de Saúde.

Já o Estatuto da Pessoa com Deficiência (Lei nº 13.146/15), veio para garantir o direito à autonomia das pessoas com deficiência e a participação no plano de assistência à sua saúde de modo a preservar sua dignidade e liberdade, como preconizado em tratados internacionais e na Constituição Federal de 1988. Ver a seguir o Artigo 18, § 2º. A Lei alterou importantes dispositivos do Código Civil, em especial no tocante à capacidade, à curatela e criou o Instituto da tomada de decisão apoiada (diferente de curatela) dentre outros aspectos.

> Art. 18. É assegurada atenção integral à saúde da pessoa com deficiência em todos os níveis de complexidade, por intermédio do SUS, garantido acesso universal e igualitário
>
> ...
>
> § 2º É assegurado atendimento segundo normas éticas e técnicas, que regulamentarão a atuação dos profissionais de saúde e contemplarão aspectos relacionados aos direitos e às especificidades da pessoa com deficiência, incluindo temas como sua dignidade e autonomia.

O dever de esclarecimento e consentimento informado passou a ter uma força maior a essas minorias que, por muito tempo, foram negligenciadas. Esse foi um dos elementos bons e importantes com a criação do Estatuto da Pessoa com Deficiência, sem entrar no mérito da discussão sobre a transformação da incapacidade em total capacidade civil.

Portanto, o dever de informação preconizado no código de defesa do consumidor[22,23], código civil e código de ética médica[24],[25] estende-se completamente a esses indivíduos, que deixaram de ser exilados sociais e passaram a ter totalmente resguardados seus direitos de negarem ou aceitarem atendimento e/ou tratamentos médicos, mesmo com risco de morte.

Conclusões

Após a promulgação da Lei 13.146/15 as pessoas com deficiência passaram a ter ao seu lado mais um amparo legal para serem tratadas como pessoas plenamente capazes e conforme a capacidade que possuem, poderem praticar todos os atos da vida civil. Por decorrência, isto lhes permite estarem mais inseridas nesta Sociedade da Informação.

Como disposto no artigo 5º. Caput da Constituição Federal de 1998 não deve haver distinção entre as pessoas:

> Todos são iguais perante a lei, sem distinção de qualquer natureza, garantindo-se aos brasileiros e aos estrangeiros residentes no País a inviolabilidade do direito à vida, à liberdade, à igualdade, à segurança e à propriedade [...]

[22] BRASIL. Lei n. 8.078 de 11/09/1990. **Dispõe sobre a Proteção do Consumidor e dá outras Providências.** Disponível em: http://www.planalto.gov.br/ccivil_03/LEIS/L8078.htm. Acesso em: 03 mai. 2019.

[23] Código de Defesa do Consumidor: Art. 6º São direitos básicos do consumidor: [...] II – a educação e divulgação sobre o consumo adequado dos produtos e serviços, asseguradas a liberdade de escolha e a igualdade nas contratações; III – a informação adequada e clara sobre os diferentes produtos e serviços, com especificação correta de quantidade, características, composição, qualidade, tributos incidentes e preço, bem como sobre os riscos que apresentem;"

[24] Código de Ética Médica de 2018: É vedado ao médico: Art. 22. Deixar de obter consentimento do paciente ou de seu representante legal após esclarecê-lo sobre o procedimento a ser realizado, salvo em caso de risco iminente de morte. [...] Art. 24. Deixar de garantir ao paciente o exercício do direito de decidir livremente sobre sua pessoa ou seu bem estar, bem como exercer sua autoridade para limitá-lo.

[25] CONSELHO FEDERAL DE MEDICINA. Resolução 2.217 de 1 de novembro de 2018. **Aprova o Código de Ética Médica.** Disponível em: https://www.anamt.org.br/portal/wp-content/uploads/2018/11/resolucao_cfm_n_22172018.pdf. Acesso em: 03 mai. 2019.

Desta forma, conforme preceitua o Código Civil de 2002 e a Lei 13.146/15, as pessoas com deficiência são plenamente capazes de praticar atos da vida civil como qualquer outra pessoa, sendo que há que se considerar que, somente em casos específicos e normalmente a pedido da própria pessoa, é que deve haver o uso de alternativas legais específicas para dar-lhes melhores condições de entender o negócio jurídico em questão e suas consequências.

Neste aspecto é que se inclui a tomada de decisão apoiada, e que deve ser vista como uma exceção ao processo de integração e de promoção, em condições de igualdade do exercício dos direitos e das liberdades fundamentais por qualquer pessoa com deficiência, com objetivo de haver uma integração dessas pessoas com as demais em seu meio de convivência para o exercício da real cidadania a que todos os cidadãos tem direito, baseado, sobretudo no princípio da dignidade da pessoa humana, constante em nosso ordenamento jurídico.

Nesta mesma direção encontramos o direito das pessoas com deficiência – em particular a mental – de receberem o digno tratamento médico, bem como os devidos esclarecimentos sobre procedimentos médicos que se façam necessários, preservado o direito ao consentimento livre e esclarecido e o tratamento digno com respeito pelo ser humano.

Independentemente de toda a discussão que envolve a questão da transformação da incapacidade civil para a total capacidade civil das pessoas com deficiência mental com o advento da Lei 13.146/15, conclui-se que o Estatuto da Pessoa com Deficiência, trouxe maior dignidade no tratamento e autonomia a esses que, não muito longe na história mundial de saúde, eram considerados seres desprovidos de direitos civis.

É extremamente necessário e justo que as pessoas com deficiência sejam inseridas da forma mais ampla possível em seu meio social, tendo direito ao exercício da cidadania plena através da prática de todos os atos da vida civil como as demais pessoas. Com isto, haverá uma maior integração entre estas pessoas e os demais membros da sociedade, gerando um crescimento social, sensação de pertencimento a esta comunidade, além do empoderamento gerado pela capacidade de poder suas próprias decisões, ainda que, em alguns casos específicos, sejam auxiliadas por apoiadores, como no caso da tomada de decisão apoiada.

Esta plena capacidade para o exercício de todos os atos da vida civil deve ser respeitada e protegida por todos para uma evolução da nossa sociedade e principalmente este respeito deve ser executado pelos profissionais da área da saúde em seu âmbito de atuação, no tratamento geral com pacientes com deficiência e em especial, quando da necessidade de realização de procedimentos médicos e similares que afetem a vida e a integridade da pessoa com deficiência.

Referências

ARBEX, Daniela. **Holocausto Brasileiro**: Genocídio: 60 mil mortos no maior Hospício do Brasil. 1. ed. São Paulo: Geração Editorial, 2013.

ASSIS, Aramis. **Olho no Breu**. Disponível em: http://www.com.ufv.br/pdfs/tccs/2010/aramisdeassis-livroreportagem.pdf. Acesso em: 03 mai. 2019.

BRASIL. **Constituição da República Federativa do Brasil**. Brasília, DF: Senado, 1988. Disponível em: http://www.planalto.gov.br/ccivil_03/constituicao/ConstituicaoCompilado.htm. Acesso em: 03 mai. 2019.

BRASIL. **Constituição Federal do Brasil** (1988). Emenda Constitucional nº 12, de 17 de outubro de 1978. Assegura aos Deficientes a melhoria de sua condição social e econômica. In: Constituição da República Federativa do Brasil. 21. ed. São Paulo: Saraiva, 2016.

BRASIL. **Decreto Legislativo nº 186, de 2008**. Aprova o texto da Convenção sobre os Direitos das Pessoas com Deficiência e de seu Protocolo Facultativo, assinados em Nova Iorque, em 30 de março de 2007. Disponível em http://www.planalto.gov.br/ccivil_03/CONGRESSO/DLG/DLG-186-2008.htm. Acesso em 26 mai. 2019

BRASIL. Decreto nº 592, de 6 de julho de 1992. *Dispõe sobre atos Internacionais*. Pacto Internacional sobre Direitos Civis e Políticos. Promulgação. **Diário Oficial da República Federativa do Brasil**. Brasília, DF, 6 jul. 1992.

BRASIL. Decreto nº 6.949, de 25 de agosto de 2009. Promulga a Convenção Internacional sobre os Direitos das Pessoas com Deficiência e seu Protocolo Facultativo, assinados em Nova York, em 30 de março de 2007. **Diário Oficial da República Federativa do Brasil**, Brasília, 25 de agosto de 2009. Disponível em: http://www.planalto.gov.br/ccivil_03/_ato2007-2010/2009/decreto/d6949.htm. Acesso em: 03 mai. 2019.

BRASIL. Decreto nº 24.559, de 3 de julho de 1934. **Dispõe sôbre a profilaxia mental, a assistência e proteção à pessôa e aos bens dos psicopatas, a fiscalização dos serviços psiquiátricos e dá outras providências**. Disponível em: http://www.planalto.gov.br/ccivil_03/decreto/1930-1949/D24559.htm. Acesso em: 03 mai. 2019.

BRASIL. Lei 8.078 de 11 de setembro de 1990. **Dispõe sobre a Proteção do Consumidor e dá outras Providências. Código de Defesa do Consumidor**. Disponível em: http://www.planalto.gov.br/ccivil_03/LEIS/L8078.htm. Acesso em: 03 mai. 2019

BRASIL. Lei nº 10.216, de 6 de abril de 2001. **Dispõe sobre a proteção e os direitos das pessoas portadoras de transtornos mentais e redireciona o modelo assistencial em saúde mental**. Diário Oficial da União, Brasília, DF, 6 abr. 2001.

BRASIL. Lei 10.406 de 10 de janeiro de 2002. **Institui o Código Civil**. Disponível em: http://www.planalto.gov.br/ccivil_03/LEIS/2002/L10406.htm. Acesso em: 03 mai. 2019.

BRASIL. **Lei nº 13.146, de 06 de Julho de 2015. Institui a Lei Brasileira de Inclusão da Pessoa com Deficiência (Estatuto da Pessoa com Deficiência)**. Diário Oficial da República Federativa do Brasil, Brasília, 6 de julho de 2015. Disponível em: http://www.planalto.gov.br/ccivil_03/_ato2015-2018/2015/lei/l13146.htm. Acesso em: 05 mai. 2019.

BRASIL. Projeto de Lei nº 3.657, de 1989. **Dispõe sobre a extinção progressiva dos manicômios e sua substituição por outros recursos assistenciais e regulamenta a internação psiquiátrica compulsória.** Disponível em: http://imagem.camara.gov.br/Imagem/d/pdf/DCD29SET1989.pdf#page=30. Acesso em: 03 mai. 2019.

CONSELHO FEDERAL DE MEDICINA. Resolução 2.217 de 1 de novembro de 2018. **Aprova o Código de Ética Médica**. Disponível em: https://www.anamt.org.br/portal/wp-content/uploads/2018/11/resolucao_cfm_n_22172018.pdf. Acesso em: 03 mai. 2019.

CONFESSOR JÚNIOR, Waldeci Gomes. A internação compulsória no contexto da reforma psiquiátrica brasileira. **Jus Navigandi**, Teresina, ano 15, n. 2529, 4 jun. 2010. Disponível em: http://jus.com.br/artigos/14967. Acesso em: 03 mai. 2019.

DECLARAÇÃO DE CARACAS. Organização Pan-Americana de Saúde (OPAS) e Organização Mundial de Saúde, 1990. Disponível em: http://bvsms.saude.gov.br/bvs/publicacoes/declaracao_caracas.pdf. Acesso em: 03 mai. 2019.

DECLARAÇÃO DOS DIREITOS DAS PESSOAS PORTADORAS DE DEFICIÊNCIAS, ONU, 1975. Disponível em: http://portal.mec.gov.br/seesp/arquivos/pdf/dec_def.pdf. Acesso em: 03 mai. 2019.

DECLARAÇÃO DOS DIREITOS DO DEFICIENTE MENTAL, ONU, 1971. Disponível em http://www.direitoshumanos.usp.br/index.php/Direito-dos-Portadores-de-Defici%C3%AAncia/declaracao-de-direitos-do-deficiente-mental.html. Acesso em 27 mai. 2019.

DECLARAÇÃO UNIVERSAL DOS DIREITOS HUMANOS, ONU, 1948. Disponível em https://nacoesunidas.org/wp-content/uploads/2018/10/DUDH.pdf. Acesso em 26 mai. 2019

FIRMINO, H. **Nos Porões da Loucura**. Rio de Janeiro: Codecri, 1982.

LISBOA, Roberto Senise. **Confiança contratual**. São Paulo: Atlas, 2012.

LENZA, Pedro. **Direito Constitucional Esquematizado**. 17. ed. São Paulo: Saraiva, 2013.

MALHEIRO, Emerson Penha; CALUMBI, Deise Santos Curt. O Influxo do Direito Internacional dos Direitos Humanos nas Regras de Tutela Dos Interesses Dos Deficientes Mentais no Cenário de Direito do Brasil. **Revista dos Tribunais**, São Paulo, v. 999, n.108, p. 27-42, jan. 2019

PIOVESAN, Flávia. **Temas de Direitos Humanos**. 7. ed. São Paulo: Saraiva, 2014.

RAMOS, André de Carvalho. **Curso de direitos humanos**. São Paulo: Saraiva, 2014.

SILVA, José Afonso da. **Curso de Direito Constitucional Positivo**. 38. ed. São Paulo: Malheiros Editores, 2015.

SOUSA, Letícia Alvernaz Gomes de. **Internação compulsória de dependentes químicos.** In: Âmbito Jurídico, Rio Grande, XIX, n. 153, out 2016. Disponível em: http://www.ambito-juridico.com.br/site/?n_link=revista_artigos_leitura&artigo_id=18088&revista_caderno=9. Acesso em: 03 mai. 2019.

TORRES, Ricardo Lobo. O mínimo existencial e os direitos fundamentais. **Revista Direito Administrativo**: Rio de Janeiro, jul/set. 1989. 177: 29-49.

6. A inclusão digital da pessoa com deficiência na sociedade da informação: breves considerações acerca da acessibilidade e das barreiras

Denise Souza Amorim
Maíra de Oliveira Lima Ruiz Fujita
Mayara Andrade Soares Carneiro

Introdução

Com o advento da Sociedade da Informação, fomentada por uma verdadeira revolução digital que dissolveu as barreiras entre os meios de comunicação[1], verifica-se uma grande troca de conhecimento no mundo digital, por meio de redes sociais, *blogs*, aplicativos *etc.*

Atualmente, em razão da maior e mais fácil integração social dos usuários da rede surgem novas relações além de novos, e crescentes, meios de participação dos usuários na sociedade. Como afirma Castells: "As redes interativas de computadores estão crescendo exponencialmente, criando novas formas e canais de comunicação, moldando a vida e, ao mesmo tempo, sendo moldadas por ela."[2]

[1] BARRETO JUNIOR, Irineu. **O direito na sociedade da informação.** São Paulo: Atlas, 2007. p. 62

[2] Castells, Manuel. **A sociedade em rede.**10. ed. São Paulo: Paz e Terra, 2007. p. 22.

A informação e o conhecimento são as principais maneiras de se transitar com autonomia na Sociedade da Informação[3], os quais são disseminados por meio de ferramentas tecnológicas arquitetadas para um fim específico[4].

Com base em tais premissas, importante relembrar que a informação, bem como as ferramentas para seu exercício, são garantidoras do exercício da cidadania em uma sociedade democrática; deste modo, o acesso à informação, em especial aquela disponibilizada no ambiente líquido[5], em razão de sua ontologia, deve ser garantido à todos os cidadãos de determinada sociedade, de maneira igualitária.

E considerando que vivemos em um Estado Democrático de Direito, fundamentado na soberania popular combinada com a dignidade da pessoa humana[6], juntamente com a liberdade de expressão e o direito à um meio ambiente digital[7], verifica-se a necessidade de analisar o respeito de tais princípios e direitos em face das pessoas com deficiência.

O direito ao acesso à internet no Brasil como elemento essencial ao exercício da cidadania[8], foi sedimentado pela Lei nº 12.965/2014, conhecida como o Marco Civil da Internet, a qual trouxe, também, a necessidade de respeito aos direitos humanos e desenvolvimento da personalidade (artigo 2º, II), sedimentando a necessidade de análise sobre a forma como sua finalidade será alcançada no tocante às pessoas com deficiência, em especial com relação à acessibilidade.

Neste trabalho, serão analisadas questões relativas à Legislação, em especial a Convenção Internacional sobre os Direitos das Pessoas com Deficiência, o Decreto nº 6.949/2009, a Lei Brasileira de Inclusão da Pessoa com

3 Raddatz, Vera Lucia Spacil. O direito à informação para o exercício da cidadania. **Revista Científica Diretos Culturais – RDC**, v. 9, nº 19, 2014. p. 108.

4 Lessig, Lawrence. **Code 2.0**. Basic Books, 2006. p. 123.

5 Bauman, Zygmunt. **Medo líquido**. Rio de Janeiro: Jorge Zahar, 2008. p. 15.

6 Canotilho, José Joaquim; MOREIRA, Vital. **Constituição da República Portuguesa anotada**. Coimbra: Editora, 2014. p. 63.

7 Fiorillo, Celso Pacheco. **Princípios constitucionais do direito da sociedade da informação: a tutela jurídica do meio ambiente digital**. 1. ed. São Paulo: Saraiva, 2015. p. 156.

8 LEITE, Flavia Piva Almeida; SIMÃO FILHO, Adalberto; VIGLIAR, José Marcelo Menezes. Inclusão da pessoa com deficiência na sociedade da informação: considerações sobre a cidadania ativa e passiva no processo eleitoral. **Revista da Faculdade de Direito da UFG**, v. 40, n. 2, p. 152-173, 2016. Disponível em: https://doi.org/10.5216/rfd.v40i2.42886. Acesso em: 02 jun. 2019.

Deficiência. Além da análise legislativa, também serão abordadas a questão da inclusão Digital na Sociedade da Informação, mediante a remoção de barreiras e impedimentos.

Deste modo, realizaremos uma análise teórica e legislativa das referidas questões, traçando a importância do tema na atual Sociedade da Informação, bem como a eficácia dos mecanismos atualmente existentes visando a busca da dignidade no contexto do Estado Democrático de Direito.

Deficiência e acessibilidade

A definição de deficiente, no ordenamento jurídico brasileiro, foi trazida pelo Estatuto da Pessoa com Deficiência (Lei nº 13.146/2015), no artigo 2º, que diz que deficiente é aquele que possui "impedimento de longo prazo de natureza física, mental, intelectual ou sensorial, ou qual, em interação com uma ou mais barreiras, pode obstruir sua participação plena e efetiva na sociedade em igualdade de condições com as demais pessoas."

A deficiência, deste modo, é um impedimento de ordem física, intelectual ou sensorial[9], a qual, na atual sociedade, implica em barreiras sociais tanto no âmbito físico quanto no ambiente digital.

As barreiras sociais, que ignoram corpos com tais impedimentos, causam desigualdade[10] e, consequentemente, tornam determinada sociedade não inclusiva. Por consequência das barreiras sociais, verificamos que tal comportamento também é refletido em outros ambientes, como o digital, objeto do presente estudo.

Analisando a sociedade da informação como uma substituta da sociedade pós-industrial[11], pode se verificar que há grande deficiência de políticas governamentais ou estudos da área que, de maneira efetiva, resolvam a questão da plena acessibilidade de pessoas com deficiência na rede.

[9] DINIZ, Debora; PEREIRA, Lívia Barbosa; SANTOS, Wederson Rufino dos. Deficiência, direitos humanos e justiça. **Revista Interacional de Direitos Humanos.** São Paulo, v. 6 n. 11, p. 64-77, 2009.

[10] *ibidem.*

[11] WERTHEIN, Jorge. A sociedade da informação e seus desafios. **Ciência da informação**. Brasília, v. 29, n. 2, p. 71-77, 2000.

No entanto, nem só de políticas governamentais se constrói uma sociedade inclusiva, que prestigie a acessibilidade como forma de integração social, atendendo aos ditames constitucionais anteriormente mencionados essenciais ao Estado Democrático de Direito.

As mudanças de atitudes e paradigmas, bem com a conscientização social, são essenciais para viabilizar a inclusão social[12] por meio da ampla acessibilidade das pessoas com deficiência. A acessibilidade, neste contexto, indica não apenas permitir a participação das pessoas com deficiência com relação ao acesso à produtos, serviço e informação[13], mas, também, a utilização de tais instrumentos de maneira independente.

A efetiva acessibilidade digital, deste modo, deve ser projetada de maneira e eliminar barreiras de acesso e de comunicação, por meio de uma arquitetura de rede[14] eficaz combinada com princípios essenciais a este tipo de regulação, tal qual a neutralidade da rede.

Em termos técnicos, para garantia da acessibilidade, de maneira a viabilizar a inclusão digital, três obstáculos devem ser superados[15]: a) possibilidade de acionar terminais de acesso à informação (telefones, celulares, caixas eletrônicos etc.); b) interação com os elementos da interface humano (botões lógicos, menus) e c) acesso total aos conteúdos disponibilizados pelas aplicações.

Além de tais obstáculos a serem ultrapassados, deve ser observada, também, a flexibilização da apresentação da informação em formas distintas[16], i.e., a forma pela qual a informação é disponibilizada, de maneira a facilitar o efetivo acesso do interessado.

Partindo de tais premissas, chegamos ao conceito de tecnologia assistiva, ou de apoio, assim definida como todo o arsenal de recursos ou serviços que permitam contribuir as habilidades funcionais das pessoas com deficiência, objetivando uma vida inclusive e independente[17].

[12] DE SOUZA, Mônica Sena et al. Acessibilidade e inclusão informacional. **Informação & Informação**, v. 18, n. 1, p. 1-16, 2013.
[13] *Ibidem.*
[14] *op. cit.* p. 123
[15] TORRES, Elisabeth Fátima; MAZZONI, Alberto Angel; ALVES, João Bosco da Mota. A acessibilidade à informação no espaço digital. **Ciência da Informação,** v. 31, n. 3, 2002.
[16] *Ibidem.*
[17] BERSCH, Rita. Introdução à tecnologia assistiva. **Porto Alegre: CEDI**, p. 21, 2008.

No ambiente digital, objeto do presente estudo, a tecnologia assistiva, a ser arquitetada para viabilizar a inclusão, é a de comunicação aumentativa e alternativa, recurso de acessibilidade ao computador e ao sistema de controle de ambiente, bem como auxílio para aumento da função visual e auditiva. Nos dizeres de Radabaugh[18], "Para as pessoas sem deficiência, a tecnologia torna as coisas mais fáceis. Para as pessoas com deficiência, a tecnologia torna as coisas possíveis".

Verifica-se, deste modo, que tal paradigma de suporte[19] não é tarefa exclusiva do Poder Estatal, mas, também, da sociedade e das próprias pessoas com deficiência, que devem contribuir e intervir tanto no desenvolvimento de determinada ferramenta quanto em seu ajuste social.

Deste modo, verificamos que é imprescindível a existência de políticas públicas para o fomento da acessibilidade, por meio de instrumentos normativos, mas cabe, também, à sociedade, às pessoas com deficiência e aos responsáveis pela tecnologia, o desenvolvimento conjunto de mecanismos eficazes que permitam a acessibilidade e, consequentemente, a inclusão digital, de maneira plena.

Convenção internacional sobre os direitos das pessoas com deficiencia e o decreto nº 6.949 de 2009

A Convenção sobre os Direitos das Pessoas com Deficiência (*United Nations Convention on the Rights of Persons with Disabilities* - CRPD) e seu Protocolo Facultativo (*Optional Protocol* - OP), adotada pela Organização das Nações Unidas - ONU (*United Nations* - UN) em 13 de dezembro de 2006, em reunião da Assembléia Geral para comemorar o Dia Internacional dos Direitos Humanos, tornou-se um marco para aqueles que buscavam a justiça e equidade

[18] NATIONAL COUNCIL ON DISABILITY (US). **Study on the financing of assistive technology devices and services for individuals with disabilities**: a report to the President and the Congress of the United States. National Council on Disability, 1993.

[19] RAMALHO, Ivo Cleiton de Oliveira; BONFIGLIO, Renata. As políticas de capacitação das pessoas com deficiência e sua inclusão no mercado de trabalho brasileiro. **As políticas de capacitação das pessoas com deficiência e sua inclusão no mercado de trabalho brasileiro**, 2012.

sociais e para seu público objeto. Esta Convenção e seu Protocolo Facultativo foram promulgados no Brasil pelo Decreto nº 6.949 de 25 de agosto de 2009[20], que trouxe para o primeiro plano a dignidade das pessoas com deficiência, garantindo direitos iguais e inalienáveis.

A incorporação dessa Convenção pelo Brasil deu-se em um momento favorável. A Convenção Internacional sobre Direitos Humanos integrou-se ao ordenamento jurídico brasileiro com força de Emenda Constitucional, nos termos do artigo 5º, §3º da Constituição Federal de 1988[21] (incluído pela emenda nº 45 de 2004) que dispõe que

> §3º Os tratados e convenções internacionais sobre direitos humanos que forem aprovados, em cada Casa do Congresso Nacional, em dois turnos, por três quintos dos votos dos respectivos membros, serão equivalentes às emendas constitucionais.

Além disso, a incorporação desse Tratado no conteúdo normativo brasileiro representa a reafirmação do conteúdo da Declaração Universal dos Direitos Humanos de 1948[22]. O Decreto, assim como a Convenção, traz dispositivos que garantem a dignidade, a valoração, a promoção e a proteção dos direitos das pessoas com deficiência entram em vigor, passando a fazer parte do ordenamento jurídico brasileiro.

No Brasil, os pontos referentes às pessoas com deficiência são conduzidas junto aos direitos humanos desde 1995, quando passou a existir na estrutura do governo federal, a Secretaria Nacional de Cidadania do Ministério da Justiça. As pessoas com deficiência finalmente conseguiram imprimir no

[20] BRASIL. **Decreto nº 6.949 de 25 de agosto de 2009**. Promulga a Convenção Internacional sobre os Direitos das Pessoas com Deficiência e seu Protocolo Facultativo, assinados em Nova York, em 30 de março de 2007. Disponível em: http://www.planalto.gov.br/ccivil_03/_ato2007-2010/2009/decreto/d6949.htm. Acesso em: 20 mai. 2019.

[21] BRASIL. **Constituição da República Federativa do Brasil**. Disponível em: http://www.planalto.gov.br/ccivil_03/constituicao/constituicao.htm. Acesso em 21 mai. 2019.

[22] RESENDE, Ana Paula Crosara de; VITAL, Flavia Maria de Paiva (orgs.). **A convenção sobre direitos das pessoas com deficiência comentada.** Brasília: Secretaria Especial dos Direitos Humanos, 2008. Disponível em: https://www.governodigital.gov.br/documentos--e-arquivos/A%20Convencao%20sobre%20os%20Direitos%20das%20Pessoas%20com%20Deficiencia%20Comentada.pdf. Acesso em: 22 mai. 2019.

Brasil e na ONU a sua história e necessidades, cada vez com mais avanços e conquistas que resultam na diminuição das desigualdades e equiparação das oportunidades[23].

Trata-se de uma Convenção extremamente importante, pois, segundo a Organização Mundial da Saúde – OMS (*World Health Organization* – WHO), a população mundial de pessoas com deficiência só aumenta. Isso se dá porque a população envelhece mais, e pessoas mais velhas estão mais sujeitas ao risco de deficiência tais como a diabetes, doenças cardiovasculares e doenças mentais[24].

A Convenção busca, em seu artigo 1º, "promover, proteger e garantir o pleno e igual gozo de todos os direitos humanos e liberdades fundamentais por todas as pessoas com deficiência, e promover o respeito pela sua dignidade inerente", além de definir como pessoa com deficiência aquelas com "deficiências físicas, mentais, intelectuais ou sensoriais de longo prazo que, em interação com várias barreiras, podem impedir sua participação plena e efetiva na sociedade, em igualdade de condições com as demais pessoas"[25].

A própria ONU vê esse tratado como algo que pôs fim às lacunas no que tange a proteção dos direitos humanos[26], porque a Organização das Nações

[23] MAIOR, Izabel Maria Madeira de Loureiro. Apresentação. RESENDE, Ana Paula Crosara de; VITAL, Flavia Maria de Paiva (orgs.). **A convenção sobre direitos das pessoas com deficiência comentada.** Brasília: Secretaria Especial dos Direitos Humanos, 2008. Disponível em: https://www.governodigital.gov.br/documentos-e-arquivos/A%20Convencao%20sobre%20os%20Direitos%20das%20Pessoas%20com%20Deficiencia%20Comentada.pdf. Acesso em: 22 mai. 2019. p. 21.

[24] Organização Mundial da Saúde. **Relatório mundial sobre a deficiência.** 2011. Disponível em: https://apps.who.int/iris/bitstream/handle/10665/70670/WHO_NMH_VIP_11.01_por.pdf;jsessionid=0EE1210CCBB2D3D7A24B264EC76CFC2D?sequence=9. Acesso em: 21 mai. 2019. p. 8.

[25] United Nations. **Article 1 – Purpose.** Disponível em: https://www.un.org/development/desa/disabilities/convention-on-the-rights-of-persons-with-disabilities/article-1-purpose.html. Acesso em: 21 jan. 2019. Tradução livre de: "*The purpose of the present Convention is to promote, protect and ensure the full and equal enjoyment of all human rights and fundamental freedoms by all persons with disabilities, and to promote respect for their inherent dignity. Persons with disabilities include those who have long-term physical, mental, intellectual or sensory impairments which in interaction with various barriers may hinder their full and effective participation in society on an equal basis with others*".

[26] United Nations. **Backgrounder**: Disability Treaty Closes a Gap in Protecting Human Rights. Disponível em: https://www.un.org/development/desa/disabilities/backgrounder-disability-treaty-closes-a-gap-in-protecting-human-rights.html. Acesso em: 29 mai. 2019.

Unidas já contava com outros tratados de direitos humanos que protegiam os direitos das mulheres, das crianças, dos trabalhadores migrantes, dentre outros, por exemplo. Contudo, até essa Convenção entrar em vigor, não havia nenhum tratado global específico que tratava das necessidades das pessoas com deficiência, a maior minoria mundial. O que existia até então eram tratados que, de certa forma, igualavam as pessoas com deficiência com os demais, o que os deixavam invisíveis em suas sociedades. Assim, as pessoas com deficiência continuavam a enfrentar grandes obstáculos e práticas discriminatórias em suas vidas diárias.

A força maior vem da mudança que ela traz para a sociedade internacional, porque a partir dela é que as pessoas com deficiência vão ser os principais tomadores de decisões de suas próprias vidas.

No que tange a acessibilidade, a Convenção impõe que os países signatários identifiquem e eliminem obstáculos e barreiras e garantam que as pessoas com deficiência possam acessar seu meio ambiente, transporte, instalações e serviços públicos e tecnologias de informação e comunicação[27]. Não se trata, apenas, de adequar os ambientes físicos, mas de estabelecer a igualdade e eliminar as barreiras legais e sociais no que tange a participação, oportunidades sociais, saúde, educação, emprego e desenvolvimento pessoal[28], ou seja, elas finalmente poderão ser consideradas "titulares de direitos" e "sujeitos de direito", e foi exatamente isso que aconteceu no Brasil.

O *website* das Nações Unidas traz como princípios orientadores[29] os seguintes:

[27] United Nations. **Article 9 – Accessibility**. Disponível em: https://www.un.org/development/desa/disabilities/convention-on-the-rights-of-persons-with-disabilities/article-9-accessibility.html. Acesso em: 29 mai. 2019. Extraído de: "*1. To enable persons with disabilities to live independently and participate fully in all aspects of life, States Parties shall take appropriate measures to ensure to persons with disabilities access, on an equal basis with others, to the physical environment, to transportation, to information and communications, including information and communications technologies and systems, and to other facilities and services open or provided to the public, both in urban and in rural areas*".

[28] *Idem*.

[29] United Nations. **Guiding Principles of the Convention**. Disponível em: https://www.un.org/development/desa/disabilities/convention-on-the-rights-of-persons-with-disabilities/guiding-principles-of-the-convention.html. Acesso em: 27 mai. 2019. Traduzido de: *1. Respect for inherent dignity, individual autonomy including the freedom to make one's own choices, and independence of persons. 2. Non-discrimination. 3. Full and effective participation and inclusion in society. 4. Respect for difference and acceptance of persons with disabilities as part of human diversity*

> 1 Respeito pela dignidade inerente, autonomia individual incluindo a liberdade de fazer as próprias escolhas e independência de pessoas
> 2 Não discriminação
> 3 Participação plena e efetiva e inclusão na sociedade
> 4 Respeito pela diferença e aceitação de pessoas com deficiência como parte da diversidade humana e da humanidade
> 5 Igualdade de oportunidade
> 6 Acessibilidade
> 7 Igualdade entre homens e mulheres
> 8 Respeito pelas capacidades em evolução das crianças com deficiência e respeito pelo direito das crianças com deficiência de preservar suas identidades

Ou seja, a partir do momento em que os Estados optam por ratificarem esta Convenção, eles estão obrigados a trazerem esses princípios orientadores para cada um de seus ordenamentos jurídicos, e a tratar essas pessoas não como como vítimas da sociedade ou como minorias (como sempre foram tratadas), mas como indivíduos com direitos definidos de forma expressa pela lei. A legislação interna de cada país deverá ser adaptada ao termos Convenção.

Esses princípios norteadores mostram que as pessoas com deficiência não precisam ser distinguida das demais por assim serem. Isso porque elas não constituem um grupo específico com características próprias suficientes para se tornarem um grupo homogêneo[30].

E mais:

> A Convenção tem muitas outras vantagens. Ele fornece padrões legais globais aceitos sobre direitos de pessoas com deficiência; esclarece

and humanity. 5. Equality of opportunity. 6. Accessibility. 7. Equality between men and women. 8. Respect for the evolving capacities of children with disabilities and respect for the right of children with disabilities to preserve their identities.

[30] PAULA, Ana Rita de. Artigo 3 – princípios gerais. In: RESENDE, Ana Paula Crosara de; VITAL, Flavia Maria de Paiva (orgs.). **A convenção sobre direitos das pessoas com deficiência comentada.** Brasília: Secretaria Especial dos Direitos Humanos, 2008, p. 32. Disponível em: https://www.governodigital.gov.br/documentos-e-arquivos/A%20Convencao%20sobre%20os%20Direitos%20das%20Pessoas%20com%20Deficiencia%20Comentada.pdf. Acesso em: 22 mai. 2019. p. 33.

> o conteúdo dos princípios de direitos humanos e sua aplicação à situação das pessoas com deficiência; fornece um ponto de referência oficial e global para leis e políticas nacionais; fornece mecanismos eficazes de monitoramento, incluindo a supervisão por um corpo de especialistas e relatórios sobre a implementação por governos e ONGs; fornece um padrão de avaliação e realização; e estabelece um quadro para a cooperação internacional. Também ajuda a educar a opinião pública à medida que os países consideram a ratificação.[31]

Isso significa dizer que a Convenção é uma ferramenta poderosa a favor das pessoas com deficiência, porque os Estados signatários se comprometem a desenvolver e implementar políticas, leis e medidas administrativas para assegurar os direitos reconhecidos na Convenção e abolir leis, regulamentos, costumes e práticas que constituam discriminação[32], além disso, devem combater os estereótipos e os preconceitos e promover a conscientização das capacidades das pessoas com deficiência[33]. Em poucas palavras, os países signatários devem reconhecer que todas as pessoas (com deficiência ou não) são iguais perante a lei, e proibir a discriminação com base na deficiência, além de garantir proteção legal igualitária[34].

[31] *op. cit.*

[32] United Nations. **Article 4 – General obligations.** Disponível em: https://www.un.org/development/desa/disabilities/convention-on-the-rights-of-persons-with-disabilities/article-4-general-obligations.html. Acesso em: 29 mai. 2019. Extraído de: "b) *To take all appropriate measures, including legislation, to modify or abolish existing laws, regulations, customs and practices that constitute discrimination against persons with disabilities.*"

[33] United Nations. **Article 8 – Awareness-raising**. Disponível em: https://www.un.org/development/desa/disabilities/convention-on-the-rights-of-persons-with-disabilities/article-8-awareness-raising.html. Acesso em: 29 mai. 2019. Extraído de: "*b) To combat stereotypes, prejudices and harmful practices relating to persons with disabilities, including those based on sex and age, in all areas of life.*"

[34] United Nations. **Article 5 – Equality and non-discrimination.** Disponível em: https://www.un.org/development/desa/disabilities/convention-on-the-rights-of-persons-with-disabilities/article-5-equality-and-non-discrimination.html. Acesso em: 29 mai. 2019. Extraído de: "*1. States Parties recognize that all persons are equal before and under the law and are entitled without any discrimination to the equal protection and equal benefit of the law. 2. States Parties shall prohibit all discrimination on the basis of disability and guarantee to persons with disabilities equal and effective legal protection against discrimination on all grounds*".

Na Sociedade da Informação, nada mais justo do que a promoção do acesso à informação fornecendo informações destinadas ao público em geral em formatos e tecnologias acessíveis (inclusive através da Internet), facilitando o uso de *Braille*, linguagem de sinais e outras formas de comunicação, além de encorajar os meios de comunicação e provedores de Internet a disponibilizar informações online em formatos acessíveis[35].

A Convenção tem tanta importância, que o Supremo Tribunal Federal, nos autos do Mandado de Segurança 32751, chegou a basear sua decisão nesse tratado. O ministro do Supremo Tribunal Federal, Ricardo Lewandowski, deferiu liminar visando a garantir à advogada com deficiência visual o direito de apresentar suas petições em papel até que os sites do Poder Judiciário estejam adequados para pleno acesso de todos. Esta decisão foi baseada em artigos constitucionais que garantem o direito da autora do Mandado de Segurança e, principalmente, com base na Convenção Internacional sobre os Direitos das Pessoas com Deficiência, promulgada pelo Decreto nº 6.949/2009, especificamente quanto ao tema da acessibilidade aos sistemas eletrônicos:

> [...]
> Como se percebe, a preocupação dos constituintes foi a de assegurar adequada e suficiente proteção às pessoas portadoras de necessidades especiais. Não por outra razão, o Brasil é signatário da Convenção Internacional sobre os Direitos das Pessoas com Deficiência, promulgada pelo Decreto 6.949, de 25 de agosto de 2009.
> Especificamente quanto ao tema da **acessibilidade aos sistemas eletrônicos**, dispõe a referida Convenção:

[35] United Nations. **Article 21 – Freedom of expression and opinion, and access to information.** Disponível em: https://www.un.org/development/desa/disabilities/convention-on-the-rights-of-persons-with-disabilities/article-21-freedom-of-expression-and-opinion-and-access-to-information.html. Acesso em: 29 mai. 2019. Extraído de: "*a) Providing information intended for the general public to persons with disabilities in accessible formats and technologies appropriate to different kinds of disabilities in a timely manner and without additional cost; b) Accepting and facilitating the use of sign languages, Braille, augmentative and alternative communication, and all other accessible means, modes and formats of communication of their choice by persons with disabilities in official interactions; c) Urging private entities that provide services to the general public, including through the Internet, to provide information and services in accessible and usable formats for persons with disabilities (...)*".

> "1. A fim de possibilitar às pessoas com deficiência viver de forma independente e **participar plenamente de todos os aspectos da vida**, os Estados Partes tomarão as medidas apropriadas para assegurar às pessoas com deficiência o **acesso**, em igualdade de oportunidades com as demais pessoas, ao meio físico, ao transporte, à informação e comunicação, inclusive aos **sistemas e tecnologias da informação e comunicação**, bem como a outros serviços e instalações abertos ao público ou de uso público, tanto na zona urbana como na rural. Essas medidas, que incluirão a identificação e a eliminação de obstáculos e barreiras à acessibilidade, serão aplicadas, entre outros, a:
> 2. Os Estados Partes também tomarão medidas apropriadas para:
> (...)
> g) **Promover o acesso de pessoas com deficiência a novos sistemas e tecnologias da informação** e comunicação, inclusive à Internet"
> Assim, é de se ter em conta a obrigação de o Estado adotar medidas que visem a promover o acesso das pessoas portadoras de necessidades especiais aos sistemas e tecnologias da informação e comunicação, sobretudo de forma livre e independente, a fim de que possam **exercer autonomamente sua atividade profissional.**[36]

Por meio da decisão acima mencionada, verifica-se, *a priori*, em caso concreto, a importância da Convenção *per se*, além de sua implementação pelo ordenamento jurídico brasileiro. E mais: o Decreto 6.949/2009 vai ao encontro de uma formação de jurisprudência em favor dos direitos das pessoas com deficiência.

Desta forma, verifica-se que por meio desta decisão do Supremo Tribunal Federal, o Decreto n.o 6.949/09 passa a fazer parte do contexto que caminha para a consolidação de uma jurisprudência em favor dos direitos das pessoas com deficiência, o que é de suma importância pois assim as pessoas com deficiência passarão a conhecer seus direitos e suas necessidades, eventualmente passarão a colaborar de forma técnica e profissional, com a elaboração de políticas públicas para efetivação de seus direitos.

[36] BRASIL. Supremo Tribunal Federal. **Mandado de Segurança nº 32751.** Disponível em: http://stf.jus.br/portal/jurisprudencia/listarJurisprudencia.asp?s1=%28%2832751%29%29+E+S%2EPRES%2E&base=basePresidencia&url=http://tinyurl.com/ybf8n5bz. Acesso em: 29 mai. 2019.

Lei Brasileira de Inclusão da Pessoa ocm Deficiencia (Lei nº 13.146 De 2015)

A Lei nº 13.146 de 6 de julho 2015[37], conhecida como Lei Brasileira de Inclusão da Pessoa com Deficiência (LBI) ou Estatuto da Pessoa com Deficiência, tem como base a Convenção sobre os Direitos das Pessoas com Deficiência acima tratada.

A semente da LBI foi lançada no Congresso Nacional pelo então deputado federal Paulo Paim (PT-RS)[38] que acabou resultando na Lei 13.146/2015. O texto original foi ajustado às demandas dos movimentos sociais e ao já ditado pela Convenção sobre os Direitos das Pessoas com Deficiência (aprovado pelo Decreto Legislativo 186/2008 e promulgado pelo Decreto nº 6.949/2009), que passou a eliminar qualquer dispositivo que associasse deficiência com incapacidade.

Por isso, dentre outras alterações, revogou a parte que versava sobre incapacidade no Código Civil de 2002[39], além de ter assegurado a autonomia e a capacidade desses cidadãos para exercerem atos da vida civil em condições de igualdade com os demais indivíduos.

Antes da alteração, eram absolutamente incapazes de exercer pessoalmente os atos da vida civil: "I – os menores de dezesseis anos; II – os que, por enfermidade ou deficiência mental, não tiverem o necessário discernimento para a prática desses atos; III – os que, mesmo por causa transitória, não puderem exprimir sua vontade". Após a alteração, os incisos supracitados foram revogados e passou-se a considerar como absolutamente incapazes de exercer de forma pessoal tais atos apenas os menores de dezesseis anos[40].

[37] BRASIL. **Lei nº 13.146 de 6 de Julho de 2015**. Institui a Lei Brasileira de Inclusão da Pessoa com Deficiência (Estatuto da Pessoa com Deficiência).Disponível em: http://www.planalto.gov.br/ccivil_03/_ato2015-2018/2015/lei/l13146.htm. Acesso em: 29 de mai. 2019.

[38] Senado Notícias. **Paulo Paim comemora sanção da Lei de Inclusão da Pessoa com Deficiência**. 2015. Disponível em: https://www12.senado.leg.br/noticias/materias/2015/07/06/paulo-paim-comemora-sancao-da-lei-de-inclusao-da-pessoa-com-deficiencia. Acesso em: 22 mai. 2019.

[39] BRASIL. **Lei nº 10.406, de 10 de janeiro de 2002**. Institui o Código Civil. Disponível em: http://www.planalto.gov.br/ccivil_03/leis/2002/l10406.htm. Acesso em: 11 out. 2018.

[40] Art. 3º São absolutamente incapazes de exercer pessoalmente os atos da vida civil os menores de 16 (dezesseis) anos.

Aqueles que tenham o discernimento reduzido por deficiência mental e os excepcionais, sem desenvolvimento mental completo deixaram de ser considerados incapazes, também devido à nova redação dada por esta lei[41].

A lei também trouxe alterações no que tange a inclusão escolar[42]; o auxílio-inclusão[43], um benefício assistencial; a discriminação, abandono e exclusão[44]; ao atendimento prioritário na restituição do Imposto de Renda[45]; à administração pública, ao criar o Cadastro Nacional de Inclusão da Pessoa com Deficiência (Cadastro-Inclusão), registro público eletrônico com dados de identificação e socioeconômicos da pessoa com deficiência, e ao esporte[46].

41 Art. 4º São incapazes, relativamente a certos atos ou à maneira de os exercer: I – os maiores de dezesseis e menores de dezoito anos; II – os ébrios habituais e os viciados em tóxico; III – aqueles que, por causa transitória ou permanente, não puderem exprimir sua vontade; IV – os pródigos. Parágrafo único. A capacidade dos indígenas será regulada por legislação especial.

42 Art. 27. A educação constitui direito da pessoa com deficiência, assegurados sistema educacional inclusivo em todos os níveis e aprendizado ao longo de toda a vida, de forma a alcançar o máximo desenvolvimento possível de seus talentos e habilidades físicas, sensoriais, intelectuais e sociais, segundo suas características, interesses e necessidades de aprendizagem.
Art. 28. Incumbe ao poder público assegurar, criar, desenvolver, implementar, incentivar, acompanhar e avaliar: (...)
III – projeto pedagógico que institucionalize o atendimento educacional especializado, assim como os demais serviços e adaptações razoáveis, para atender às características dos estudantes com deficiência e garantir o seu pleno acesso ao currículo em condições de igualdade, promovendo a conquista e o exercício de sua autonomia;

43 Art. 94. Terá direito a auxílio-inclusão, nos termos da lei, a pessoa com deficiência moderada ou grave que: I – receba o benefício de prestação continuada previsto no art. 20 da Lei nº 8.742, de 7 de dezembro de 1993 , e que passe a exercer atividade remunerada que a enquadre como segurado obrigatório do RGPS; II – tenha recebido, nos últimos 5 (cinco) anos, o benefício de prestação continuada previsto no art. 20 da Lei nº 8.742, de 7 de dezembro de 1993, e que exerça atividade remunerada que a enquadre como segurado obrigatório do RGPS.

44 Art. 88. Praticar, induzir ou incitar discriminação de pessoa em razão de sua deficiência: Pena – reclusão, de 1 (um) a 3 (três) anos, e multa.

45 Art. 9º A pessoa com deficiência tem direito a receber atendimento prioritário, sobretudo com a finalidade de:
(...)
VI – recebimento de restituição de imposto de renda;

46 Art. 92. É criado o Cadastro Nacional de Inclusão da Pessoa com Deficiência (Cadastro-Inclusão), registro público eletrônico com a finalidade de coletar, processar, sistematizar e disseminar informações georreferenciadas que permitam a identificação e a caracterização socioeconômica da pessoa com deficiência, bem como das barreiras que impedem a realização de seus direitos.

Uma atualização da Lei 13.146 é o Decreto nº 9.405 de 2018, que "dispõe sobre o tratamento diferenciado, simplificado e favorecido às microempresas e às empresas de pequeno porte, previsto no art. 122 da Lei nº 13.146, de 6 de julho de 2015 – Lei Brasileira de Inclusão da Pessoa com Deficiência (Estatuto da Pessoa com Deficiência)"[47]. Esse Decreto trouxe o que vem a ser o tratamento diferenciado, simplificado e favorecido previsto no artigo em questão da LBI. Segundo o decreto, a microempresa e a empresa de pequeno porte deverão assegurar às pessoas com deficiência: acessibilidade ao público; atendimento prioritário; igualdade de oportunidade na contratação de pessoas; acessibilidade em cursos de formação, capacitação e em treinamentos; e condições justas de trabalho[48].

Outro Decreto que regulamenta a LBI, dessa vez de 2019, é o Decreto 9.762[49]. Ele estabelece critérios para a adaptação de carros para se tornarem acessíveis para que possam circularem como táxis ou integrarem a frota de locadoras de veículos. Ressalta-se que o texto se refere apenas a essas modalidades de transporte de passageiros por serem as duas previstas na LBI.

Nota-se que o Brasil está tentando se adaptar aos anseios dessa minoria que possui necessidades que urgem uma solução para as barreiras que os impedem de exercer atos considerados simples na sua vida diária. É, sim, importante que a legislação consiga se adaptar propriamente o mais cedo

[47] BRASIL. **Decreto nº 9.405 de 11 de junho de 2018**. Dispõe sobre o tratamento diferenciado, simplificado e favorecido às microempresas e às empresas de pequeno porte, previsto no art. 122 da Lei nº 13.146, de 6 de julho de 2015 – Lei Brasileira de Inclusão da Pessoa com Deficiência (Estatuto da Pessoa com Deficiência). Disponível em: http://www.planalto.gov.br/ccivil_03/_Ato2015-2018/2018/Decreto/D9405.htm. Acesso em 29 mai. 2019.

[48] Art. 2º A microempresa e a empresa de pequeno porte deverão, na relação com pessoas com deficiência, assegurar: I – condições de acessibilidade ao estabelecimento e suas dependências abertos ao público; II – atendimento prioritário, com a disponibilização de recursos que garantam igualdade de condições com as demais pessoas; III – igualdade de oportunidades na contratação de pessoal, com a garantia de ambientes de trabalho acessíveis e inclusivos; IV – acessibilidade em cursos de formação, de capacitação e em treinamentos; e V – condições justas e favoráveis de trabalho, incluídas a igualdade de remuneração por trabalho de igual valor e a igualdade de oportunidades de promoção.

[49] BRASIL. **Decreto nº 9.762 de 11 de abril de 2019**. Regulamenta os art. 51 e art. 52 da Lei nº 13.146, de 6 de julho de 2015 , para dispor sobre as diretrizes para a transformação e a modificação de veículos automotores a fim de comporem frotas de táxi e de locadoras de veículos acessíveis a pessoas com deficiência. Disponível em: http://www.planalto.gov.br/ccivil_03/_ato2019-2022/2019/decreto/D9762.htm. Acesso em: 29 mai. 2019.

possível, pois são barreiras que excluem esse grupo dos demais, o que deixa de ser justo e vai de encontro ao proposto pela própria Constituição, ao ter como fundamento a dignidade da pessoa humana (artigo 1º, III); como objetivo a redução de desigualdades sociais (artigo 3º, III) e a promoção do bem de todos ao erradicar qualquer forma de discriminação (artigo 3º, IV); e ao afirmar a igualdade perante a lei, garantindo essa igualdade, inclusive (artigo 5º, caput)[50].

Sociedade da informação e a inclusão digital através da remoção de barreiras

Cronologicamente define-se o inicio da Sociedade da Informação na pós-modernidade, com base no conceito de Alvim Toffler[51] da terceira onda, onde o conhecimento é a principal forma de capital, a informação tem valor de mercado. Na primeira onda a forma do capital era agrária, enquanto que na segunda onda era industrial. A Revolução Industrial didaticamente pode ser dividida em dois períodos: na primeira fase predominou a substituição da mão de obra humana e de animais pelas máquinas (século XIX e XX) e, na segunda fase, a partir da segunda metade do século XX o desenvolvimento da atividade intelectual.[52]

A expressão Sociedade da Informação consolidou-se com a publicação do Livro Branco da Comissão Crescimento, Competitividade, Emprego – os desafios e as pistas para entrar no Século XXI, desenvolvido pela Comunidade Econômica Europeia, no qual, segundo Alexandre Dias Pereira, tratou-se de um marco ,visto que, continha uma série de afirmações de princípios ligados ao novo conceito de sociedade, com matérias que desenvolviam-se desde a

50 BRASIL. Constituição da República Federativa do Brasil de 1988. Disponível em: http://www.planalto.gov.br/ccivil_03/constituicao/constituicao.htm. Acesso em: 22 mai. 2019.

51 TOFFLER, Alvim. **A Terceira Onda.** 32. ed. Rio de Janeiro: Record, 2014, p. 18.

52 CRESPO, Marcelo Xavier de Freitas. **Noções introdutórias aos delitos informáticos.** Âmbito Jurídico, Rio Grande, XII, n. 67, ago 2009. Disponível em: http://www.ambito-juridico.com.br/site/index.php?n_link=revista_artigos_leitura&artigo_id=6325. Acesso em: 02 jun. 2019.

infraestrutura até o desenvolvimento tecnológico.[53] Leite, Simão Filho e Vigliar destacam que: "a partir de então se iniciaram no mundo ações governamentais e empresariais com investimentos massivos em tecnologia, para se consolidar em Sociedade da Informação de caráter global".[54]

Segundo Castells, o caráter global é um atributo da economia destacando que os "componentes centrais têm a capacidade de institucional, organizacional e tecnológica de trabalhar em unidade e em tempo real, ou tem tempo escolhido, em escala planetária".[55] Apesar de uma economia global, nesta sociedade nota-se uma assimetria, com segregação e exclusão dos que não estão conectados nesta rede:

> A sociedade está diante de dois paradoxos, em um mundo de globalização e fragmentação simultânea como combinar novas tecnologias e memória coletiva, ciência universal, ciência comunitária, paixão e razão. Surge uma distância crescente entre globalização e identidade, entre a Rede e o Ser. Barglow descreve o sentimento de solidão absoluta experimentada como existencial e inevitável, inerente à estrutura do mundo; nasce a busca por nova conectividade em identidade partilhada, reconstruída.[56]

Desta forma para se alcançar os objetivos da Sociedade da Informação e minimizar a exclusão das classes minoritárias necessita-se de politicas que tornem a sociedade democrática, assegurando direitos a todos e promovendo a inclusão social, no que tange a pessoa com deficiência, para pleno acesso a

[53] PEREIRA, Alexandre Dias. **Informática, Direito de Autor e Propriedade Tecnodigital.** Coimbra: Coimbra Editora, 2001. p. 66.

[54] LEITE, Flavia Piva Almeida; SIMAO FILHO, Adalberto; VIGLIAR, José Marcelo Menezes. Inclusão da Pessoa com Deficiência na Sociedade da Informação: Considerações Sobre a Cidadania Ativa e Passiva no Processo Eleitoral **Revista da Faculdade de Direito da UFG,** Goiás, v. 40, n. 2, p. 152-173, jul-dez. 2016. Disponível em: https://doi.org/10.5216/rfd.v40i2.42886. Acesso em: 02 jun. 2019.

[55] CASTELLS, Manuel. **A Sociedade em Rede**: economia, sociedade e cultura. Vol. I, a sociedade em rede. 19. ed. São Paulo: Paz e Terra, 2018, p. 166.

[56] CASTELLS, Manuel. **A Sociedade em Rede**: economia, sociedade e cultura. Vol. I, a sociedade em rede. 19. ed. São Paulo: Paz e Terra, 2018, p. 66.

vida comunitária, pública e política, como destacado por Leite, Simão Filho e Vigliar:

> A partir dos objetivos da denominada sociedade da informação mostra-se, prontamente, seu compromisso com a difusão e integração das tecnologias de informação para a melhoria da qualidade de vida e para o crescimento sustentável das nações. Permitir a comunicação integrada e da forma mais ampla possível e, assim, viabilizar a transferência dos saber, são tarefas imprescindíveis para o alcance do objetivo daqueles que estão comprometidos com as bases dessa sociedade como anota, entre outros, Agudo Guevara.[57]

O desenvolvimento tecnológico propiciou a criação de um espaço digital, com propriedades intrínsecas que são delimitadas por Torres, Mazzoni e Alves:

> Densidade – o espaço digital é denso mas não sofre saturação. Ou seja, possui uma alta capacidade de armazenamento de informações, mas não se satura (...); Ubiquidade – uma mesma informação está em lugares distintos; Deslocação – é possível deslocar-se rapidamente neste espaço, de um endereço em URL; Hipertextualidade – o texto obedece a uma nova geometria. (...). A acessibilidade no espaço digital consiste em tornar disponível ao usuário, de forma autônoma, toda informação que lhe for franqueável (informação para a qual o usuário tenha código de acesso ou, então, esteja liberada para todos os usuários), independente de suas características corporais, sem prejuízos quanto ao conteúdo da informação. [58]

[57] LEITE, Flavia Piva Almeida; SIMAO FILHO, Adalberto; VIGLIAR, José Marcelo Menezes. Inclusão da Pessoa com Deficiência na Sociedade da Informação: Considerações Sobre a Cidadania Ativa e Passiva no Processo Eleitoral **Revista da Faculdade de Direito da UFG,** Goiás, v. 40, n. 2, p. 152-173, jul-dez. 2016. Disponível em: https://doi.org/10.5216/rfd.v40i2.42886. Acesso em: 02 jun. 2019.

[58] TORRES, Elisabeth Fatima Torres; MAZZONI, Alberto Angel; ALVES, João Bosco da Mota. **A Acessibilidade à Informação no Espaço Digital.** Disponível em: http://www.scielo.br/pdf/ci/v31n3/a09v31n3. Acesso em: 02 jun. 2019. p. 84-85.

O acesso da pessoa com deficiência a informação não pode ser limitado, isso implicaria em violação de seus direitos fundamentais, elencados Carta Magna. Não obstante, faz-se necessário compreender que inclusão digital vai além de possuir uma interface e acesso à internet, com bem asseverado por Barreto Junior e Rodrigues:

> Contudo, deve-se ter em mente que inclusão digital não significa apenas ter acesso a um computador e à internet. É preciso saber utilizar esses recursos para atividades variadas, classificadas em três diferentes patamares, segundo sua relação com o exercício da cidadania. Em um primeiro nível, a internet, hoje especialmente através das redes sociais, permite a comunicação entre as pessoas, o que já potencializa formas de articulação em torno de demandas sociais variadas. Em um segundo nível, a internet viabiliza a obtenção de informações e a utilização de serviços de interesse público. Em um terceiro patamar, no entanto, certamente ainda mais importante para a cidadania e a nação, a inclusão digital deve permitir a geração e a disponibilização de conteúdo, através das mais diferentes formas – geração de conteúdos multimídia, digitalização de conteúdos variados, criação de páginas e de blogs etc.[59]

A partir desse entendimento descreveremos nos próximos itens as barreiras enfrentadas em cada categoria de deficiência e destacaremos algumas ações que visam garantir a acessibilidade e inclusão digital deste grupo.

Barreiras a inclusão digital da pessoa com deficiência

O presente estudo propôs-se identificar as barreiras que precisam ser transpostas pelas pessoas com deficiência para garantir o acesso à informação, visto que somente assim aplicar-se-á os postulados da Sociedade da Informação.

59 BARRETO JUNIOR, Irineu; RODRIGUES, Cristina Barbosa. **Exclusão e Inclusão Digitais e seus Reflexos no Exercício dos Direitos Fundamentais**. Disponível em: https://periodicos.ufsm.br/REDESG/article/view/5958/pdf#.XPSZXo9v_IV. Acesso: 2 jun. 2019.

Para tal iniciamos com uma descrição da legislação pátria nos capítulos anteriores e, a partir deste ponto um enfoque voltado as barreiras e as garantias dispostas non texto legal.

A Lei Brasileira de Inclusão da Pessoa com Deficiência (Lei n° 13.146/2015), LBI, afirmou a autonomia e a capacidade das pessoas com deficiência para exercerem os atos da vida civil em condições de igualdade com as demais pessoas por meio de inovações legislativas e reconhecimento de direitos.[60], sendo um marco na proteção da dignidade da pessoa humana da pessoa deficiente e em seu texto dispõem conceitos dos quais destacamos:

> Art. 3º Para fins de aplicação desta Lei, consideram-se:
> IV – **barreiras: qualquer entrave, obstáculo, atitude ou comportamento que limite ou impeça a participação social da pessoa, bem como o gozo, a fruição e o exercício de seus direitos à acessibilidade, à liberdade de movimento e de expressão, à comunicação, ao acesso à informação, à compreensão, à circulação com segurança, entre outros, classificadas em:**
> a) barreiras urbanísticas: as existentes nas vias e nos espaços públicos e privados abertos ao público ou de uso coletivo;
> b) barreiras arquitetônicas: as existentes nos edifícios públicos e privados;
> c) barreiras nos transportes: as existentes nos sistemas e meios de transportes;
> d) **barreiras nas comunicações e na informação**: qualquer entrave, obstáculo, atitude ou comportamento que dificulte ou impossibilite a expressão ou o recebimento de mensagens e de informações por intermédio de sistemas de comunicação e de tecnologia da informação;
> e) **barreiras atitudinais:** atitudes ou comportamentos que impeçam ou prejudiquem a participação social da pessoa com deficiência em igualdade de condições e oportunidades com as demais pessoas;

[60] SILVA, Clara Gomes Veloso da Silva; GOMES, Werley Campos; SILVA JUNIOR, Agenor Pedro Silva. **O Direito à Acessibilidade do Deficiente Visual à Luz da Lei Brasileira de Inclusão da Pessoa com Deficiência.** Disponível em: http://seer.pucminas.br/index.php/percursoacademico/article/view/16264. Acesso em 2 jun. 2019.

> f) **barreiras tecnológicas**: as que dificultam ou impedem o acesso da pessoa com deficiência às tecnologias; **(grifo nosso)**[61]

Destaque-se que no espaço digital as barreiras urbanísticas, arquitetônicas e de transporte não são obstáculos a serem enfrentados pela pessoa com deficiência[62]. Entretanto o desafio torna-se gigantesco quando analisamos as barreiras de comunicação e informação, atitudinais e tecnológicas. As diferentes formas de deficiência física, mental, intelectual ou sensorial demandarão estratégias diferentes a transposição da barreira que analisaremos nos itens a seguir.

Deficiência física

A Política Nacional para Integração da Pessoa com Deficiência define a deficiência física:

> I – deficiência física – alteração completa ou parcial de um ou mais segmentos do corpo humano, acarretando o comprometimento da função física, apresentando-se sob a forma de paraplegia, paraparesia, monoplegia, monoparesia, tetraplegia, tetraparesia, triplegia, triparesia, hemiplegia, hemiparesia, ostomia, amputação ou ausência de membro, paralisia cerebral, nanismo, membros com deformidade congênita ou adquirida, exceto as deformidades estéticas e as que não produzam dificuldades para o desempenho de funções[63]

[61] BRASIL. **Lei n°13.146**, de 06 de julho de 2015. Institui a Lei Brasileira de Inclusão da Pessoa com Deficiência (Estatuto da Pessoa com Deficiência). Disponível em: http://www.planalto.gov.br/CCIVIL_03/_Ato2015-2018/2015/Lei/L13146.htm. Acesso em: 2 jun. 2019.

[62] TORRES, Elisabeth Fatima Torres; MAZZONI, Alberto Angel; ALVES, João Bosco da Mota. **A Acessibilidade à Informação no Espaço Digital.** Disponível em: http://www.scielo.br/pdf/ci/v31n3/a09v31n3. Acesso em: 02 jun. 2019. p. 84.

[63] BRASIL. **Decreto n° 3.298**, de 20 de dezembro de 1999. Regulamenta a Lei n° 7.853, de 24 de outubro de 1989, dispõe sobre a Política Nacional para Integração da Pessoa com Deficiência, consolida as normas de proteção, e dá outras providências. Disponível em: http://www.planalto.gov.br/ccivil_03/decreto/d3298.htm. Acesso em 2 jun. 2019.

As barreiras impostas a esse tipo de deficiência decorrem da mobilidade, do manuseio dos dispositivos, das interfaces que permitem a interação com o espaço digital. A acessibilidade, nesse grupo, demanda atenção para remoção das barreias físicas,[64] transposto esse desafio caberá a educação digital como instrumento de inclusão, entendimento corroborado por Barreto Júnior; Rodrigues:

> Assim, a educação, que sem dúvida é a grande ferramenta de inclusão social dos países em desenvolvimento, não será plenamente atingida sem a capacitação tecnológica dos usuários dos meios digitais e sem a oferta de acesso às novas tecnologias, seja pela universalização dos serviços de telecomunicações ou pelo incentivo à implantação de terminais de acesso gratuito ou de baixo custo, como, por exemplo, telecentros instalados em locais estratégicos e de fácil acesso para os usuários, como terminais de ônibus, estações de metrô e de trem, escolas e bibliotecas públicas etc. Contudo, não basta o governo oferecer apenas os instrumentos tecnológicos – computadores, internet, etc. É necessário introduzir conteúdos, qualidade, treinamento e monitoramento nos programas de inclusão digital.[65]

Duas premissas são essenciais: inclusão e educação digital que se integram quando se trata de garantir a acessibilidade de pessoas com deficiência.

Deficiências sensoriais: visual

Lisboa define a deficiência visual como problema funcional ou estrutural, ou seja, perda parcial ou total da visão aferida mediante a acuidade visual (o que se vê a determinada distância) e o campo visual (a amplitude da área

[64] TORRES, Elisabeth Fatima Torres; MAZZONI, Alberto Angel; ALVES, João Bosco da Mota. **A Acessibilidade à Informação no Espaço Digital.** Disponível em: http://www.scielo.br/pdf/ci/v31n3/a09v31n3. Acesso em: 2 jun. 2019.

[65] BARRETO JUNIOR, Irineu; RODRIGUES, Cristina Barbosa. **Exclusão e Inclusão Digitais e seus Reflexos no Exercício dos Direitos Fundamentais.** Disponível em: https://periodicos.ufsm.br/REDESG/article/view/5958/pdf#.XPSZXo9v_IV. Acesso: 2 jun. 2019.

alcançada pela visão).[66] No Decreto nº 3.298/1999 a definição da deficiência visual é balizada por métrica específica:

> III – deficiência visual – cegueira, na qual a acuidade visual é igual ou menor que 0,05 no melhor olho, com a melhor correção óptica; a baixa visão, que significa acuidade visual entre 0,3 e 0,05 no melhor olho, com a melhor correção óptica; os casos nos quais a somatória da medida do campo visual em ambos os olhos for igual ou menor que 60o; ou a ocorrência simultânea de quaisquer das condições anteriores.[67]

Dentre os obstáculos a serem vencidos por esse grupo social destaca-se a mobilidade decorrente da diminuição da percepção espacial e a comunicacional. As formas de comunicação no meio físico são o Braile, ou sistema de sinalização ou de comunicação tátil, entretanto no ambiente virtual essas medidas não são possíveis.

Com o objetivo de propiciar a acessibilidade já estão disponíveis no mercado diversas softwares, dentre os quais destacamos: Dosvox – se comunica com o usuário através de síntese de voz, sua distribuição é gratuita; Jaws – sintetizador de voz integrado ao software que passa as informações exibidas no monitor para o usuário; Letra – o programa toma conhecimento dos fonemas escritos e transforma o texto digitalizado em som; Virtual Vision – sintetizador de voz que lê para o usuário todo conteúdo da tela selecionado por meio do teclado, inclusive planilhas, tabelas e sites na Internet; *Openbook* – converte o texto escaneado em texto eletrônico para ser lido pelo sintetizador de voz ou convertido em MP3.[68]

66 LISBOA, Roberto Senise. Acesso à informação digital para deficientes visuais. In: CAVALCANTI, Ana Elisabeth Wanderley; LEITE, Flavia Almeida; LISBOA, Roberto Senise (org.) **Direitos da Infância, Juventude e Pessoas com Deficiência.** São Paulo: Atlas, 2014. p. 342-361.

67 BRASIL. **Decreto nº 3.298**, de 20 de dezembro de 1999. Regulamenta a Lei nº 7.853, de 24 de outubro de 1989, dispõe sobre a Política Nacional para Integração da Pessoa com Deficiência, consolida as normas de proteção, e dá outras providências. Disponível em: http://www.planalto.gov.br/ccivil_03/decreto/d3298.htm. Acesso em 2 jun. 2019.

68 FERREIRA, Ana Fatima Berquó Carneiro. **Biblioteca Louis Braille do Instituo Benjamin Constant: Assegurando ao Deficiente Visual Acesso ao Conhecimento.** Disponível em: https://revista.acbsc.org.br/racb/article/view/554/679. Acesso em 2 jun. 2019. p. 4-5.

Entretanto, além da criação de tecnologias assistivas é necessário a produção de conteúdo acessível também é uma premissa, atualmente para "#paracegover" nas redes ganhou força:

> O #PraCegoVer é um projeto de disseminação da cultura da acessibilidade nas redes sociais e tem, por princípio, a descrição de imagens e a audiodescrição para apreciação das pessoas com deficiência visual. Quem acessa a página do Projeto no Facebook, logo encontra dois avisos em destaque. Principalmente para as pessoas entenderem o contexto do uso da hashtag. (...) Não, a descrição não faz a pessoa cega literalmente enxergar. É, mais uma vez, um jogo de palavras, um empréstimo da palavra "ver" no sentido de "ter acesso" a algo. Ouvir uma descrição não substitui a visão. Nem mesmo o tato, como muitos acreditam, seria capaz de substituir o ato de enxergar, na exata medida em que os olhos o fazem.[69]

A LBI dispõe no artigo 63 sobre os telecentros comunitários que recebem recursos públicos federais e as *lan houses* que devem garantir, no mínimo, 10 % de seus computadores com recurso de acessibilidade para os deficientes visuais.[70]

Deficiências sensoriais: auditiva

A deficiência auditiva é definida como perda bilateral, parcial ou total, de quarenta e um decibéis (dB) ou mais, aferida por audiograma nas frequências de 500HZ, 1.000HZ, 2.000Hz e 3.000Hz.[71] Para se comunicar as pessoas surdas utilizam linguagem própria, LIBRAS – Língua Brasileira de Sinais

[69] **Criadora do Projeto #PraCegoVer Incentiva a Descrição de Imagens Na Web.** Disponível em: http://mwpt.com.br/criadora-do-projeto-pracegover-incentiva-descricao-de--imagens-na-web/. Acesso em: 2 jun. 2019.

[70] BRASIL. **Lei n°13.146**, de 06 de julho de 2015. Institui a Lei Brasileira de Inclusão da Pessoa com Deficiência (Estatuto da Pessoa com Deficiência). Disponível em: http://www.planalto.gov.br/CCIVIL_03/_Ato2015-2018/2015/Lei/L13146.htm. Acesso em: 2 jun. 2019.

[71] BRASIL. **Decreto n° 3.298**, de 20 de dezembro de 1999. Regulamenta a Lei n° 7.853, de 24 de outubro de 1989, dispõe sobre a Política Nacional para Integração da Pessoa com

que é "a forma de comunicação e expressão, em que o sistema linguístico de natureza visual-motora, com estrutura gramatical própria, constituem um sistema linguístico de transmissão de ideias e fatos, oriundos de comunidades de pessoas surdas do Brasil"[72]. A utilização dessa comunicação dificulta a alfabetização em português.

O português não parece natural para os surdos e, os intérpretes diferentes níveis de proficiência, limitando a compreensão do conteúdo disponibilizado em forma de texto.[73] Dessa forma as barreiras enfrentadas por esse grupo estão o número reduzido de interpretes de LIBRAS, a tradução do conteúdo digital para a língua de sinais.[74]

Alguns aplicativos já disponíveis no mercado possibilitam a integração da LIBRAS e do português no acesso de conteúdo virtual: HandTalk[75] (traduz todo o conteúdo do site para LIBRAS, com a imagem de um avatar nominado Hugo), Rybená[76] (está sendo implantado nos sites e é gratuito para instituições filantrópicas); e o aplicativo móvel ProDeaf Móvel[77] (dicionário para dispositivos móveis, que possui a opção de reconhecimento de fala, e não possui descrição de imagens).

O VLIBRAS, consiste em um conjunto de ferramentas computacionais de código aberto, responsável por traduzir conteúdos digitais (texto, áudio e vídeo) para LIBRAS, desenvolvido através de uma parceria entre o Ministério do Planejamento, Desenvolvimento e Gestão (MP), por meio da Secretaria de

Deficiência, consolida as normas de proteção, e dá outras providências. Disponível em: http://www.planalto.gov.br/ccivil_03/decreto/d3298.htm. Acesso em 2 jun. 2019.

72 BRASIL. **Lei 10.436**, de 24 de abril de 2002. Dispõe sobre a Língua Brasileira de Sinais – Libras e dá outras providências. Disponível em: http://www.planalto.gov.br/ccivil_03/leis/2002/l10436.htm. Acesso em: 2 jun. 2019.

73 GOMES, Rachel Colacique; GOÉS, Adriana Ramos S. **E-acessibilidade para surdos.** Revista Brasileira de Tradução visual, ano 2, v.7, n. 7, 2011. Disponível em: http://www.rbtv.associadosdainclusao.com.br/index.php/ principal/article/view/93. Acesso em:1 jun. 2019.

74 BRASIL. **Apesar de Avanços, Surdos Ainda Enfrentam Barreiras de Acessibilidade.** Disponível em: http://www.brasil.gov.br/cidadania-e-justica/2016/09/apesar-de-avancos--surdos-ainda-enfrentam-barreiras-de-acessibilidade. Acesso em: 2 jun. 2019.

75 **HANDTALK.** Disponível em: http://www.handtalk.me/app. Acesso em 2 jun. 2014.

76 **RYBENÁ.** Disponível em: http://www.rybena.com.br/site-rybena/home. Acesso em 2 jun. 2019.

77 **PRODEAF.** Disponível em: http://www.prodeaf.net/Solucoes. Acesso em 2 jun. 2019

Tecnologia da Informação (STI) e a Universidade Federal da Paraíba (UFPB)[78]. Por ter um código aberto permite aos usuários contribuírem para o aperfeiçoamento do dicionário.

Deficiência mental e intelectual

A definição legal de deficiência mental consiste em:

> funcionamento intelectual significativamente inferior à média, com manifestação antes dos dezoito anos e limitações associadas a duas ou mais áreas de habilidades adaptativas, tais como: a) comunicação; b) cuidado pessoal; c) habilidades sociais; d) utilização dos recursos da comunidade; e) saúde e segurança; f) habilidades acadêmicas; g) lazer; e h) trabalho.[79]

Neste tipo de deficiência as barreiras diferem das demais, note-se que até o presente momento os obstáculos apresentados foram objetivos, entretanto, na deficiência metal as barreiras são subjetivas:

> Note-se que há uma diferença fundamental quanto à natureza das dificuldades e necessidades do estudante com deficiência intelectual em relação ao estudante com uma deficiência física, sensorial ou de comunicação. (...), em relação aos estudantes com deficiência intelectual, o que os diferencia e particulariza como grupo, em relação a todos os demais estudantes, são as maiores dificuldades cognitivas que esses estudantes enfrentam para o aprendizado, dificuldades essas que não podem ser delimitadas por fronteiras ou barreiras objetivas, como no caso das outras deficiências. Essas dificuldades, não estáticas, enfrentadas por esses estudantes com deficiência intelectual na escola,

[78] **VLIBRAS.** Disponível em: http://www.vlibras.gov.br/. Acesso em 2 jun. 2019.

[79] BRASIL. **Decreto nº 3.298 de 20 de dezembro de 1999**. Regulamenta a Lei nº 7.853, de 24 de outubro de 1989, dispõe sobre a Política Nacional para Integração da Pessoa com Deficiência, consolida as normas de proteção, e dá outras providências. Disponível em: http://www.planalto.gov.br/ccivil_03/decreto/d3298.htm. Acesso em 2 jun. 2019.

> os caracterizam como grupo apenas pelo grau, pela intensidade, dessas dificuldades, porém não pela natureza das suas necessidades, já que todos os demais estudantes, os ditos "normais", também enfrentam algum grau de dificuldade no seu aprendizado, em algum momento.[80]

Portanto a acessibilidade da pessoa com deficiência mental/intelectual além da combinação de inclusão e educação digital para elaboração ou divulgação de conteúdo compreensível por esses indivíduos.

Conclusões

Na Sociedade Contemporânea os indivíduos, cada vez mais, necessitam estarem conectados à rede mundial de computadores, pois através dela ocorre a comunicação, compra e venda de produtos e serviços, cursos, acesso à informação de maneira ampla e "quase" ilimitada. A Sociedade da Informação moldou as relações sociais e comportamentais.

As pessoas com deficiência pelas barreiras que possuem, sejam elas desde o nascimento ou adquiridas ao longo da vida, sofrem com a segregação em diversos segmentos da sociedade. Impedi-las, ou até mesmo, limitar o acesso delas à informação e ao ambiente digital (virtual) seria como negar-lhes direitos que lhe são garantidos pela Carta Magna.

Nesse sentido a inclusão, ou a garantia de acessibilidade digital da pessoa com deficiência precisa acontecer em quatro vertentes. Na primeira, entendemos ser essencial o conhecimento desses indivíduos dos seus direitos e garantia legais, somente através da informação eles podem alcançar a efetivação desses direitos. A segunda vertente corresponde a levar para a sociedade a informação de que as pessoas com deficiência possuem competências, aptidões, talentos, tanto quanto as pessoas que não possuem deficiências. O Estado estaria na terceira vertente, fornecendo politicas publicas inclusivas para a população e garantido a efetividade delas. E por fim, os desenvolvedores

[80] GALVÃO FILHO, Teófilo. Deficiência Intelectual e Tecnologias no Contexto da Escola Inclusiva. In: GOMES, Cristina (org.). **Discriminação e Racismo nas Américas: um problema de justiça, equidade e direitos humanos.** Curitiba: CRV, 2016, p. 305-321.

de conteúdo e tecnologias digitais, de forma que os *softwares*, aplicativos, sites, interfaces, entre outros, contenham ou permitam a inserção de recursos de acessibilidade as pessoas com deficiência.

Não podemos aceitar o principio da igualdade como uma utopia, mas buscá-lo incansavelmente de forma que os desiguais sejam tratados como desiguais até que atinja o equilíbrio. A inclusão sociodigital nada mais é que a efetivação dos diretos fundamentais das pessoas com deficiência no Estado Democrático Brasileiro.

Referências

BARRETO JUNIOR, Irineu. **O direito na sociedade da informação**. São Paulo: Atlas, 2007.

BARRETO JUNIOR, Irineu; RODRIGUES, Cristina Barbosa. **Exclusão e Inclusão Digitais e seus Reflexos no Exercício dos Direitos Fundamentais.** Disponível em: https://periodicos.ufsm.br/REDESG/article/view/5958/pdf#.XPSZXo9v_IV. Acesso: 02 jun. 2019.

Bauman, Zygmunt. **Medo líquido**. Rio de Janeiro: Jorge Zahar, 2008.

BERSCH, Rita. Introdução à tecnologia assistiva. **Porto Alegre: CEDI**, p. 21, 2008.

BRASIL. **Apesar de Avanços, Surdos Ainda Enfrentam Barreiras de Acessibilidade.** Disponível em: http://www.brasil.gov.br/cidadania-e-justica/2016/09/apesar-de--avancos-surdos-ainda-enfrentam-barreiras-de-acessibilidade. Acesso em: 2 jun. 2019.

BRASIL. **Decreto nº 3.298 de 20 de dezembro de 1999**. Regulamenta a Lei n° 7.853, de 24 de outubro de 1989, dispõe sobre a Política Nacional para Integração da Pessoa com Deficiência, consolida as normas de proteção, e dá outras providências. Disponível em: http://www.planalto.gov.br/ccivil_03/decreto/d3298.htm. Acesso em 2 jun. 2019.

BRASIL. **Decreto nº 6.949 de 25 de agosto de 2009**. Promulga a Convenção Internacional sobre os Direitos das Pessoas com Deficiência e seu Protocolo Facultativo, assinados em Nova York, em 30 de março de 2007. Disponível em: http://www.planalto.gov.br/ccivil_03/_ato2007-2010/2009/decreto/d6949.htm. Acesso em: 20 mai. 2019.

BRASIL. **Decreto nº 9.405 de 11 de junho de 2018**. Dispõe sobre o tratamento diferenciado, simplificado e favorecido às microempresas e às empresas de pequeno porte, previsto no art. 122 da Lei nº 13.146, de 6 de julho de 2015 – Lei Brasileira de Inclusão da Pessoa com Deficiência (Estatuto da Pessoa com Deficiência). Disponível em: http://www.planalto.gov.br/ccivil_03/_Ato2015-2018/2018/Decreto/D9405.htm. Acesso em 29 mai. 2019.

BRASIL. **Decreto nº 9.762 de 11 de abril de 2019**. Regulamenta os art. 51 e art. 52 da Lei nº 13.146, de 6 de julho de 2015 , para dispor sobre as diretrizes para a transformação e a modificação de veículos automotores a fim de comporem frotas de táxi e de locadoras de veículos acessíveis a pessoas com deficiência. Disponível em: http://www.planalto.gov.br/ccivil_03/_ato2019-2022/2019/decreto/D9762.htm. Acesso em: 29 mai. 2019.

BRASIL. **Constituição da República Federativa do Brasil.** Disponível em: http://www.planalto.gov.br/ccivil_03/constituicao/constituicao.htm. Acesso em 21 mai. 2019.

BRASIL. **Lei nº 10.406, de 10 de janeiro de 2002.** Institui o Código Civil. Disponível em: http://www.planalto.gov.br/ccivil_03/leis/2002/l10406.htm. Acesso em: 11 out. 2018.

BRASIL. **Lei 10.436**, de 24 de abril de 2002. Dispõe sobre a Língua Brasileira de Sinais – Libras e dá outras providências. Disponível em: http://www.planalto.gov.br/ccivil_03/leis/2002/l10436.htm. Acesso em: 2 jun. 2019.

BRASIL. **Lei nº 13.146 de 6 de Julho de 2015.** Institui a Lei Brasileira de Inclusão da Pessoa com Deficiência (Estatuto da Pessoa com Deficiência).Disponível em: http://www.planalto.gov.br/ccivil_03/_ato2015-2018/2015/lei/l13146.htm. Acesso em: 29 de mai. 2019.

BRASIL. Supremo Tribunal Federal. **Mandado de Segurança nº 32751.** Disponível em: http://stf.jus.br/portal/jurisprudencia/listarJurisprudencia.asp?s1=%28%2832751%29%29+E+S%2EPRES%2E&base=basePresidencia&url=http://tinyurl.com/ybf8n5bz. Acesso em: 29 mai. 2019.

Canotilho, José Joaquim; MOREIRA, Vital. **Constituição da República Portuguesa anotada.** Coimbra: Editora, 2014.

CASTELLS, Manuel. **A Sociedade em Rede**: economia, sociedade e cultura. Volume. I, a sociedade em rede. 10. ed. São Paulo: Paz e Terra, 2018.

CASTELLS, Manuel. **A Sociedade em Rede**: economia, sociedade e cultura. Volume. I, a sociedade em rede. 19. ed. São Paulo: Paz e Terra, 2018.

CRESPO, Marcelo Xavier de Freitas. **Noções introdutórias aos delitos informáticos.** Âmbito Jurídico, Rio Grande, XII, n. 67, ago 2009. Disponível em: http://www.ambito-juridico.com.br/site/index.php?n_link=revista_artigos_leitura&artigo_id=6325. Acesso em: 2 jun. 2019.

Criadora do Projeto #PraCegoVer Incentiva a Descrição de Imagens Na Web. Disponível em: http://mwpt.com.br/criadora-do-projeto-pracegover-incentiva-descricao-de-imagens-na-web/. Acesso em: 2 jun. 2019.

DINIZ, Debora; PEREIRA, Lívia Barbosa; SANTOS, Wederson Rufino dos. Deficiência, direitos humanos e justiça. **Revista Interacional de Direitos Humanos.** São Paulo, v. 6 n. 11, p. 64-77, 2009.

FERREIRA, Ana Fatima Berquó Carneiro. **Biblioteca Louis Braille do Instituo Benjamin Constant: Assegurando ao Deficiente Visual Acesso ao Conhecimento.** Disponível em: https://revista.acbsc.org.br/racb/article/view/554/679. Acesso em 2 jun. 2019.

Fiorillo, Celso Pacheco. **Princípios constitucionais do direito da sociedade da informação: a tutela jurídica do meio ambiente digital.** 1. ed. São Paulo: Saraiva, 2015.

GALVÃO FILHO, Teófilo. Deficiência Intelectual e Tecnologias no Contexto da Escola Inclusiva. In: GOMES, Cristina (org.). **Discriminação e Racismo nas Américas: um problema de justiça, equidade e direitos humanos.** Curitiba: CRV, 2016.

GOMES, Rachel Colacique; GOÉS, Adriana Ramos S. **E-acessibilidade para surdos.** Revista Brasileira de Tradução visual, ano 2, v.7, n. 7, 2011. Disponível em: http://www.

rbtv.associadosdainclusao.com.br/index.php/ principal/article/view/93. Acesso em:1 jun. 2019.

HANDTALK. Disponível em: http://www.handtalk.me/app. Acesso em 2 jun. 2014.

LEITE, Flavia Piva Almeida; SIMÃO FILHO, Adalberto; VIGLIAR, José Marcelo Menezes. Inclusão da pessoa com deficiência na sociedade da informação: considerações sobre a cidadania ativa e passiva no processo eleitoral. **Revista da Faculdade de Direito da UFG**, v. 40, n. 2, p. 152-173, 2016. Disponível em: https://doi.org/10.5216/rfd.v40i2.42886. Acesso em: 02 jun. 2019.

LESSIG, Lawrence. **Code 2.0**. Basic Books, 2006.

LISBOA, Roberto Senise. Acesso à informação digital para deficientes visuais. In: CAVALCANTI, Ana Elisabeth Wanderley; LEITE, Flavia Almeida; LISBOA, Roberto Senise (org.) **Direitos da Infância, Juventude e Pessoas com Deficiência.** São Paulo: Atlas, 2014.

MAIOR, Izabel Maria Madeira de Loureiro. Apresentação. RESENDE, Ana Paula Crosara de; VITAL, Flavia Maria de Paiva (orgs.). **A convenção sobre direitos das pessoas com deficiência comentada.** Brasília: Secretaria Especial dos Direitos Humanos, 2008. Disponível em: https://www.governodigital.gov.br/documentos-e-arquivos/A%20Convencao%20sobre%20os%20Direitos%20das%20Pessoas%20com%20Deficiencia%20Comentada.pdf. Acesso em: 22 mai. 2019.

NATIONAL COUNCIL ON DISABILITY (US). **Study on the financing of assistive technology devices and services for individuals with disabilities**: a report to the President and the Congress of the United States. National Council on Disability, 1993.

Organização Mundial da Saúde. **Relatório mundial sobre a deficiência**. 2011. Disponível em: https://apps.who.int/iris/bitstream/handle/10665/70670/WHO_NMH_VIP_11.01_por.pdf;jsessionid=0EE1210CCBB2D3D7A24B264EC76CFC2D?sequence=9. Acesso em: 21 mai. 2019.

PAULA, Ana Rita de. Artigo 3 – princípios gerais. In: RESENDE, Ana Paula Crosara de; VITAL, Flavia Maria de Paiva (orgs.). **A convenção sobre direitos das pessoas com deficiência comentada.** Brasília: Secretaria Especial dos Direitos Humanos, 2008, p. 32. Disponível em: https://www.governodigital.gov.br/documentos-e-arquivos/A%20Convencao%20sobre%20os%20Direitos%20das%20Pessoas%20com%20Deficiencia%20Comentada.pdf. Acesso em: 22 mai. 2019.

PEREIRA, Alexandre Dias. **Informática, Direito de Autor e Propriedade Tecnodigital**. Coimbra: Coimbra Editora, 2001.

PRODEAF. Disponível em: http://www.prodeaf.net/Solucoes. Acesso em 2 jun. 2019

Raddatz, Vera Lucia Spacil. O direito à informação para o exercício da cidadania. **Revista Científica Diretos Culturais – RDC**, v. 9, nº 19, 2014.

RAMALHO, Ivo Cleiton de Oliveira; BONFIGLIO, Renata. As políticas de capacitação das pessoas com deficiência e sua inclusão no mercado de trabalho brasileiro. **As políticas de capacitação das pessoas com deficiência e sua inclusão no mercado de trabalho brasileiro**, 2012.

RESENDE, Ana Paula Crosara de; VITAL, Flavia Maria de Paiva (orgs.). **A Convenção sobre Direitos das Pessoas com Deficiência comentada.** Brasília: Secretaria Especial dos Direitos Humanos, 2008. Disponível em: https://www.governodigital.gov.br/

documentos-e-arquivos/A%20Convencao%20sobre%20os%20Direitos%20das%20 Pessoas%20com%20Deficiencia%20Comentada.pdf. Acesso em: 22 mai. 2019.

RYBENÁ. Disponível em: http://www.rybena.com.br/site-rybena/home. Acesso em 2 jun. 2019.

Senado Notícias. **Paulo Paim comemora sanção da Lei de Inclusão da Pessoa com Deficiência.** 2015. Disponível em: https://www12.senado.leg.br/noticias/materias/2015/07/06/paulo-paim-comemora-sancao-da-lei-de-inclusao-da-pessoa-com-deficiencia. Acesso em: 22 mai. 2019.

SILVA, Clara Gomes Veloso da Silva; GOMES, Werley Campos; SILVA JUNIOR, Agenor Pedro Silva. **O Direito à Acessibilidade do Deficiente Visual à Luz da Lei Brasileira de Inclusão da Pessoa com Deficiência.** Disponível em: http://seer.pucminas.br/index.php/percursoacademico/article/view/16264. Acesso em 2 jun. 2019.

SOUZA, Mônica Sena de et al. Acessibilidade e inclusão informacional. **Informação & Informação,** v. 18, n. 1, p. 1-16, 2013.

TOFFLER, ALVIM. **A terceira onda.** 32. ed. Rio de Janeiro: Record, 2014.

TORRES, Elisabeth Fátima; MAZZONI, Alberto Angel; ALVES, João Bosco da Mota. A acessibilidade à informação no espaço digital. **Ciência da Informação,** v. 31, n. 3, 2002.

United Nations. **The convention in brief.** Disponível em: https://www.un.org/development/desa/disabilities/convention-on-the-rights-of-persons-with-disabilities/the-convention-in-brief.html. Acesso em: 29 mai. 2019.

VLIBRAS. Disponível em: http://www.vlibras.gov.br/. Acesso em 2 jun. 2019.

WERTHEIN, Jorge. A sociedade da informação e seus desafios. **Ciência da informação.** Brasília, v. 29, n. 2, p. 71-77, 2000.

7. A importância da tomada de decisão apoiada na sociedade de informação

Hugo Barroso Uelze
Bárbara Ferreira De Bonis

Introdução

Na Antiguidade a deficiência física ou mental era vista de forma supersticiosa, como uma ocorrência negativa insuperável, visão somente superada na Idade Média por influência da doutrina cristã e depois percebida pelos diferentes ramos do saber.

Tal mudança, todavia, não se verificou de forma abrupta, resultou do desenvolvimento científico, ético e moral, que rompeu barreiras diversas até alcançar o Direito, cujos ideais de pacificação devem refletir a evolução dos destinatários das normas jurídicas, a pessoa humana, suas organizações e, enfim, o próprio meio social.

Historicamente, os padrões e limites do ser humano experimentaram sensíveis alterações e os atributos incapacitantes passam a ser vistos como características da personalidade, a serem consideradas junto ao desenvolvimento humano e social.

Assim, se afastam as práticas eugênicas das sociedades primitivas, tais como o infanticídio, o banimento e o isolamento da pessoa com deficiência, sobretudo após a Primeira Guerra Mundial, marco do fim da fase mística e do início do paradigma biomédico ou o modelo reabilitador.

Contudo, o modelo médico também encontra limites – nas próprias possibilidades de reabilitação –, o que trouxe indagações, ora pautadas pela dignidade da pessoa humana, pelos direitos da personalidade, pelo consentimento informado da área biomédica, etc.

Nesse contexto, o dos direitos humanos, o Brasil aprovou o Decreto Legislativo n. 186, de 9 de julho de 2008, que incorporou a Convenção sobre os Direitos das Pessoas com Deficiência, assinada em Nova Iorque em 30 de março de 2007.

Todavia, apenas mais recentemente, se viu editada a Lei n. 13.146, de 6 de julho de 2015, Estatuto da Pessoa com Deficiência (EPD), que alterou a presunção de incapacidade civil daquela categoria de indivíduos, a partir do modelo social e, pois, que as deficiências cognitivas poderiam ser supridas pela *tomada de decisão apoiada.*

Nesse sentido, a própria Lei n. 13.146/2015 acrescentou o art. 1.783-A ao Código Civil de 2002 (CC/2002) para instituir a *tomada de decisão apoiada,* para que assim presentes os elementos cognitivos suficientes, se torne o pleno exercício da vida civil.

Todavia, os avanços ético-legislativos não podem desconsiderar a Sociedade da Informação e a possibilidade da *tomada de decisão apoiada e otimizada virtualmente.*

Antes disso, contudo, é preciso considerar o problema da exclusão digital que, embora não exclusivo das pessoas com deficiência, pode ser agravado pela necessidade de condições especiais de acessibilidade.

Por fim, a metodologia de pesquisa consiste na revisão da documentação indireta, de fontes primárias e secundárias, mediante raciocínio hipotético-dedutivo para verificar as teorias já existentes na bibliografia pertinente e a *tomada de decisão apoiada* prevista pela legislação vigente, mas também os potenciais da *tomada de decisão apoiada e otimizada virtualmente,* essa voltada a acessibilidade no contexto da Sociedade da Informação.

Breve escorço histórico: do modelo da prescindência ao modelo social

Inicialmente, parece oportuno considerar os subsídios trazidos por Carolina Valença Ferraz e Glauber Salomão Leite acerca da evolução do tema, e, sob esse enfoque, lembram os citados autores que o sistema de proteção a pessoas com deficiência, conheceu três diferentes tipos, o modelo da prescindência, o modelo médico e o modelo social, cada um com reflexos no regime jurídico e, pois, quanto à capacidade civil[1].

Carolina Valença Ferraz e Glauber Salomão Leite enfatizam que, na Antiguidade Clássica e na Idade Média, no caso de limitações físicas, sensoriais, mentais ou intelectuais de maior gravidade, a pessoa era tida como desnecessária à sociedade, o que colocava xeque a própria dignidade da pessoa com deficiência e justificava práticas condenáveis, tais como a eugenia, através do infanticídio, o banimento ou isolamento[2].

Outro ponto importante, segundo os autores consiste em observar que o conceito tradicional de deficiência encampado, tanto pelos tratados e convenções internacionais, quanto pelas legislações nacionais, ainda se via baseava no modelo médico[3].

Fernando Gaburri reitera que na Grécia, mesmo, Aristóteles entendia que as crianças mutiladas não deveriam ser criadas e sim abandonadas, pois as condições físicas eram vistas como imperativos à sobrevivência' – modelo da prescindência –, o que em Esparta, com sua vocação guerreira, significava que as crianças consideradas inaptas ao combate, eram atiradas do alto do abismo de *Taygetos*, a 2.400 m de altura.[4]

Por fim, lembra o citado autor que na Bíblia há referência a cegos, mancos, leprosos, que eram considerados amaldiçoados ou impuros pelos hebreus, o

[1] FERRAZ, Carolina Valença; LEITE, Glauber Salomão. A presunção de capacidade civil da pessoa com deficiência na lei brasileira de inclusão. **Direito e Desenvolvimento**. v. 7, n. 13, p. 99, jan./jun. 2016. Disponível em: https://periodicos.unipe.br/index.php/direitoedesenvolvimento/article/view/303/285. Acessado em: 23 abr. 2019.

[2] FERRAZ, Carolina Valença; LEITE, Glauber Salomão. *Op. cit.*, p. 100.

[3] Idem, ibidem, p. 100.

[4] GABURRI, Fernando. Capacidade e tomada de decisão apoiada: implicações do Estatuto da Pessoa com Deficiência no Direito Civil. **Direito e Desenvolvimento**. v. 7, n. 13, p. 119, jan./jun. 2016. Disponível em: https://periodicos.unipe.br/index.php/direitoedesenvolvimento/article/view/304/286. Acessado em: 23 abr. 2019.

que, no caso daqueles últimos, se via aumento pelo medo de contágio, o que apenas se viu atenuado na Idade Média ante a visão cristã de todos serem filhos de Deus, o que fez cessar o extermínio das pessoas com deficiência, embora permanecesse o isolamento[5].

Evolução legislativa do sistema de proteção à pessoa com deficiência

Bruna Castanheira de Freitas oferece interessantes subsídios sobre o tema:

> O conceito de acessibilidade passou – e ainda passa –, por várias transformações e adaptações histórico-sociais. Estima-se que já em 65 antes de Cristo (a.C.) havia uma epístola hebraica que dizia: "e fazei caminhos retos para os vossos pés, para que não se extravie o que é manco, antes que seja curado" [...]
> Esta epístola apresenta um conceito interessantíssimo ao afirmar que, a partir do momento em que se elimina uma barreira, a deficiência é "curada".
> Essa mesma concepção foi resgatada no Ano Internacional da Pessoa com Deficiência em 1981:
> O problema da deficiência tem uma dimensão humana importante, e seus aspectos sociais têm que ser considerados em relação aos ambientes sociais e físicos das pessoas deficientes. [...] (ONU, 1981, p. 6)[6]
> Desta forma, recomenda-se que a deficiência seja considerada dentro da relação entre a pessoa e ambiente. A partir do momento que se cria um ambiente excludente, contribui-se para que a deficiência de alguém seja colocada em destaque e capaz de gerar efeitos psicológicos e contribuir para a exclusão social do sujeito.[7] [tradução livre dos autores]

[5] Idem, ibidem, p. 119-120.

[6] "The problem of disability has an important human dimension, and it's social aspects have to be considered in relation to the disable persons's social and physical environments. [...] (ONU, 1981, p. 6) [...]"

[7] FREITAS, Bruna Castanheira de. A acessibilidade e o Direito de Navegar na WEB In: DE LUCCA, Newton; SIMÃO FILHO, Adalberto; LIMA, Cíntia Rosa Pereira de (Coordenadores).

Assim, a eliminação das barreiras sociais já divisada pela epístola hebraica, se mostrava como ferramenta essencial à convivência e hoje diante do modelo social adotado pela Organização das Nações Unidas (ONU), se constata a evolução do sistema à proteção da pessoa com deficiência.

Bruna Castanheira de Freitas ressalta que o sistema de amparo às pessoas com deficiência através dos arts. 6º; 23 e 24; 227, § 1º, inciso II da Constituição Federal de 1988 (CF/1988), engloba não apenas os direitos sociais – com destaque para saúde e assistência –, mas também a competência legislativa comum e concorrente da União, Estados, Distrito Federal e Municípios e, enfim, pelo princípio da *proteção integral e da integração social*, inclusive do adolescente com deficiência[8].

A partir daí, salienta a citada autora que o Brasil ratificou a Convenção Internacional sobre Direitos das Pessoas com Deficiência adotada pela ONU e, pois, o dever dos Estados signatários de promover medidas para assegurar aos sujeitos com deficiência à acessibilidade ao meio físico e o acesso à informação e a comunicação[9], aspectos, aliás, que se remetem à importância da tomada da decisão apoiada.

Todavia, para se chegar a um sistema, realmente, efetivo de proteção às pessoas com deficiência, é preciso ainda caminhar um longo percurso, cientes de que se trata de tema multidisciplinar, com critérios, muitas vezes, construídos a partir da reflexão Bioética e, depois, paulatinamente, positivados pelo Direito, tais como o da proibição da esterilização eugênica e a autonomia da vontade da pessoa com doença mental.

Maria Helena Diniz esclarece que: "A esterilização eugênica é a que se opera para impedir a transmissão de moléstias hereditárias, evitando prole inválida ou inútil e para prevenir a reincidência de delinquentes portadores de desvio sexual [...]"[10], prática iniciada nos Estados Unidos em 1889 até que repelida pela sua Suprema Corte em 1942, bem como pela Alemanha nazista, onde perdurou até 1946, embora considerada lícita depois pela Austrália,

Direito & Internet III: Marco Civil da Internet Lei 12.965/2014. Tomo II. São Paulo: Quartier Latin, 2015, p. 155-156.

[8] Idem, ibidem, p. 157.

[9] Idem, ibidem, p. 158.

[10] DINIZ, Maria Helena. **O Estado atual do biodireito**. 9. ed., São Paulo: 2014, p. 187.

Canadá, China, Dinamarca, Espanha, Finlândia, Itália, Noruega, Suécia, Suíça[11].

A esterilização ditada por razões econômicas e sociais, segundo Maria Helena Diniz, não encontra qualquer supedâneo jurídico[12] – diga-se de passagem, porque contrária aos princípios constitucionais da dignidade da pessoa humana[13], da igualdade e da república[14] –, da mesma forma que a doença mental "[...] perturbação psíquica oriunda de processo patológico instalado no mecanismo cerebral [...] ou, ainda por desvios de conduta normal psíquica [...] congênita ou adquirida [...]", não pode suprimir a autonomia de vontade da pessoa com deficiência, que deve ser respeitado conforme o grau de alienação[15].

Antes de concluir, parece importante observar que no caso das pessoas com deficiência mental, inclusive a congênita, Maria Helena Diniz já preconizava o respeito à autonomia de vontade, antes mesmo da alteração da redação dos arts. 3º, inciso II e 4º, incisos II e III do Código Civil de 2002 (CC/2002[16]) pela Lei n. 13.146, de 6 de julho de 2015, Estatuto da Pessoa com Deficiência (EPD), o que modificou a presunção de incapacidade civil das pessoas com deficiência[17].

Antes de concluir, parece importante apresentar algumas observações importantes no que diz respeito à Lei n. 13.146/2015, a primeira focada nos

11 DINIZ, Maria Helena. *Op. cit.*, p. 188-189.

12 Idem, ibidem, p. 188-189.

13 SILVA, José Afonso da. **Comentário contextual à Constituição**. 8. ed., São Paulo: Malheiros, 2012, p. 39.

14 ATALIBA, Geraldo. **República e constituição**. 2. ed., São Paulo: Malheiros, 2001, p. 158-159.

15 DINIZ, Maria Helena. *Op. cit.*, p. 222.

16 "Art. 3º São absolutamente incapazes de exercer pessoalmente os atos da vida civil: [...] II – os que, por enfermidade ou deficiência mental, não tiverem o necessário discernimento para a prática desses atos; III – os que, mesmo por causa transitória, não puderem exprimir sua vontade. [BRASIL. Legislação. **Código Civil** Lei 10.406, de 10 de janeiro de 2002. Disponível em http://www.planalto.gov.br/ccivil_03/leis/2002/l10406.htm. Acesso em 11.mai.2019].

17 Art. 3º São absolutamente incapazes de exercer pessoalmente os atos da vida civil os menores de 16 (dezesseis) anos. (Redação dada pela Lei nº 13.146, de 2015)
Art. 4º São incapazes, relativamente a certos atos ou à maneira de os exercer: (Redação dada pela Lei nº 13.146, de 2015) I – os maiores de dezesseis e menores de dezoito anos; [...] [BRASIL. Legislação. **Código Civil** Lei 10.406, de 10 de janeiro de 2002. Disponível em http://www.planalto.gov.br/ccivil_03/leis/2002/l10406.htm. Acesso em 11.mai.2019].

critérios de justiça e validade, tal como enunciados por Norberto Bobbio[18], pois hoje não pode haver mais dúvida que prevalece no Brasil o modelo social, orientado por uma visão integrada dos direitos da personalidade e dos direitos fundamentais em cotejo com a dignidade da pessoa humana, tal como sustentado por Carlos Alberto Bittar[19].

A segunda, a de que a interpretação da proteção às pessoas com deficiência, tal como adverte José Afonso da Silva, não se contenta com a isonomia formal, mas exige a igualdade material[20], ou seja, há que alcançar o mundo real através de medidas práticas necessárias e indispensáveis à sua eficácia[21], o que se volta não apenas àquela categoria de indivíduos, bem como todas as instituições sociais, mas também o conjunto dos destinatários de normas[22].

Por fim, a terceira, consiste na observação do espírito, na busca de sua "ideia fundante"[23] – o sentido teleológico e o alcance histórico-lógico-sistêmico –, da Lei n. 13.146/2015 e ainda que brevemente percorrer seus dispositivos a luz da investigação histórico-jurídica[24] empreendida por Carolina Valença Ferraz e Glauber Salomão Leite[25], cientes de que a figura da *tomada de decisão apoiada*, decorrente do modelo social se viu construída face à insuficiência dos modelos médico – enfoque também mencionado por Fernando Gaburri[26] –, ou, então, do modelo de substituição da vontade para o modelo de apoio à autonomia, tal como preconiza Joyceane Bezerra de Menezes[27], a indicar

[18] BOBBIO, Norberto. **Teoria da norma jurídica**. 5. ed., São Paulo: Edipro, 2012, p. 47-48.

[19] BITTAR, Carlos Alberto. **Os direitos da personalidade**. 8. ed., São Paulo: Saraiva, 2015, p. 59-60.

[20] SILVA, José Afonso da. *Op. cit.*, p. 74.

[21] BOBBIO, Norberto. *Op. cit.*, p. 49.

[22] Idem, ibidem, p. 124-125.

[23] SILVA, José Afonso da. *Op. cit.*, p. 18.

[24] GUSTIN, Miracy Barbosa de Souza; DIAS, Maria Tereza Fonseca. **(Re)pensando a pesquisa jurídica**: teoria e prática. 4. ed., Belo Horizonte, Del Rey. 2013, p. 25-27.

[25] Vide nota 1 supra.

[26] GABURRI, Fernando. *Op. cit.*, p. 121-123.

[27] MENEZES, Joyceane Bezerra de. Tomada de decisão apoiada: instrumento de apoio ao exercício da capacidade civil da pessoa com deficiência instituído pela lei brasileira de inclusão (Lei n. 13.146/2015). **Revista Brasileira de Direito Civil**. vol. 9, jul./set. 2016, p. 36. Disponível em: https://rbdcivil.ibdcivil.org.br/rbdc/article/view/53/47. Acessado em: 23 abr. 2019.

a possibilidade de análise jurídico-prospectiva[28] da *tomada de decisão apoiada e otimizada virtualmente*, essa já no contexto da Sociedade da Informação.

O Estatuto da Pessoa com Deficiência e a Tomada de Decisão Apoiada

Inicialmente, parece importante consignar que os autores Carolina Valença Ferraz e Glauber Salomão Leite[29], Fernando Gaburri[30], Joyceane Bezerra de Menezes[31], deixam clara a influência da Convenção sobre Direitos das Pessoas com Deficiência (CDPD), aprovada em 2007 e ratificada pelo Brasil por intermédio do Decreto Legislativo (DL) n. 186, de 9 de julho de 2008 e incorporada ao ordenamento jurídico pátrio, nos termos do art. 5º, § 3º da Constituição Federal de 1988 (CF/1988)[32], à Lei n. 13.146, de 6 de julho de 2015, o Estatuto da Pessoa com Deficiência (EPD) ou Lei Brasileira de Inclusão (LBI).

Aqui, embora sem perder de vista os objetivos do presente trabalho, centrado na investigação do *gênero tomada de decisão apoiada*, não se pode prescindir de uma análise contextual da Lei 13.146/2015, porque, tal como assevera José Afonso da Silva[33], a melhor compreensão do texto, torna mais fácil à apreensão do seu significado e, para tanto, é preciso observar seus critérios frente aos modelos que tem sido aplicados.

Fernando Gaburri esclarece que o modelo médico brasileiro utilizado a partir da década de sessenta se via direcionado aos serviços de avaliação, intervenção e encaminhamento e, assim, identificava, segundo os padrões legais de tipicidade, as indicações de reabilitação e caso alcançada essa, então, se permitia a integração da pessoa com deficiência à sociedade, o que, lamentavelmente, excluía maiores responsabilidades sociais[34].

Ao tratar do tema, Joyceane Bezerra de Menezes esclarece que a *intentio legis*, o espírito, tanto da CDPD, quanto do EPD, reside na noção contemporânea

[28] GUSTIN, Miracy Barbosa de Souza; DIAS, Maria Tereza Fonseca. *Op. cit.*, p. 29.
[29] FERRAZ, Carolina Valença; LEITE, Glauber Salomão. *Op. cit.*, p. 105.
[30] GABURRI, Fernando. *Op. cit.*, p. 128-129.
[31] MENEZES, Joyceane Bezerra de. *Op. cit.*, p. 39.
[32] FERRAZ, Carolina Valença; LEITE, Glauber Salomão. *Op. cit.*, p. 105.
[33] SILVA, José Afonso da. *Op. cit.*, p. 16.
[34] GABURRI, Fernando. *Op. cit.*, p. 121.

de dignidade, o que contempla elementos formais, o atributo das escolhas humanas e, na sequência, uma segunda, pertinente à igualdade material e, pois, de conteúdo dinâmico, porque intrinsecamente referida ao exercício da liberdade enunciada por aquela primeira e que contemplaria duas dimensões, uma objetiva e outra subjetiva, porque referida a todos e cada um e que não pode ser reduzida[35].

Carolina Valença Ferraz e Glauber Salomão Leite[36] reiteram suas críticas ao modelo da prescindência e alertam para os resquícios de práticas eugênicas – que, se espera, um dia sejam apenas de triste memória –, hoje proibidas pelo art. 6º, inciso I do(a) EPD/LBI, como a de um adulto com Síndrome de Down, que embora apto a contrair matrimônio nos termos da nova redação conferida ao art. 3º do Código Civil de 2002 (CC/2002) pela Lei 13.146/2015, tenha sua habilitação negada junto ao Registro Civil face ainda corrente confusão entre os conceitos de deficiência e incapacidade.

Assim, não se pode perder de vista que o regime jurídico da pessoa com deficiência, ditado pelo modelo social, é sempre de apoio e, nesses termos, é que devem ser interpretadas e aplicadas às definições legais como a do art. 2º, § 1º da Lei 13.146/2015 que cuida da avaliação biopsicossocial por equipe multidisciplinar, o que *a priori* pareceria pertinente ao superado modelo médico, todavia, apenas se volta à percepção dos impedimentos nas funções e estruturas do corpo e sua compatibilização aos fatores socioambientais, para que não se verifiquem restrições indevidas à integração social.

A LBI deixa clara a preocupação de assegurar às pessoas com deficiência, nos termos do seu art. 3º, a acessibilidade entendida essa como a possibilidade de alcançar espaços, equipamentos urbanos, utilizar transportes, informação e comunicação, afastar barreiras, obstáculos, inclusive comportamentais, que impeçam ou dificultem a participação social – da qual a tomada de decisões caracteriza faceta importante –, em igualdade de oportunidades e sem discriminação, consoante estabelece o seu art. 4º e, enfim, no seu art. 14, a *habilitação* – embora também mencione *reabilitação*, termo utilizado pelo modelo médico –, dirige sua atenção ao desenvolvimento das potencialidades próprias do ser humano e que contribuam para a sua autonomia

[35] MENEZES, Joyceane Bezerra de. *Op. cit.*, p. 36-37.

[36] FERRAZ, Carolina Valença; LEITE, Glauber Salomão. *Op. cit.*, p. 106 e 109.

A Lei 13.146/2015, EPD, por meio de seu art. 116[37], acrescentou ao CC/2002, o art. 1.783-A que, ainda segundo Maurício Requião[38], consubstanciaria um novo modelo, alternativo ao de curatela, que é o da tomada de decisão apoiada, através do qual se vê prestigiado o espaço de escolha da pessoa com transtorno mental, que mediante a escolha de pelo menos duas pessoas idôneas e com as quais mantenha vínculos de confiança, para que lhe forneçam elementos e informações de que necessite para o exercício dos atos da vida civil.

Ao tratar do tema, Joyceane Bezerra de Menezes, em primeiro lugar, concorda que se tratar de instituto novo face à ordem jurídica brasileira, inspirado pelo art. 12 da CDPD, tal como ratificado pelo DL 186/2008[39] e, embora tenha alguns traços de semelhança com "[...] *amministrazione di sostegno* italiana e com o contrato de representação instituído pelo *British Columbiam* canadense [...]", deles se afasta e, no direito comparado, talvez a figura mais próxima seja a do apoio a que se refere o art. 43 do recente Código Civil e Comercial Argentino[40].

Fernando Gaburri, por sua vez, assevera que a partir da CDPD, se verifica a ruptura do modelo médico, bem como a superação das políticas de cunho meramente assistencialista ou tutelar, que a esse pretexto, ainda forradas no preconceito que estigmatizava a deficiência por equipará-la à incapacidade, afastava a pessoa com deficiência de decisões que a impactavam diretamente[41] e ao cuidar do art. 1.783-A menciona os arts. 404 a 413 do *Codice Civile* italiano e o art. 43 do *Código Civil y Comercial de la Nación* argentina, vigente a partir de 2016, para *Apoyo al ejercicio de la capacidad*[42].

Na sequência, Carolina Valença Ferraz e Glauber Salomão Leite[43] acrescentam interessante debate quanto à natureza da presunção de capacidade civil encapada pelo(a) EPD/ LBI e, assim, questionam se tratar de presunção

37 REQUIÃO, Maurício. As mudanças na capacidade e a inclusão da tomada de decisão apoiada a partir do Estatuto da Pessoa com Deficiência. **Revista de Direito Civil Contemporâneo**, vol. 6, p. 7, jan.-mar./ 2016. Disponível em: www.escolasuperior.mppr.mp.br/arquivos/File/Marina/deficiencia5.pdf. Acessado em: 28 abr. 2019.

38 Idem, ibidem, p. 7.

39 MENEZES, Joyceane Bezerra de. *Op. cit.*, p. 39.

40 Idem, ibidem, p. 43.

41 GABURRI, Fernando. *Op. cit.*, p. 128.

42 Idem, ibidem, p. 129.

43 FERRAZ, Carolina Valença; LEITE, Glauber Salomão. *Op. cit.*, p. 110.

absoluta, *iure et de iure* ou presunção relativa, *juris tantum*, passível de ser excepcionada, o que para os citados autores remete ao disposto no art. 84, e 85 daquele diploma legal.

Destarte, se presente a presunção absoluta ter-se-ia uma *ficção jurídica*, o que equivaleria a considerar sempre presente a capacidade, o que, todavia, se afastaria do *caráter facultativo* da tomada de decisão apoiada, tal como decorre do art. 84, § 2º da LBI e esvaziaria os seus § 1º e 3º, a despeito de reconhecida a natureza excepcional da curatela, a exigir a presença de circunstâncias extraordinárias, cabalmente provadas, mas também decisão devidamente motivada nos termos do art. 85, § 2º do mesmo diploma legal[44].

Fernando Gaburri[45] aponta a importância da distinção entre a *tomada de decisão apoiada* e a *tutela* e a *curatela* e, sob esse prisma, assevera que aquelas duas últimas partem da incapacidade de *pessoa vulnerável*, seja por razão de idade, seja face à redução ou ausência mesmo de discernimento, enquanto a primeira parte da premissa da capacidade da pessoa com deficiência, desde que essa seja maior de dezoito ou se menor de dezesseis anos, tenha sido emancipada, para que detenha legitimidade processual para requerer a instauração do pertinente processo judicial de jurisdição voluntária.

Joyceane Bezerra de Menezes[46] ressalta ainda a necessidade de que o pedido seja formulado nos termos do art. 1.783-A, § 1º do CC/2002, bem como respeite a competência das varas de direito de família[47], mas também informe o objeto e os limites do apoio, se voltado a questões patrimoniais ou existenciais, sujeito a prazo de vigência, embora possível à prorrogação[48] e ainda se veja exercido segundo o dever de respeito à vontade, direitos e interesses do beneficiário, com a expressa indicação dos apoiadores, de quem se exige, concorrentemente, idoneidade moral, confiança e vínculo com o apoiado[49].

Fernando Gaburri[50], por sua vez, ressalta que a participação do Ministério Público é essencial ao procedimento, consoante decorre do § 3º

44 Idem, ibidem, p. 110-111.
45 GABURRI, Fernando. *Op. cit.*, p. 130-131.
46 MENEZES, Joyceane Bezerra de. *Op. cit.*, p. 47.
47 Idem, ibidem, p. 46.
48 MENEZES, Joyceane Bezerra de. *Op. cit.* p. 51.
49 Idem, ibidem, p. 47-48.
50 GABURRI, Fernando. *Op. cit.*, p. 131.

do art. 1.783-A do CC/2002, daí porque aquele órgão deve se manifestar não apenas acerca do termo de apoio ou sobre o(s) laudo(s) da equipe multidisciplinar, bem como participar da oitiva da pessoa com deficiência, mas também dos apoiadores que subscreveram o compromisso encartado no requerimento inicial, tal como dispõe o § 1º daquele preceito legal.

Assim, segundo o citado autor[51], é que depois de percorridas as etapas, bem como verificado o conjunto de requisitos e, dentre eles, a coerência entre o requerimento e os atributos-limites do termo de apoio, para que válido e efetivo diante de terceiros sem restrições, desde que, logicamente, observados os interesses do beneficiário, hipótese na qual cumprirá ao juiz homologar o pedido de tomada de decisão apoiada, de conformidade com o disposto no art. 1.783-A, § 4º do CC/2002.

Na sequência, Maurício Requião[52] trata da possibilidade de destituição do(s) apoiador(es), que com conduta negligente ou, mesmo, contrária, enfim, de qualquer sorte prejudicial ao beneficiário(a), hipótese na qual o(a) próprio(a) apoiado(a) ou qualquer pessoa possa apresentar denúncia ao Ministério Público ou ao juiz, o que também se aplica no caso de o(a) apoiador(a) passar a exercer pressão indevida sobre o(a) beneficário(a), tal como consta do art. 1.787, § 7º do CC/2002.

Destarte, caso procedente a denúncia, o juiz deverá destituir o(a) apoiador(a) negligente, em conflito de interesses ou de qualquer forma prejudicial ao(à) apoiado(a), pois como assevera Fernando Gaburri[53] o sistema de proteção parte da presunção da capacidade civil da pessoa com deficiência, inclusive quanto à legitimidade processual, salvo caso sobrevenha a perda de capacidade quando vigente o termo de apoio, hipótese na qual a tomada de decisão apoiada deve ser extinta e, ao mesmo tempo, substituída pela curatela, o que, aliás, parece ajustado à exegese apresentada por Carolina Valença Ferraz e Glauber Salomão Leite quanto ao seu caráter de presunção relativa, o que, segundo esses autores, encontra eco nos arts. 84, § 1º e 85, § 2º do(a) EPD/LBI[54].

51 Idem, ibidem, p. 131.
52 REQUIÃO, Maurício. *Op. cit.*, p. 8.
53 GABURRI, Fernando. *Op. cit.*, p. 132.
54 FERRAZ, Carolina Valença; LEITE, Glauber Salomão. *Op. cit.*, p. 110-111.

Joyceane Bezerra de Menezes[55] trata ainda da possibilidade de o(a) apoiador(a) requerer ao juiz o término do acordo para a tomada da decisão apoiada, tal como estabelece o art. 1.783-A, §§s 8º e 10, hipótese na qual, ainda de conformidade com a lei, o juiz deverá ouvir do(a) apoiado(a) ou beneficiário(a), acerca da sua vontade de continuar com a medida e assim indicar um(a) novo(a) apoiador(a).

Contudo, como o art. 1.783-A, *caput* e § 1º do CC/2002 permite que a tomada de decisão contemple duas ou mais pessoas idôneas, com vínculo de confiança com apoiado(a), caso do termo de requerimento tenham constado três ou mais apoiadores, desde que mantido o número mínimo e mesmo os demais requisitos, como a capacidade e a vontade do(a) beneficiário(a), que o acordo se veja mantido pelo prazo remanescente ou, ainda, prorrogado, o que, todavia, não obstaculizaria o desligamento daquele(a/es) apoiador(a/es), desde que devidamente autorizado pelo juiz, nos termos do § 10 do dispositivo legal acima mencionado.

Nesse passo, parecem interessantes as considerações de Maurício Requião[56] acerca do desligamento de apoiador(a/es), que importem na desatenção ao número mínimo de dois apoiadores e, assim, embora segundo o mencionado autor, a lei não formule decisão específica, caso o beneficiário(a) não queira ou não obtenha êxito na indicação de um(a) novo apoiador(a), a solução seria a extinção da medida, o que, aliás, encontra apoio no § 9º do art. 1.783-A do CC/2002, que permite que a pessoa apoiada, a qualquer tempo, solicite o término do acordo relativo a tomada de decisão apoiada, a revelar a sua natureza de direito potestativo.

Outro aspecto importante consiste em considerar distinção interessante trazida por Fernando Gaburri[57] e Joyceane Bezerra de Menezes[58], segundo a qual o termo de decisão apoiada pode contemplar objetos de natureza ontológica distinta, qual seja, os de caráter patrimonial e outros de natureza existencial e, pois, ligados aos direitos de personalidade.

55 MENEZES, Joyceane Bezerra de. *Op. cit.*, p. 51-52.
56 REQUIÃO, Maurício. *Op. cit.*, p. 8.
57 GABURRI, Fernando. *Op. cit.*, p. 131.
58 MENEZES, Joyceane Bezerra de. *Op. cit.*, p. 51-52.

Antes de prosseguir, parece oportuno considerar as lições de Carlos Alberto Bittar[59] acerca da divisão entre direitos fundamentais e direitos da personalidade, segundo a qual os autores que versam sobre o tema, de acordo com a perspectiva de análise, costumam alterar a nomenclatura dos direitos em tela e, assim, se utilizar de expressões, tais como: "[...] `direitos do homem´, `direitos fundamentais da pessoa´, `direitos humanos´, `direitos essenciais da pessoa´ e, especialmente, `direitos de personalidade´ e `direitos da personalidade´."

Todavia, ainda de conformidade com o citado autor[60], o que se afigura preciso distinguir, reside na diferença entre os direitos fundamentais pertinentes ao direito público tais como, os direitos à vida, à integridade física, à liberdade, ao direito de ação, dentre outros, que qualifica como "direitos físicos do homem, em relação à sua essencialidade material", tal como construídos pela jurisprudência francesa, daqueles outros de natureza extrapatrimonial, que representam os direitos da personalidade, em sentido estrito, porque intrínsecos à condição humana.

Evidentemente, apesar de a tutela dos direitos patrimoniais representar instrumento, sem dúvida, relevante para o sistema de proteção às pessoas com deficiência e, pois, absolutamente pertinente à figura ou instituto da tomada de decisão apoiada, parece possível perceber que é no campo dos atributos intrínsecos e extrapatrimoniais da natureza humana, no contexto das questões essenciais, que se observa sua maior importância, aliás, como salienta Carlos Alberto Bittar, com peculiar acuidade, ao lembrar que os direitos fundamentais correspondem ao plano do direito positivo, enquanto os direitos da personalidade se situam acima dele, pois traduzem direitos inatos ou naturais, porque inerentes ao homem[61], exegese que, aliás, é corroborada pela investigação histórico-jurídica[62], bem como a compreensão antropocêntrica do sistema jurídico, tal como ditada pela inviolabilidade do princípio da dignidade humana[63], tanto do ponto de vista jurídico, quanto da Bioética e do Biodireito[64].

[59] BITTAR, Carlos Alberto. *Op. cit.*, p. 55.

[60] BITTAR, Carlos Alberto. *Op. cit.*, p. 56.

[61] Idem, ibidem, p. 57.

[62] Vide nota 24 supra.

[63] SILVA, Ivan de Oliveira. **Bioética, Biodireito e patrimônio genético brasileiro.** São Paulo: Pillares, 2008, p. 26-27.

[64] DINIZ, Maria Helena. *Op. cit.*, p. 41-42.

Conclui-se, portanto, que a presunção da capacidade civil da pessoa com deficiência, bem como o instrumento de tomada de decisão apoiada traduzem marcos históricos para o ordenamento jurídico brasileiro[65] e, mais, do que isso instrumentos relevantes para a eficácia da dignidade da pessoa humana, que contemple algum tipo de limitação funcional ou no seu discernimento, tanto para proteção de seus direitos patrimoniais, quanto, num sentido mais amplo, o da proteção de seus interesses existenciais, no sentido de permitir o exercício dos direitos da inerentes à personalidade, à sua cidadania, sem qualquer discriminação e com igualdade de oportunidades.

A Tomada de Decisão Apoiada perante a Sociedade da Informação

O sistema de proteção à pessoa com deficiência, sob pena de exceder ou deixar de corresponder as suas expectativas, deve avaliar as características dos impedimentos ou limitações nas funções e estruturas do corpo e, a partir daí, verificar quais as adaptações comportamentais ou socioambientais se mostram necessárias, se existem instrumentos tecnológicos capazes de supri-las ou, então, se é o caso da tomada de decisão apoiada para que possível expressar a vontade do(a) beneficiário(a), segundo as condições e requisitos previstos pelo art. 1.783-A do Código Civil de 2002 (CC/2002).

De outra parte, todavia, não se pode esquecer que a Lei 12.965, de 23 de abril de 1964, Marco Civil da Internet, traz como fundamentos os direitos humanos e o desenvolvimento da personalidade, tal como se observa do seu art. 2º, inciso III, o que como ressalta Celso Pacheco Fiorillo[66], se encontra intrinsecamente ligado ao princípio da dignidade da pessoa humana, o que significa a possibilidade de autodeterminação – reitere-se, desdobramento

[65] LOBO, Paulo. Com avanços legais, pessoas com deficiência não são mais incapazes. **Revista Consultor Jurídico**. 16 ago. 2016. Disponível em Disponível: http://www.conjur.com.br/2015-ago-16/processo-familiar-avancos-pessoas-deficiencia-mental-nao-sao-incapazes. Acesso: 18. mai. 2019.

[66] FIORILLO, Celso Antonio Pacheco. **O marco civil da internet e o meio ambiente digital na sociedade da informação**: comentários à Lei n. 12.965/2014. São Paulo: Saraiva, 2015, p. 28-29.

dos direitos da personalidade –, para os quais o direito à inclusão digital se mostra elemento fundamental à integração[67].

Indubitável, porém, a necessidade de análise caso a caso para que se promova a possibilidade de aplicação da tomada de decisão apoiada com a finalidade de se afastar decisão mais gravosa e medida extrema para aquele que possui determinada limitação e de cunho não absolutamente incapacitante, proporcionando proteção a sua livre manifestação se bem amparada pelos seus apoiadores.

Cumpre colacionar excerto de relatório produzido pela Organização Mundial de Saúde (OMS) e a Associação Internacional de Doença de Alzheimer sobre o tema:

> Em virtude de uma limitação intelectual ou psíquica duradoura, muitas pessoas qualificadas como deficientes foram totalmente excluídas dos processos sociais e reduzidas à condição de mero objeto de proteção. À mesma condição também foram lançadas aquelas outras que, no curso da vida, adquiriram limitações semelhantes em virtude de algum tipo de acidente ou demência.[68]

Nessa linha de ideias, o Superior Tribunal de Justiça (STJ) ao julgar o Recurso Especial (REsp) n. 1645612/SP reconheceu a necessidade da figura da *tomada de decisão apoiada* na hipótese de um dos cônjuges ser diagnosticado com doença de Alzheimer, cujo excerto se afigura oportuno transcrever, senão vejamos:

> É irrelevante o fato de ter havido a produção de prova pericial na ação de interdição que concluiu que a cônjuge possui doença de Alzheimer, uma vez que não se examinou a possibilidade de adoção do procedimento de tomada de decisão apoiada, preferível em relação à interdição

[67] Idem, ibidem, p. 40.

[68] Instituto Alzheimer Brasil (ADB). Entendendo a Doença de Alzheimer (DA) através de estudos realizados com populações (Epidemiologia. Disponível: http://www.institutoalzheimerbrasil.org.br/demencias-detalhes-Instituto_Alzheimer_Brasil/33/entendendo_a_doenca_de_alzheimer__da__atraves_de_estudos_realizados_com_populacoes__epidemiologia_. Acesso: 18.mai.2019.

> e que depende da apuração do estágio e da evolução da doença e da capacidade de discernimento e de livre manifestação da vontade pelo cônjuge acerca do desejo de romper ou não o vínculo conjugal.[69]

Na jurisprudência analisada ficou consignado que o(a) cônjuge que possuía a doença de Alzheimer ao invés de ter sido interditado(a), deveria ter sido avaliado(a) por equipe multidisciplinar para análise da evolução da doença, bem como quanto a sua capacidade, discernimento e livre manifestação da vontade com a finalidade de lhe ser possibilitada a adoção do procedimento da tomada de decisão apoiada.

Nas relações desenvolvidas no âmbito digital, ao lado do crescente interesse econômico dos fornecedores, se percebe o interesse – e, mesmo, a comodidade –, do usuário, que não precisa se deslocar, enfrentar filas, o que se atendidas as condições de acessibilidade, pode consubstanciar uma importante ferramenta para aquisição de bens e serviços, seja na esfera do comercio eletrônico indireto, o dos bens e serviços corpóreos, mas também em virtude dos novos modelos de *e-commerce*, o comércio eletrônico direto, nas modalidades de *Business to Business* (B2B) que se trata de operações entre empresas, *Business to Consumer* (B2C) que se trata de operações entre empresas e consumidores e *Business to Inverstors* (B2I) que se trata de operações entre empresas e investidores.

Assim, face a essa (r)evolução das negociações entre indivíduos no âmbito digital, se faz necessária a análise dos direitos e prerrogativas das pessoas com deficiência na adoção do procedimento da tomada de decisão apoiada no âmbito eletrônico, em virtude da existência das plataformas e sites *on line*, que promovem a aquisição de diversos bens e serviços corpóreos ou, mesmo, negócios jurídicos virtuais.

Para tanto, colaciona-se o entendimento de Alexandre Libório Dias Pereira que preleciona sobre negociação por via eletrônica, *in verbis*:

[69] BRASIL. Superior Tribunal de Justiça (STJ). Recurso Especial (REsp) n. 1645612/SP (2015/02646695-8). Recorrente: O DA CF. Recorrido: Sul América Companhia de Seguro Saúde. Relatora: Ministra Nancy Andrighi. Brasília 16 de outubro de 2018. Terceira Turma. Diário de Justiça Eletrônico de 12 de novembro de 2018. Disponível em: https://stj.jusbrasil.com.br/jurisprudencia/647294631/recurso-especial-resp-1645612-sp-2015-0264695-8/inteiro-teor-647294641?ref=serp. Acesso em: 18 maio 2019.

> [...] traduz-se na negociação realizada por via eletrônica, através do processamento e transmissão eletrônicos de dados, incluindo texto, sons, imagens. Entre tais negociações destacam-se as de bens e serviços, a entrega de linha de conteúdo multimídia, as transferências financeiras eletrônicas, o comércio eletrônico de ações, conhecimento de embarque eletrônico, leilões comerciais, concepção e engenharia em cooperação, contratos públicos, comercialização direta ao consumidor e serviços pós-vendas.[70]

É incontestável que ocorreram mudanças no método de negociação e consolidação da aquisição de bens ou serviços e negócios por meio da internet, ou seja, significa dizer que o comportamento da Sociedade da Informação mudou se comparado ao da sociedade anteriormente formulada antes do advento do acesso à internet.

Nessa linha de ideias, com o desenvolvimento tecnológico e com a criação de plataformas *on line*, os panoramas negociais mudaram de forma radical, para implementar um novo dinamismo, bem como uma maior facilitação para aquisição de bens ou serviços.

Entretanto, apesar de tais benefícios ocorreu claramente a massificação de informações de maneira inimaginável com uma gama de conteúdos que devem analisadas com probidade por aqueles que detém a responsabilidade de apoiadores.

Evidentemente que a responsabilidade dos apoiadores aumenta e se amplia imensamente diante do desafio de sugerir uma decisão no âmbito virtual em favor da pessoa portadora de deficiência.

Nessa linha de ideias, parece inconteste que diante da circunstância da maior exposição da pessoa portadora de deficiência face a massa de informações veiculadas no âmbito eletrônico, deverá haver uma atenção mais detida dos apoiadores para um aperfeiçoamento da tomada de decisão no âmbito virtual.

Pelos motivos expostos, importante asseverar, que as pessoas com deficiência que apresentarem limitação da capacidade parcial intelectual para tomada de decisões, como em casos de pessoas com Síndrome de Down,

[70] PEREIRA, Alexandre Libório Dias. In LEAL, Sheila do Rocio Cercal Santos. **Contratos eletrônicos**: validade jurídica dos contratos via internet. São Paulo: Atlas, 2007, p. 13.

Esquizofrenia, Alzheimer, Parkinson, Acidente Vascular Cerebral (AVC), Demência de grau leve, Disfalgia Pós-AVC, Esclerose Múltipla, bem como doenças degenerativas como Esclerose Lateral Amiotrófica (ELA), Paraparesia Espástica Familiar (PEF), Poliomielite aguda, entre outras, possuem o direito de acessibilidade[71] e integração no meio digital de tal maneira que devem ser amparados por seus apoiadores, mas também considerados quando do desenvolvimento de novas tecnologias para que possam exercer o seu direito de escolha, da melhor forma possível.

Nessa linha de raciocínio, em razão da nova estruturação no âmbito digital, abarcando novos conceitos, é possível se aplicar do que pode ser chamado de *tomada de decisão apoiada otimizada virtualmente* nos meios eletrônicos.

Para se aplicar como base de aprimoramento a *tomada de decisão apoiada otimizada virtualmente* se faz necessário utilizar como analogia a implantação de meios tecnológicos utilizados para gestão estratégica empresarial que se baseiam em softwares de computadores que são alimentados com informações por meio de logaritmos com aplicação do método heurístico – metodologia aplicada para a resolução de problemas –, que utiliza procedimentos cognitivos para tomada de decisões não racionais, ou seja, estabelecendo 3 (três) fases para alcançar a decisão, quais sejam, **(i)** a busca ou procura das informações relacionadas ao tema, **(ii)** a interrupção da busca de acordo com os parâmetros da capacidade humana e **(iii)** aplicação da melhor decisão a ser tomada.

Gerd Gigerenzer trata das heurísticas rápidas e frugais [*fast and frugal heuristics*] que "correspondem a um conjunto de heurísticas propostas e que empregam tempo, conhecimento e computação mínimos para fazer escolhas adaptativas em ambientes reais."[72]

Cumpre salientar que a ideia abordada seria adaptar e aprimorar o programa de software heurístico para as pessoas com deficiência, ou seja, que tal sistema e método sejam adequados para este grupo de pessoas com análise prévia de sua capacidade e limitações, de maneira que seja utilizado juntamente com o acompanhamento de seus apoiadores para o exercício das escolhas no âmbito digital.

[71] FREITAS, Bruna Castanheira de. *Op. cit.*, p. 159.

[72] GIGERENZER, Gerd; TODD, Peter M. Simple Heuristics that make us smart. Group ABC Research. 1 edition (S.I.) Oxford University Press. ISBN 9780195143812.

Ou seja, a combinação do acompanhamento humano em conjunto com a tecnologia para apoiar a decisão da pessoa portadora de deficiência em suas escolhas no âmbito eletrônico, justamente porque nessa nova realidade, por vezes, existem riscos na contratação de serviços, aquisições de bens, consolidação de negócios jurídicos digitais.

A finalidade seria utilizar esses programas para reduzir as possibilidades de riscos por meio da avaliação do método heurístico do software que, após a análise das informações, promoveria como resultado a sugestão da melhor escolha, cabendo ao apoiador concordar ou não com a decisão sugerida.

Na prática, de forma exemplificativa, essa poderia ser aplicada da seguinte forma, a pessoa portadora de deficiência quer contratar uma determinada empresa para instalação de equipamentos de segurança em sua residência, dessa forma, busca tais informações no âmbito eletrônico. Para tanto, como é cediço, há inúmeras possibilidades de empresas, orçamentos, equipamentos, métodos de prestação de serviços, entre outros na internet.

Nesse sentido, ressalta-se, que a quantidade de informações até para os apoiadores se torna massificada, posto que o ambiente eletrônico promove inúmeras opções, todavia, com a utilização de softwares com método heurístico poderiam estabelecer parâmetros para a separação de algumas empresas, inclusive, com elementos que se amoldassem melhor aos interesses do portador de deficiência e como resultado final sugerir uma empresa dentre as demais analisadas que, mediante a aplicação desses parâmetros, se mostre a mais indicada para a pessoa portadora de deficiência e, assim, pudesse contar com a devida concordância dos apoiadores.

Quanto aos negócios jurídicos a serem pactuados no meio eletrônico, o programa/software poderia analisar informações relacionadas a uma determinada empresa e fornecer relatórios de riscos, possibilidades, resultados e ao final sugerir ou não o prosseguimento do negócio com o devido crivo dos apoiadores do portador de deficiência.

No curso da última década, tal como salienta Marluce Perlon[73] se viram desenvolvidos *softwares* e *hardwares* para as pessoas com deficiência, como o

[73] PERLON, Marluce. **Tecnologia a favor das pessoas portadoras de necessidades especiais. Portal Tecmundo.** 23 set. 2009. Disponível em: https://www.tecmundo.com.br/software/2789-tecnologia-a-favor-das-pessoas-portadoras-de-necessidades-especiais.htm. Acesso em 26 maio 2019.

MecDaisy, que transforma textos escritos em linguagem oral mediante um sintetizador de voz, fornece caracteres ampliados, impressão em Braille e a descrição de figuras, gráficos e imagens presentes em textos; *Tactility*, com teclado cujo *design* tem alto relevo com algarismos em Braille, que pode ser colocado em volta do pescoço com um cordão, ideia semelhante ao *Touch Messenger* e ainda um *Mouse Ocular*, projeto conjunto da Universidade Federal de Manaus da Fundação Desembargador Paulo Feitosa, que possibilita o uso pleno do computador a tetraplégicos, pessoas com distrofia muscular, doenças degenerativas, etc.

Desta forma, a tecnologia serviria como meio de amparo promovendo uma análise pormenorizada e apoiada perante o âmbito digital, frise-se, sempre com o crivo final dos apoiadores para que a pessoa portadora de deficiência não se veja excluída da integração social, bem como das demais possibilidades de acesso a internet para concretização de seus interesses.

Por isso, o direcionamento da nomenclatura para *tomada de decisão otimizada virtualmente*, pois os apoiadores e tecnologia, em conjunto, amparariam a pessoa portadora de deficiência que teria uma maior segurança em tomar sua decisão junto ao ambiente virtual.

Claramente as duas formas atreladas em conjunto promoveriam a tomada de decisão apoiada aprimorada necessária para a inclusão digital do portador de deficiência perante suas escolhas no meio informatizado.

Por derradeiro, importante salientar que em virtude do desenvolvimento alcançado pelo uso da tecnologia, o Direito não pode se manter estanque as novas possibilidades e, assim, deve se amoldar as mudanças de realidade propostas pelo âmbito digital.

Considerações finais

A análise de qualquer questão relacionada às pessoas com deficiência deve partir da premissa de que as limitações, sejam de ordem física ou mental, não afastam a dignidade que lhe é inerente, nem tampouco devem suprimir a sua capacidade para a prática dos atos da vida civil – o que demonstra, de um lado, a superação do modelo da prescindência e, de outra parte, o modelo médico –, orientado pelo modelo social presente, tanto no Decreto Legislativo n. 186, que encorpou ao ordenamento jurídico, a Convenção sobre os Direitos das Pessoas com Deficiência (CDPD), quanto na Lei n.º 13.146, de 6 de julho de 2015, o chamado Estatuto da Pessoa com Deficiência (EPD), também denominada de Lei Brasileira de Inclusão (LBI).

De outra parte, parece importante salientar que uma análise um pouco mais detida da legislação mencionada, revela o franco repúdio às práticas eugênicas apoiadas no modelo da prescindência, bem como aponta a superação do modelo médico, pois embora o texto legal ainda mencione reabilitação – nem sempre possível diante das características pertinentes à limitação física ou mental apresentada –, não pode desconsiderar o amparo ditado pelo modelo social e, assim, focar na habilitação, no desenvolvimento dos potenciais inerentes ao ser humano, o que imprime um enfoque mais amplo ou holístico, porque centrado no princípio constitucional da dignidade da pessoa humana.

Quanto à figura ou instituto jurídico da *tomada da decisão apoiada*, parece importante ressaltar que se trata de uma total mudança de paradigma, pois implica na superação dos preconceitos impostos pelo modelo da prescindência e pelo modelo médico, que confundiam ou equiparavam a deficiência com a incapacidade, passíveis de serem supridos pelo modelo social e, pois, pelo critério da substituição da vontade – aquele pertinente à curatela –, pelo parâmetro da autonomia e apoio à vontade, tanto para questões patrimoniais, quanto para questões existenciais, essas últimas clara e diretamente ligadas aos direitos da personalidade e do absoluto respeito à dignidade da pessoa humana.

A efetivação do instituto da tomada de decisão apoiada promove a consolidação do exercício da cidadania e da capacidade daquele que possui certa limitação, mas que de *per si* não seria incapacitado de forma absoluta, pelo contrário, com o devido apoio o indivíduo portador de deficiência poderá exarar sua decisão de forma acertada.

Desta forma, a existência de possível limitação no portador de deficiência seja de cunho intelectual, cognitivo ou psíquico de grau leve não deve servir como elemento de eliminação ou exclusão para a prática de atos civis, pois possuem salvaguarda nos direitos fundamentais elencados na Constituição Federal de 1988 (CF/1988), assim como proteção nas legislações vigentes que possuem a finalidade de promover a integração social entre as pessoas.

Após as transformações no contexto social, econômico e político pela qual a sociedade passou no ultimo quartil do século XX, em razão da denominada revolução tecnológica, são incontroversas as novas estruturas digitais que surgiram facilitando a vida dos indivíduos, inclusive, no que tange ao desdobramento das aquisições de bens ou serviços e negócios jurídicos firmados no âmbito eletrônico.

A alteração de comportamento da sociedade proporcionou novos métodos de negociações e contratações por meio do âmbito digital, que implicaram em maior dinamismo das relações contratuais entre as partes contratantes, proporcionando, ainda, o desenvolvimento de plataformas eletrônicas que culminaram no comercio eletrônico (*e-commerce*), abarcando suas subespécies *m-commerce e t-commerce* mundialmente utilizadas.

Como mencionado, a existência de possível limitação à pessoa portadora de deficiência, seja física, seja de cunho intelectual, cognitivo ou psíquico de grau leve, não deve servir como elemento de eliminação ou exclusão para a prática de atos civis, pois possuem salvaguarda nos direitos fundamentais elencados pela CF/1988, assim como proteção nas legislações vigentes que possuem a finalidade de promover a integração social entre as pessoas.

O objetivo fulcral do instituto é promover apoio ou amparo aos deficientes em geral que não possuam incapacidade plena, pois possuem certo entendimento e capacidade para escolher uma decisão, apenas devendo ser acompanhados pela figura dos apoiadores que lhes prestarão informações e elementos cognitivos sobre o contexto da decisão que será tomada pela pessoa portadora de deficiência.

Nessa linha de raciocínio, em razão do desenvolvimento tecnológico e da nova estruturação e desenvolvimento comercial via *on line*, tais procedimentos para venda trazem consigo novos conceitos nas relações firmadas entre as partes, principalmente, no que tange aos indivíduos com deficiência.

Para tanto, diante da quantidade de informações e possibilidades que a rede proporciona às pessoas com deficiência se faz necessária a implantação de meio de ajuda para se otimizar virtualmente a tomada de decisão apoiada, inclusive, como forma de amparo aos seus apoiadores da pessoa com deficiência.

Por meio da adaptação e aprimoramento do programa de software heurístico para as pessoas com deficiência, ou seja, adequando o sistema e o método para este grupo de pessoas com análise prévia de sua capacidade e limitações, de maneira que fosse utilizado juntamente com o acompanhamento de seu apoiador para as escolhas no âmbito digital.

A junção do acompanhamento humano em conjunto com a tecnologia do *software* para apoiar a decisão do portador de deficiência em suas escolhas no âmbito eletrônico, traria uma nova perspectiva nessa nova realidade, pois por vezes existem riscos na contratação de serviços, aquisições de bens, consolidação de negócios jurídicos perante o âmbito eletrônico.

Infere-se, assim, que devido ao panorama alcançado no ambiente tecnológico o Direito deve acompanhar as mudanças decorrentes do uso da tecnologia se amoldando aos novos paradigmas que se concretizam perante a Sociedade da Informação em prol do bem comum das pessoas com deficiência.

Referências

ANDRIOTTI, Fernando Kuhn; FREITAS, Henrique Mello Rodrigues de; MARTENS, Cristina Dai Prá. Proposição de um protocolo para estudo sobre a intuição e o processo de tomada de decisão. **Revista de Gestão**. São Paulo. v. 21, n. 2, p. 163-181, abr./ jun. 2014. Disponível em: http://www.revistas.usp.br/rege/article/download/99924/98409/. Acessado em: 23 abr. 2019.

ATALIBA, Geraldo. **República e constituição.** 2. ed., São Paulo: Malheiros, 2001.

BAUMAN, Zygmunt. **Modernidade líquida.** Rio de Janeiro: Zahar, 2001.

BITTAR, Carlos Alberto. **Os direitos da personalidade**. 8. ed., São Paulo: Saraiva, 2015.

BOBBIO, Norberto. **Teoria da norma jurídica**. 5. ed., São Paulo: Edipro, 2012.

D'AMARAL, Teresa Costa. Direito à igualdade. **O Globo**. Rio de Janeiro, 23 maio de 2014. Disponível em: https://oglobo.globo.com/opiniao/direito-igualdade-12575126. Acesso em 18.mai.2019.

DE LUCCA, Newton; SIMÃO FILHO, Adalberto; LIMA, Cíntia Rosa Pereira de (Coordenadores). **Direito & Internet III**: Marco Civil da Internet Lei 12.965/2014. Tomos I e II. São Paulo: Quartier Latin. 2015.

DINIZ, Maria Helena. **O Estado atual do biodireito.** 9. ed., São Paulo: 2014.

FERRAZ, Carolina Valença; LEITE, Glauber Salomão. **A presunção de capacidade civil da pessoa com deficiência na lei brasileira de inclusão.** Direito e Desenvolvimento. v. 7, n. 13, p. 99-117, jan./jun. 2016. Disponível em: https://periodicos.unipe.br/index.php/direitoedesenvolvimento/article/view/303/285. Acessado em: 23 abr. 2019.

FIORILLO, Celso Antonio Pacheco. **O marco civil da internet e o meio ambiente digital na sociedade da informação**: comentários à Lei n. 12.965/2014. São Paulo: Saraiva, 2015.

GABURRI, Fernando. **Capacidade e tomada de decisão apoiada: implicações do Estatuto da Pessoa com Deficiência no Direito Civil.** Direito e Desenvolvimento. v. 7, n. 13, p. 118-135, jan./ jun. 2016. Disponível em: https://periodicos.unipe.br/index.php/direitoedesenvolvimento/article/view/304/286. Acessado em: 23 abr. 2019.

GOZZO, Débora; LIGIERA, Wilson Ricardo (organizadores). **Bioética e direitos fundamentais.** São Paulo: Saraiva, 2012.

GUSTIN, Miracy Barbosa de Souza; DIAS, Maria Tereza Fonseca. **(Re)pensando a pesquisa jurídica**: teoria e prática. 4. ed., Belo Horizonte, Del Rey. 2013.

Instituto Alzheimer Brasil (ADB). **Entendendo a Doença de Alzheimer (DA) através de estudos realizados com populações (Epidemiologia).** Disponível: http://www.institutoalzheimerbrasil.org.br/demencias-detalhes-Instituto_Alzheimer_Brasil/33/entendendo_a_doenca_de_alzheimer__da__atraves_de_estudos_realizados_com_populacoes__epidemiologia_. Acesso: 18.mai.2019.

LEAL, Sheila do Rocio Cercal Santos. **Contratos eletrônicos**: validade jurídica dos contratos via internet. São Paulo: Atlas, 2007.

LOBO, Paulo. **Com avanços legais, pessoas com deficiência não são mais incapazes.** Revista Consultor Jurídico. 16 ago. 2016. Disponível em Disponível: http://www.conjur.com.br/2015-ago-16/processo-familiar-avancos-pessoas-deficiencia-mental-nao-sao-incapazes. Acesso: 18. mai. 2019.

MARCONI, Marina de Andrade; LAKATOS, Eva Maria. **Metodologia do trabalho científico**: procedimentos básicos, pesquisa bibliográfica, projeto, relatório e trabalhos científicos. 7. ed., São Paulo: Atlas, 2012.

MENEZES, Joyceane Bezerra de. Tomada de decisão apoiada: instrumento de apoio ao exercício da capacidade civil da pessoa com deficiência instituído pela lei brasileira de inclusão (Lei n. 13.146/2015). **Revista Brasileira de Direito Civil.** vol. 9, jul./ set. 2016. Disponível em: https://rbdcivil.ibdcivil.org.br/rbdc/article/view/53/47. Acessado em: 23 abr. 2019.

PERLON, Marluce. **Tecnologia a favor das pessoas portadoras de necessidades especiais. Portal Tecmundo.** 23 set. 2009. Disponível em: https://www.tecmundo.com.br/software/2789-tecnologia-a-favor-das-pessoas-portadoras-de-necessidades-especiais.htm. Acesso em 26 maio 2019.

REQUIÃO, Maurício. **As mudanças na capacidade e a inclusão da tomada de decisão apoiada a partir do Estatuto da Pessoa com Deficiência. Revista de Direito Civil Contemporâneo**, vol. 6, p. 37-54, jan.-mar./ 2016. Disponível em: www.escolasuperior.mppr.mp.br/arquivos/File/Marina/deficiencia5.pdf. Acessado em: 28 abr. 2019.

SCHREIBER, Anderson. **Direitos da personalidade**. 3. ed., São Paulo: Atlas, 2014.

SILVA, Ivan de Oliveira. **Bioética, Biodireito e patrimônio genético brasileiro**. São Paulo: Pillares, 2008.

SILVA, José Afonso da. **Comentário contextual à Constituição**. 8. ed., São Paulo: Malheiros, 2012.

8. Sociedade da informação e o paradoxo da sociabilização inclusiva dos invisuais

André Carvalho Ribeiro
Bruno Augusto Barros Rocha
Wagner Adalberto Molinari

Introdução

As questões de acessibilidade e inclusão digital, com foco nos indivíduos que nascem com algum tipo de deficiência – ou a adquirem ao longo da vida –, têm sido muito debatidas ao longo da história. Hoje, apesar de toda grande segregação sofrida, a pessoa com deficiência tende a ser mais aceita pela sociedade. Muitas vezes, porém, ainda é excluída por preconceitos historicamente conhecidos, ou até mesmo por falta de atenção a eles dado por quem desenvolve produtos e tecnologia, o que, por certo – como se verá doravante – dificulta sua convivência e integração com os demais cidadãos.

Ao longo dos séculos, e principalmente nas últimas décadas, esses comportamentos e reações distintas e contraditórias de exclusão e integração foram mudando de acordo com as transformações sociais – que foram severas desde o início do século XX –, muito em razão das descobertas científicas e tecnológicas, que provocaram mudanças culturais e econômicas, de modo que, atualmente, há quase uma exigência social de que os seres sociais tenham atitudes mais humanísticas de aceitação, tolerância, apoio e assimilação.

Talvez um dos aspectos mais importantes na acessibilidade de um indivíduo com deficiência é a inclusão digital, que envolve o ingresso, não apenas dos deficientes, mas de todas as pessoas, ao mundo virtual, de forma a possibilitar a implementação de ações conjuntas para a melhoria da desejada socialização daqueles que, historicamente, foram marginalizados e, hoje, são minorias sociais (SANTOS, 2008)[1].

Segundo Carvalho (2004), a inclusão de jovens com deficiência física no trabalho ou nos ambientes escolares só será efetiva se tais locais forem abertos às diferenças e se tiver como condição básica espaços físicos e tecnológicos livres de barreiras físicas e de informação. A presença do indivíduo com deficiência, no mundo atual, passa pela penetração e materialização dos recursos da informática, agindo sobre as atividades em geral e modificando os instrumentos de percepção e ação (CAMARGO, 1994).

Mazzoni *et al.* (2001, p.29) afirmam que o acesso à informação é parte indissociável da educação, do trabalho e do lazer, e isso, naturalmente, também se aplica às pessoas com deficiência. Deste modo, a conscientização e o reconhecimento dos direitos da pessoa como cidadãs devem ser os primeiros passos nesse caminho de busca pela liberdade de escolhas e de oportunidades. É nessa perspectiva estreita que o acesso à informação aparece como fundamental para o exercício da cidadania. Nesse sentido, Targino (1991, p.159) argumenta que:

> A qualidade de vida do cidadão passa pela difusão da informação. Passa por uma postura fundamentalmente social, passa pela democracia que tem assim, na informação o seu pressuposto maior e que significa força conjunta, engajamento social e político, ou seja, cidadania.

Para tanto, de rigor haver conscientização coletiva, com o intuito de tornar a informação e o conhecimento acessíveis, a fim que as diferenças físicas e intelectuais de todos os usuários com necessidades especiais sejam, efetivamente, respeitadas. Conforto *et al.*, assim, nos ensinam:

[1] Aqui, vale dizer, trata-se minorias em seu aspecto de participação social, política e econômica, ainda que em termos numéricos tais minorias sejam, em verdade, maiorias. Tomemos como exemplo a população de pele negra e parda, ou das mulheres, que podem ser englobadas neste conceito de minoria social, embora sejam, no Brasil, maioria.

> A emergente sociedade aprendente deve desencadear uma mudança de mentalidade em que se construa um espaço social de plena participação e de igualdade de oportunidades a todos os atores sociais, em que se respeite e valorize as diversidades das possibilidades humanas e funcionais, garantindo na efetiva utilização das novas tecnologias da informação e da comunicação à sabedoria de saber conviver com a diferença (CONFORTO; SANTAROSA, 2002, p.21).

Notadamente, na atual sociedade informacional, vive-se um momento caracterizado por rápidas mudanças e também pelo surgimento de novas oportunidades de relacionamentos; de negócios; de trabalho, enfim, em última instância, novos modos de se viver. Entre as diversas iniciativas que visam compreender a inclusão digital como caminho para a inclusão social, necessário compreender – de forma ágil e eficaz – as demandas por difusão de conhecimentos científicos e tecnológicos, com o clamor à justiça social, equidade e competividade econômica. A obtenção de informação – aqui compreendida como um passo anterior à obtenção de conhecimento – gerada pelas novas tecnologias é fundamental para sobrepormos as barreiras do preconceito e da discriminação. Com isso, e através de uma busca de maneira convergente, é que se exercita o respeito à diversidade humana.

Com esse entendimento, acreditamos que as mudanças de atitudes e paradigmas – como condições estruturais necessárias ao desenvolvimento educacional e socioeconômico –, em qualquer área, tornam-se primordiais para a construção e promoção de uma sociedade inclusiva, que terá, indubitavelmente, em suas bases o foco em devolver a qualquer pessoa com deficiência, amplos direitos e reconhecimento social.

Breve contexto semântico

Historicamente, muitas expressões modificaram-se ao longo dos tempos, e, hoje, por certo, há uma grande diversidade acerca dos conceitos sobre o termo "pessoa com deficiência".

Muitas são as denominações para conceituar tais pessoas e a maioria dessas definições vem carregada de preconceito e discriminação social que combinada com informações inexatas geram sentimentos de estranhamento aviltantes como desprezo, indiferença, piedade e ou pena.

Nesse contexto, podemos adotar as lições de Sassaki, que preleciona não ser uma mera questão semântica ou sem importância usar ou não termos técnicos corretamente. A terminologia exata é especialmente importante quando são abordados assuntos tradicionalmente eivados de preconceitos, estigmas e estereótipos, como é o caso das diversas deficiências verificadas em boa parte da população mundial. SASSAKI (2003)

Em cada sociedade, e a cada época, os termos são considerados corretos em função de certos valores e conceitos vigentes. Assim, o uso de termos incorretos e conceitos obsoletos tem o condão de perpetuar e intensificar preconceitos e segregação por toda a sociedade.

É por tal razão que este trabalho entendeu por bem tratar pessoas com deficiência visual total, simplesmente por invisuais, com o fito de se adequar a ideias recentes sobre a deficiência em espeque.

Acessibilidade

A acessibilidade de forma conceitual, segundo Dias (2007), é a capacidade de um produto atender às necessidades e preferências das pessoas, sendo também compatível com tecnologias assistivas.

Atualmente, a definição de acessibilidade vem sendo muito usada na rede, por fazer relação à possibilidade de tornar a internet efetivamente inclusiva, sem barreiras de acesso ou de alcance. De fato, o franco desenvolvimento tecnológico da informação tem influenciado fortemente o anseio e a dependência de seus recursos por toda sociedade.

É neste ponto, aliás, que se mostra de rigor o desenvolvimento de tecnologia assistiva, a fim de promover maior independência, permitindo que as pessoas com deficiência executem tarefas por meio de melhorias ou de mudanças de métodos de interação com a tecnologia necessária para executá-las.

A acessibilidade na *web* se refere, precipuamente, a promover amplamente o acesso aos conteúdos que estão na internet, seja uma simples página pessoal, ou um site institucional, ou uma rede social. Entre alguns fatores é importante observar as diferenças entres os usuários (socioculturais, educacionais, perceptuais, cognitivas), perceber as tecnologias utilizadas, e, também, a diversidade de ambientes em que se encontram, a fim de, constantemente, se fazer uma avaliação sobre a real acessibilidade e inclusão das pessoas com deficiência.

O assunto se denota de primordial relevância há mais de trinta anos, haja vista que o ano de 1981 foi declarado pela Organização das Nações Unidas (ONU) como "Ano Internacional dos Portadores de Deficiência", com vistas à propagação da denominada acessibilidade. No âmbito nacional, por sua vez, o direito de as pessoas com deficiência terem as mesmas oportunidades que os demais cidadãos possuem, e de desfrutarem as condições de vida resultantes do desenvolvimento econômico e social foi albergado, em 1988, pela Constituição Federal Brasileira.

Daí é que em tempos de desenvolvimento da rede, a acessibilidade digital deveria ganhar destaque, a fim de que se voltassem os olhos aos usuários da internet, com vistas à construção de uma base concreta para que seu acesso se torne inclusivo e democrático através de um conjunto de fatores associados. Todavia, em recentes pesquisas, denota-se que a acessibilidade na *web* ainda é uma realidade distante. O *World Wide Web Consortium* (W3C) estima que mais de 90% dos sítios disponibilizados na rede são inacessíveis para os usuários com algum tipo de necessidade especial. De acordo com o W3C Brasil, barreiras de navegação estão presentes em praticamente todos as páginas de internet do nosso país.

É importante ressaltar que a W3C, Comitê Internacional que atua como gestor de diretivas para internet, tem buscado ações que definam a acessibilidade no espaço digital (NOVAES, 2011). As orientações e padronização elaboradas por este órgão têm como objetivo auxiliar e encorajar o desenvolvimento de páginas acessíveis, indicando não só princípios gerais, mas também formas ideais de implementação que orientam os autores (RODRIGUES et al., 2009) e desenvolvedores. Para Sonza (2004), além da confirmação de que muitos sítios não são acessíveis à diversidade de usuários, o grande desafio é que se atinja o desenvolvimento de páginas que, efetivamente, contemplem a diversidade, mesmo reconhecendo ser uma tarefa muito difícil, haja vista que o grande problema atual não é, simplesmente, o desenvolvimento de páginas com dificuldade de navegação por leitores de tela, por exemplo, mas o próprio conteúdo produzido pela sociedade da informação.

Segundo Bailey e Burd (2006) é notório que a *web* se tornou um dos mais importantes métodos de comunicação em um período muito curto de tempo. O número e a variedade de serviços *on-line* têm aumentado consideravelmente, tais como: serviços bancários, de educação, de compras e do governo; todos têm agora presença *on-line*. Viu-se, portanto que a internet teria o condão de, efetivamente, auxiliar os usuários com necessidades especiais a desfrutarem de determinados serviços que presencialmente lhes eram de difícil acesso. Na rede, pensou-se que seriam as pessoas com deficiência capazes de fazer pleno uso desses novos serviços na rede, tornando a vida da pessoa com deficiência um pouco menos difícil – ao menos no concernente aos serviços básicos e essenciais do século XXI.

Noutras palavras, a acessibilidade digital é um fator propulsor das inclusões na medida em que proporciona igualdade de acesso aos usuários, incluindo, assim, todos usuários indistintamente. Outrossim, a acessibilidade na rede deveria ser um campo de atividade e de saber constituído em esfera global, com o objetivo de proporcionar soluções a um conjunto de reclamações que surgem nesse novo campo social. Entretanto, como se verá adiante, a inacessibilidade na *web* nem sempre é de responsabilidade dos provedores de conteúdo, mas se mostra apenas um reflexo do quanto, efetivamente, a sociedade se importa com as pessoas com deficiência, mormente os invisuais – que hoje sofrem com a exclusão digital.

Exclusão digital e socioeconômica

Exclusão digital pode ser definida como a falta de capacidade técnica, social, cultural, intelectual e econômica de acesso às novas tecnologias e aos desafios da sociedade da informação. A globalização da comunicação tem sido também um processo estruturado e desigual, que beneficiou mais a uns do que a outros, e que incluiu mais rapidamente algumas partes do mundo nas redes de comunicação global do que a outras (THOMPSON, 1998, p.143). Essa incapacidade não deve ser vista de forma meramente técnica ou econômica, mas também cognitiva e social.

As áreas de telecomunicações, de informática e de conteúdo, entraram em um processo de acelerada convergência tecnológica, liderada pela grande efetividade alcançada na difusão da internet e de suas aplicações, ainda é a instância mais recente da velha exclusão econômica e social. Para Pierre Lévy (1999) a questão da exclusão é crucial com o crescente desenvolvimento das novas tecnologias.

> A cibercultura provoca exclusões? é, evidentemente, uma pergunta central em uma sociedade mundial na qual a exclusão (ou seja, a forma contemporânea da opressão, de injustiça social e de miséria) é uma das principais doenças (LÉVY, 1999, p.235).

Determinadas vantagens e benefícios trazidos por essas novas tecnologias na sociedade da informação – também chamada sociedade do conhecimento – e as recentes descobertas da era moderna – sejam por motivos sociais, econômicos, políticos e ou culturais –, ao invés de apenas aproximarem as pessoas com deficiência de uma vida mais equânime, em verdade, e principalmente quanto aos invisuais, ampliou as desigualdades, ressurgindo uma realidade nada agradável e ainda muito presente, qual seja o antigo fenômeno da exclusão, também chamado de analfabetismo digital. A desagradável situação se torna mais severa para com os invisuais quando se denota que a aquisição de conhecimento e a inserção na sociedade digital é condição fundamental para o aumento e fortalecimento do desenvolvimento da produtividade e riqueza.

O sociólogo espanhol Castells (2003) considera positivo o papel das tecnologias informacionais na geração do conhecimento. Vê que a maior velocidade na troca e difusão de informações dentro da estrutura da sociedade – tendo em vista que as TICs ampliam a capacidade das pessoas de progredir em seus conhecimentos – é capaz de facilitar a geração de riqueza e sua consequente utilização pelos usuários da rede. Notadamente, as novas gerações, ao viverem desde sempre num mundo informacional saberá se utilizar de todas as ferramentas mais sabiamente que as gerações anteriores, acelerando e desenvolvendo ainda mais o fluxo de ideias, dados e informações na rede.

Baggio (2000) argumenta que o ingresso da humanidade na era da informação é um fato, mas pouco acessível ao grande público. Pois, temos uma infinidade de soluções digitais, cada dia mais surpreendentes e avançadas. Entretanto, se esse conhecimento acumulado não é compartilhado, corremos o sério risco de ver ampliado o abismo que separa os ricos dos pobres. Em um mundo cheio de pobreza e grandes desigualdades sociais é difícil imaginar que a informação possa ser amplamente difundida e que possa beneficiar a sociedade como um todo.

Segundo Martini (2005), o ideário transformador da cidadania digital em política pública é condição essencial a participação efetiva do Estado em tal processo. Assim, dadas as condições informacionais de ambiências digitais apresentadas, é possível constatar que o direito de se comunicar só é acessível de forma plena a quem permissivamente tem acesso a comunicação na *web*.

As estratégias, mecanismos e ações utilizadas ao longo dos anos para o desenvolvimento da sociedade privilegiam bem mais o econômico em detrimento do social. Num quadro desigualdades sociais mantidas, é que se insere a exclusão digital, e sob esse reconhecimento se amplia a miséria, dificultando o desenvolvimento humano. De sobremaneira, também deve-se considerar o afastamento que o mercado na era informacional, de forma imediata, realizará em grupos sociais menos privilegiados. Todavia, como se verá adiante, em tópico próprio, não há exclusão digital apenas por ocasião do poder socioeconômico de cada indivíduo. Em verdade, os invisuais – por mais abastados que possam ser – têm sido deixados de lado pela sociedade da informação.

Como últimas ponderações trazidas, as lições do grande filósofo e sociólogo Habermas:

> O verdadeiro obstáculo consiste nisto que os atores, para adquirir uma capacidade de ação a este nível de globalidade, devem aprender a não mais e apenas se conceber como atores decidindo de forma independente, mas como membros de uma comunidade mundial e a assumir interesses universalizáveis no quadro de suas próprias preferências (HABERMAS apud Martini, 2005).

Para Sorj (2003, p.14) o combate à exclusão digital deve ser articulado com outras políticas de luta contra as diversas desigualdades sociais. Portanto, possibilitar acesso sem barreiras aos conteúdos independente de apresentar ou não necessidades especiais pelo uso das novas tecnologias da informação e comunicação, passam a ter sentido quando possibilitam apresentar caminhos para solucionar questões, diminuindo de forma significativa todas limitações.

Inclusão digital

A definição de inclusão digital envolve oferecer acesso a todas as pessoas que não estejam conectadas ao mundo virtual e também a ensiná-las a utilizar a internet para resolver os problemas do dia a dia (PRESSIONTT, 2003). Segundo Gonçalves (2012):

> A inclusão digital tornou-se uma necessidade humana por suas possibilidades infinitas e benéficas de uso. Todos precisam estar conectados. Contudo, em decorrência destas possibilidades, há uma profusão de discursos que se entrecruzam e não necessariamente atendem a perspectiva da inclusão, visto que a maioria da população mundial está excluída digitalmente (GONÇALVES 2012, p.7).

As preocupações com a inclusão social deram início com o intenso movimento mundial de defesa dos direitos das minorias, na década de 60. Principiaram-se com movimentos populacionais os serviços de Reabilitação Profissional, voltados para as pessoas com deficiência, visando prepará-las para a integração ou reintegração na vida em comunidade (ARANHA, 2004, p.25).

Nas décadas de 70 e 80, passou-se a vigorar o princípio da normalização. Este modelo de paradigma inclusivo associou a ideia da diversidade como fator de enriquecimento social e o respeito às necessidades de todos os cidadãos como pilar central de uma nova prática social: "a construção de espaços inclusivos em todas as instâncias da vida social" (ARANHA, 2004, p.25). A década de 90 e os anos subsequentes significaram o avanço de inúmeros estudos e debates sobre programa de educação inclusiva, de direito à diversidade voltadas as pessoas com algum tipo de deficiência no âmbito social em todo o país.

Fundamentalmente, a filosofia da inclusão social defende a meta de se criar uma sociedade capaz de acolher todas as pessoas, independentemente das diferenças e necessidades individuais. Daí a necessidade de se oferecer um atendimento não igualitário, mas especializado a essas pessoas. Na visão de Sassaki (1997, p.47) a inclusão social é percebida como [...] um processo que contribui para a construção de um novo tipo de sociedade.

Nesta análise, os projetos de inclusão digital não devem apenas ensinar a utilizar máquinas. O cidadão não deve ser habilitado apenas para o acesso, mas também para prover conteúdos relacionados à sua realidade (AUN, 2007, p.258). O fato é que a inclusão; seja ela qual for. Consiste na aquisição e construção de diferentes tipos de conhecimentos, competências e habilidades (ALBAGLI, 2006).

Em uma visão abstrata e distanciada, parece óbvio que qualquer ação estratégica de inclusão digital deve dar precedência absoluta a ações em inclusão social ou econômica. Mas para que todas essas ações sejam possíveis, é necessário investir em novas tecnologias informacionais (TICs), como ferramenta estratégica para fomentar a produção e os serviços, bem como no combate à pobreza, objetivando a melhoria e a ampliação de oportunidades.

Pode-se entender, portanto que a inserção dos indivíduos no mundo da informática seja, para tanto esperado, um agente real de inclusão social, diminuindo de forma considerável a disparidade socioeconômica que tem trazido o avanço na tecnologia. E que a prática da inclusão social deve basear-se na aceitação das diferenças e valorização de cada indivíduo, na convivência humana, e na aprendizagem por meio da cooperação.

Por derradeiro, nos orientamos com os estudos de Crawford (1994), que nos afirma ser a capacidade intelectual o principal insumo e produto da nova economia. Por sua vez, Manuel Castells (2003) defende que a capacidade educativa e cultural de utilizar a internet é um segundo elemento de divisão digital, muito mais difícil de solucionar que a simples ausência de conectividade técnica. Para o autor, não saber onde encontrar a informação, como buscá-la, processá-la e transformá-la em conhecimento específico para aquilo que se quer fazer é o que determina a divisão digital. Para Castells, a capacidade de aprender a aprender e saber o que fazer é uma capacidade socialmente desigual. Portanto, para superar a divisão digital é necessário superar também a desigualdade social.

As novas relações sociais

Nesse sentido, vale dizer, o superar das barreiras digitais não se mostra necessário apenas para fins de desenvolvimento intelectual, soluções de problemas cotidianos ou para redução das desigualdades sociais. A inclusão digital se faz primordial na medida em que os novos relacionamentos – desde os mais singelos coleguismos, até as mais profundas relações amorosas – não se constroem mais longe do ambiente digital.

Em verdade, até mesmo os relacionamentos mais antigos – salvo raras exceções – hoje se utilizam do ciberespaço para que permaneçam existentes. Redes sociais, como Facebook, Twitter e Instagram, e aplicativos de mensagem instantânea, como Whatsapp e Telegram, são realidade de parcela considerável da população brasileira – e mundial[2,3].

Ou seja, para que uma pessoa "exista" e subsista no século XXI, é essencial que ela esteja presente e interaja com outros usuários via internet, por *sites* de relacionamento ou aplicativos de comunicação. Em verdade, aquele que opta por não participar do mundo virtual, hoje, terá um árduo trabalho para se relacionar no mundo real, na medida em que não recebe informações em altíssima velocidade, tampouco participou de conversas e debates acalorados na rede.

Assim, chegou-se num momento da evolução tecnológica e das relações sociais, que não mais os acontecimentos fora da rede influenciam a rede, mas o contrário. Pessoas têm calculado cada passo a ser dado em seus dias pensando não apenas no mundo empírico e nas tarefas cotidianas, mas como seu dia poderá ser postado na *web* – e quais as possíveis reações dos colegas virtuais às postagens. Parece-nos que há grande importância na vida da nova geração o postar e mostrar sua vida privada na rede. Tal comportamento, aliás, tem modificado a estratégia de marketing de locais e eventos – que hoje se preocupam se determinado local é 'instagramável', isto é, visualmente agradável para que os visitantes e clientes tirem fotos e postem na rede social Instagram[4].

Vale frisar que não há, neste trabalho, nenhum juízo de valor sobre estes novos tipos de relacionamento exsurgidos no século XXI. Importa, por ora, apenas compreendê-los e ver por qual razão é que, ao arrepio dos princípios

[2] Atualmente, 61% dos brasileiros utilizam internet móvel no Brasil. Desses 61%, 98% utilizam o Whatsapp. Sobre o tema: https://www.messengerpeople.com/pt-br/whatsapp-no-brasil/

[3] SOARES, Bruno. **Whatsapp bate marca de 1,5 bilhão de usuários ativos**. TechTudo. Disponível em: https://www.techtudo.com.br/noticias/2018/02/whatsapp-bate-15-bilhao-de-usuarios-ativos.ghtml. Acesso em: 20 mai. 2019.

[4] MORAIS, Felipe. **Ambientes Instagramáveis**. Mundo do Marketing. Disponível em: https://www.mundodomarketing.com.br/artigos/felipe-morais/37971/ambientes-instagramaveis.html. Acesso em 21 jun. 2019.

da sociedade da informação, os invisuais têm sofrido severa exclusão, quando, em verdade, a tecnologia tinha o condão de incluí-los.

O problema, em verdade, é que os atores das redes sociais e aplicativos de mensagem instantânea têm se utilizado cada vez mais de recursos visuais para a comunicação. Mensagens que um dia foram de texto, se tornaram, no Whatsapp, figurinhas (stickers, no inglês), GIFs e Memes. E é neste ponto que se insere a problemática.

Parece-nos que a Sociedade da Informação – em razão do avanço da tecnologia, que permite rápidos downloads de conteúdo – tem priorizado a comunicação visual não escrita – ou com pouquíssimo texto –, culminando, fatalmente, com a exclusão dos invisuais. Isso, é claro, possui profundas implicações nos relacionamentos daqueles que não enxergam.

Isso é possível notar não apenas pela experiência empírica, mas também pelos dados de navegação do Facebook (rede social com posts primordialmente textuais) e Instagram (rede social com posts primordialmente visuais – como vídeos e fotos) nos últimos anos, principalmente entre o público jovem.

Um estudo do *Pew Research Center* apontou que, entre os jovens estadunidenses, houve uma queda de usuários do Facebook de 20 pontos percentuais entre 2015 e 2018 (de 71% para 51%), enquanto YouTube (rede social de vídeos), Instagram (rede social de fotos e vídeos) e Snapchat (rede social de fotos e vídeos instantâneos) ultrapassaram o Facebook e são utilizados por 85%, 72% e 69%, respectivamente[5], evidenciando que a Sociedade da Informação se interessa cada vez mais por conteúdo visual, e menos por textos – o que, certamente, influencia no grau de inclusão social dos invisuais.

Os leitores de tela

É bem verdade que, atualmente, existem *softwares* "leitores de tela", que permitem ao invisual ter noção de grande parte do que ocorre numa página web, ou nos aplicativos de seu telefone celular. Todavia, os leitores de tela mais

[5] BBC. **Facebook perde usuários jovens para YouTube, Instagram e Snapchat nos EUA.** BBC News Brasil. Disponível em: https://www.bbc.com/portuguese/geral-44335917. Acesso em: 25 jun. 2019.

acessíveis – seja em termos de processamento, seja em termos financeiros – em verdade não leem a tela, mas fazem a decodificação da linguagem escrita, como, por exemplo, a leitura da linguagem HTML (feita, também, por um navegador comum) – que é escrita – e traduzem o máximo possível da página para aqueles que não a enxergam. Contudo, conforme exposto alhures, grande parte da comunicação na rede não mais é feita com textos, mas são as imagens os pontos fundamentais e de interesse na sociedade da informação.

Tais imagens, via de regra, encontram-se em formato JPEG ou PNG – que são tipos de arquivos compactados e ilegíveis por leitores de tela tradicionais. Sucintamente, leitores de tela compreendem a linguagem textual – escrita – e alguns comandos em códigos HTML, que poderiam informar a cor de uma fonte, posição e tamanho das letras, por exemplo.

Para elucidação, o excerto abaixo é parte de um código HTML da Homepage do Portal UOL[6]. Um leitor de telas seria capaz de, com os dados abaixo – e alguns dados no cabeçalho[7] do código da página, compreender que se trata de uma manchete principal – com hiperlink que direciona para a notícia na íntegra – em letras pretas, com o título "Investigação do caso Marielle adota nova estratégia na busca por delações", e um subtítulo (escrito acima): "Vereadora assassinada no Rio", em letras vermelhas.

> <a href="https://noticias.uol.com.br/cotidiano/ultimas-noticias/2019/06/07/investigacao-do-caso-marielle-adota-nova-estrategia-na-busca-por-delacoes.htm" (...) data-metrics="mod-1;topo-hibrido" class="manchete manchete-editorial manchete-font1 clearfix"> <strong class="chapeu color1 ">Vereadora assassinada no Rio</strong> (...) <h1 class="titulo color2" data-uol-see-later="title">Investigação do caso Marielle adota nova estratégia na busca por delações <span class="comentariosContainer"></span></h1> </a>

Contudo, quando o usuário do leitor de telas clica no link acima, o software é incapaz de compreender a imagem principal que aparece para ilustrar a

[6] http://www.uol.com.br

[7] O cabeçalho do arquivo, em regra, não é decodificado pelo software que abre uma imagem ou a página, por exemplo. Trata-se de uma informação oculta, com o que se chama de metadados.

notícia de interesse recém-aberta[8], pois o código da página – no concernente à imagem – assim está constituído:

> <figure class="photo representative crop-1170x540 figure" data-format="horizontal"><div class="image bg"><div class="placeholder" style="max-width:1170px"> <div data-src="**https://conteudo.imguol.com.br/c/noticias/b7/2019/03/14/faixa-estendida-junto-as-escadarias-do-predio-da-assembleia-legislativa-do-estado-do-rio-de-janeiro-alerj-onde-sera-realizado-um-ato-em-homenagem-a-vereadora-assassinada-marielle-franco-e-ao-motorista-1552571155710_v2_1170x540.jpg**" data-crop="{"xs":"450x337","sm":"900x506","md":"1170x540"}" data-crazyload="loaded" class=" loaded" style="background-image: url("https://conteudo.imguol.com.br/c/noticias/b7/2019/03/14/faixa-estendida-junto-as-escadarias-do-predio-da-assembleia-legislativa-do-estado-do-rio-de-janeiro-alerj-onde-sera-realizado-um-ato-em-homenagem-a-vereadora-assassinada-marielle-franco-e-ao-motorista-1552571155710_v2_1170x540.jpg");"></div>
> (...)
> <figcaption class="container bottom-title">14.mar.2019: Faixa estendida na escadaria da Alerj (Assembleia Legislativa do Estado do Rio de Janeiro) em homenagem a Marielle <span>Imagem: **FÁBIO MOTTA/ESTADÃO CONTEÚDO**</span></figcaption>"></div>

De fato, no caso em testilha, já é possível perceber um início de preocupação dos desenvolvedores *web* para com os leitores de tela, haja vista que no título do arquivo JPEG houve a inclusão de uma singela – mas totalmente imprecisa – descrição do que consta na imagem.

Note-se que o título do arquivo é *"faixa-estendida-junto-as-escadarias-do-predio-da-assembleia-legislativa-do-estado-do-rio-de-janeiro-alerj-onde-sera-*

[8] RAMALHO, Sérgio; COSTA, Flávio. **Investigação do caso Marielle adota nova estratégia na busca por delações**. UOL Notícias. Disponível em: https://noticias.uol.com.br/cotidiano/ultimas-noticias/2019/06/07/investigacao-do-caso-marielle-adota-nova-estrategia-na-busca-por-delacoes.htm. Acesso em: 07 jun. 2019.

-realizado-um-ato-em-homenagem-a-vereadora-assassinada-marielle-franco-e-ao--motorista-1552571155710_v2_1170x540.jpg" e a imagem, em verdade, possui cinco mulheres, com cabelos presos, vestidas de branco, com flores na cabeça, segurando uma faixa em frente à escadaria da ALERJ, com os dizeres: "MARIELLE GIGANTE" em letras roxas.

Ora, como é possível notar da leitura do código HTML, o máximo que o "leitor de telas" fará é informar existir uma imagem, ler o nome do arquivo – que não raras vezes é incompreensível, com letras e números desconexos – e ler algum metadado, como, neste caso, o autor da foto e quem detém os direitos autorais (tais elementos foram destacados no excerto HTML alhures).

Entretanto, em teste por nós realizados com o assistente de leitura de tela de um telefone celular Apple iPhone 7 Plus (software VoiceOver, no sistema operacional iOS 12.2) para invisuais, em verdade, o software, quando selecionada a imagem, apenas leu "Fabio Motta/Estadão Conteúdo. Imagem", sequer informando o título do arquivo.

No assistente de leitura de tela de um telefone Samsung Galaxy S9+ (Software Leitor de Tela, no sistema operacional Android 9 Pie) para invisuais a situação é ainda pior. O software leu "Fabio Motta/Estadão Conteúdo. Gráfico", quando selecionada a imagem na tela. Em verdade, não há gráfico algum na tela, mas para quem não enxerga e confia no software, pareceria haver.

Tal situação não é sem razão, nem falta de atenção por parte dos portais de notícia. Ocorre que de maneira diversa das páginas em HTML, o código fonte da imagem em JPEG não a descreve (e se o fizesse, no cabeçalho do arquivo, por exemplo, teria sido feito por mãos humanas, e não em razão do código informático)[9].

O ponto fulcral é o aumento considerável da importância do conteúdo visual na web, que acaba por dificultar a compreensão escorreita dos conteúdos por aqueles que não enxergam.

[9] Para exemplificar a ilegibilidade, o início da sétima linha do código da imagem em estirpe assim continha:
" % & ' ( ) * 4 5 6 7 8 9 : C D E F G H I J S T U V W X Y Z c d e f g h i j s t u v w x y zƒ„…†‡ˆ‰Š'""•–—˜™š¢£¤¥¦§¨©ª²³´µ¶·¸¹ºÂÃÄÅÆÇÈÉÊÒÓÔÕÖ"

Falta de acessbilidade dos aplicativos de relacionamento Tinder e Happn

Entretanto, o ponto central da exclusão dos invisuais não é a leitura de notícias em portais, mas os reflexos da total impossibilidade de entenderem as novas piadas da *internet* – os conhecidos memes, imagens que retratam alguma fotografia, acompanhada de uma frase que, via de regra, ironiza aquilo contido na foto, gerando o humor –, e, principalmente, a impossibilidade de se utilizarem dos novos aplicativos de relacionamento, como Tinder e Happn.

Sucintamente, aplicativos como Tinder e Happn servem para pessoas que não se conhecem pessoalmente, terem a oportunidade de conversar e, eventualmente, marcar um encontro, iniciando uma amizade, um relacionamento sério, ou apenas uma diversão casual.

Os dois aplicativos trabalham com um sistema semelhante. Cada usuário monta seu perfil, com fotos e um texto curto, informa a localização (via GPS do celular) e, após, o "jogo" começa. Fotos de outros usuários aparecem na tela, e a cada pessoa nova que aparece, o usuário do aplicativo pode, após análise das fotos e do perfil, optar por "dar like" (ou, simplesmente, curtir o perfil do outros) ou "dar nope" (ou, simplesmente "não curtir").

Quando um usuário vê o perfil do outro, geralmente não é possível saber se o outro também curtiu seu perfil, de tal sorte que, diariamente, usuários "dão vários likes" em vários perfis. Caso haja um "like" recíproco, isto é, quando duas pessoas curtem o perfil um do outro, dá-se o "match", no Tinder, ou "crush", no Happn. A partir daí uma janela de *chat* (conversa) fica disponível para que aqueles que se curtiram possam iniciar uma conversa e, então, um relacionamento – amoroso ou não.

Embora muitas vezes tratados como tabu, em 2014, somente no Brasil já eram 10 milhões de usuários do Tinder – o que significa, aproximadamente, 10% dos usuários que o Facebook, uma das maiores redes sociais do mundo, possui no país – com um crescimento estimado, também em 2014, de 2% ao dia[10]. Ou seja, trata-se de significativa parcela da população nacional utilizando aplicativos para começar relacionamentos.

[10] TAGIAROLI, Guilherme. **Brasil tem 10 milhões de usuários do Tinder; criador explica sucesso do app.** UOL Tecnologia. Disponível em: https://noticias.uol.com.br/tecnologia/noticias/redacao/2014/04/23/brasil-tem-10-milhoes-de-usuarios-do-tinder-criador-explica-sucesso-do-app.htm#fotoNav=2. Acesso em: 30 mai. 2019.

O que, aliás, não é sem razão, haja vista que existem estudos – embora criticados, pois avaliam determinado sentimento, num curto espaço de tempo – indicando que casamentos que iniciam na *web* podem ser mais felizes. Entretanto, uma coisa é certa – e, desta vez, sem críticas: estudos indicam que cerca de 35% dos relacionamentos atuais começam na *internet*[11], demonstrando que aquele ato de conhecer as pessoas, casualmente, em um bar, ou outro estabelecimento de encontros sociais – em que os invisuais, certamente, tinham plenas condições de participar – tenha sido reduzido significativamente.

Ou seja, parte significativa dos relacionamentos amorosos existem por conta de aplicativos como Tinder e Happn. Insistimos, portanto, que hoje não é a *internet* que reverbera o mundo offline, mas o mundo offline que reverbera o que acontece na *web*. Assim, seria de suma importância que os aplicativos em estudo fossem acessíveis àqueles que não enxergam, sob pena de apenas ampliar a desigualdade e exclusão destes.

Entretanto, como já exposto, os leitores de tela não fazem uma leitura da tela, mas apenas decodificam os dados em linguagem sonora. Assim, os aplicativos em questão precisariam – para que fossem, efetivamente, acessíveis aos invisuais – catalogar cada imagem colocada pelos usuários, inserir nos metadados a descrição precisa de cada foto, e, ainda assim, seriam merecedores de críticas, pois o tato – elemento fundamental do conhecimento e compreensão dos invisuais – continuaria ausente[12].

Contudo, em nossos testes com os leitores de tela do sistema operacional "Android 9 Pie" e do sistema operacional "iOS 12.2", tais aplicativos tiveram desempenho pior do que a leitura da imagem da notícia exposta em tópico anterior.

Sucintamente, nenhum dos leitores de tela foi capaz de informar que existia uma imagem na tela. Os botões de "like" e "nope", tanto do Tinder, quanto do Happn, sequer foram lidos pelo software do sistema Android – e, no Tinder, um sinal sonoro ficou tocando de modo contínuo, chegando a incomodar.

[11] G1 Ciência e Saúde. **Casais que se conhecem na internet podem ser mais felizes, diz estudo.** Disponível em: http://g1.globo.com/ciencia-e-saude/noticia/2013/06/mais-de-30--dos-casamentos-nos-eua-comecam-na-internet-diz-estudo.html. Acesso em 30 mai. 2019.

[12] Aqui, entretanto, entendemos que a tecnologia atual não permite que tal elemento seja implementado nos smartphones.

Já no sistema iOS, no aplicativo Happn, foi possível ler os nomes dos demais usuários, mas os botões "like" e "nope" foram lidos pelo software como "imgbtm Timeline Like Horizon. Botão"[13] e "imgbtm Timeline Reject Horizon. Botão", respectivamente – incompreensível para quem nunca visualizou o botão e teve contato visual com o aplicativo. No aplicativo Tinder, o mesmo problema ocorria: "'game sublinhado' 'like sublinhado'. Botão" para o botão "Like" e "'game sublinhado' 'pá sublinhado'. Botão", sendo possível ler os nomes dos demais usuários e informações do perfil.

Reitera-se que, quanto ao reconhecimento e tradução de imagens em linguagem sonora (descrição de quem está na foto, por exemplo), a problemática não é tão simples de ser solucionada. Isso, pois o reconhecimento de objetos em imagens, atualmente, tem sido objeto de severos estudos no campo da inteligência artificial e, principalmente, de Deep Learning[14], isto é, nos estudos de aprendizagem profunda de máquina – que se trata do modelo de inteligência artificial mais complexo existente na atualidade[15].

Implementar tal ferramenta nos aplicativos seria demasiado custoso, tornando-as inviáveis de serem disponibilizadas gratuitamente nas plataformas de aplicativos iOS e Android.

Conclusões

Atualmente, muito se discute sobre a acessibilidade e inclusão digital de pessoas que nascem ou mesmo adquirem algum tipo de deficiência. E mesmo que ainda haja segregação de pessoas com deficiência por preconceitos historicamente conhecidos na era digital, o acesso à informação é parte indissociável da educação, do trabalho e do lazer, o que se aplica necessariamente às pessoas com deficiência. Com isso, a conscientização e o reconhecimento dos direitos

[13] Lido em "português" pelo leitor de tela.

[14] Sobre o tema, interessante texto que demonstra como Amazon e Google têm fornecido serviços de reconhecimento de imagens em suas plataformas de Cloud Computing, evidenciando tratar-se de técnica complexa de inteligência artificial: https://towardsdatascience.com/ai-capabilities-in-image-recognition-7d79aec5222f

[15] PRADO, Eduardo; Hisatugu, William. **Deep Learning: você sabe o que é e como funciona? (parte 1)**. Disponível em: http://convergenciadigital.uol.com.br/cgi/cgilua.exe/sys/start.htm?UserActiveTemplate=site&infoid=41957&sid=15. Acesso em: 07 jun. 2019.

das pessoas deficientes como cidadãos deve ser o primeiro passo na jornada da busca pela liberdade de escolhas e de oportunidades.

A exclusão digital reconhecida como falta de capacidade técnica, social, cultural, intelectual e econômica de acesso às novas tecnologias sofre com a globalização da comunicação por ser um processo desigual, que obviamente beneficiou alguns e prejudicou outros No entanto, essa incapacidade não deve ser vista de forma meramente técnica ou econômica, mas também cognitiva e social, já que a inclusão digital tornou-se uma necessidade humana, pois, defende-se que todos devem estar conectados, no entanto, sabe-se que uma grande maioria da população ainda está excluída digitalmente. Logo, a inserção dos indivíduos no mundo da informática é um agente real de inclusão social, diminuindo de forma considerável a disparidade socioeconômica que tem trazido o avanço na tecnologia.

Ocorre que vivemos num momento de grande evolução tecnológica e das relações sociais, já que pessoas têm calculado suas ações pensando não somente num mundo tido como empírico e nas tarefas cotidianas, mas no seu cotidiano sem exposto na rede e quais as possíveis reações dos amigos virtuais às suas manifestações e postagens em mídias sociais. Quer nos fazer parecer que há uma demasiada importância na vida da nova geração a exposição da sua vida privada na rede, comportamento este que tem modificado inclusive, algumas estratégias de publicidade em alguns locais e eventos que se preocupam se preocupam se determinado local é por exemplo um local conectado com a rede e mídias sociais.

Ocorre que, na realidade que os protagonistas das redes e mídias sociais, bem como dos aplicativos de relacionamento ou mensagens instantâneas vem se utilizado de recursos visuais para a comunicação. Aqui, vale relembrar que mensagens que há um tempo eram meramente de textos se transformam na revolucionária ferramenta do WhatsApp e aqui destacamos o aumento do volume de conteúdo visual vindo a dificultar a compreensão dos conteúdos por aqueles que não enxergam. Óbvio que, o que se pretende com o estudo em questão não é tão somente a exclusão visual de leitura cotidianas, mas também os reflexos da impossibilidade de se utilizarem alguns dos novos aplicativos de comunicação e relacionamento, tais como como: WhatsApp, Tinder e Happn.

Tem se tornado cada vez mais preocupante a exclusão digital e social dos deficientes, em especial dos que não possuem visão, ao aplicativos e ferramentas disponíveis nas redes e mídias socias de relacionamento profissional ou mesmo amoroso e insistimos que não é a rede de internet que reflete o mundo fora dela, mas sim o mundo externo (offline) que ecoa os acontecimentos na web, pelo que seria de grande valia e importância que os inúmeros aplicativos existentes para relacionamento social ou amoroso fossem efetivamente acessíveis aos deficientes visuais, evitando desta forma a latente desigualdade e exclusão digital destes indivíduos.

Portando, o cerne deste estudo é trazer à baila da realidade dos deficientes visuais a necessária acessibilidade aos dispositivos apontados e soluções apresentadas, com destaque aos recursos disponíveis nos ambientes informacionais, utilizando-os como instrumento facilitador e que possa auxiliar no ingresso ao conhecimento destes indivíduos, reduzindo assim as limitações existente na execução das mais diversas tarefas e necessidades cotidianas.

Referências

ALBAGLI, Sarita. **Conhecimento, inclusão social e desenvolvimento local**. Vol. 1, N° 2 (2006). Disponível em: http://www.ibict.br/revistainclusaosocial/include/getdoc.php?id=148

&article=27&mode=pdf. Acesso em: 24 abr.2019.

ARANHA, M. S. F. **Educação inclusiva: transformação social ou retórica?** In: Omote, S. (org.) Inclusão: Intenção e Realidade, UNESP- Campus de Marília. São Paulo: Fundepe, 2004.

AUN, Marta Pinheiro (Coord.) et al. **Observatório da Inclusão Digital:** descrição e avaliação dos indicadores adotados nos programas governamentais de infoinclusão. Belo Horizonte: Orion, 2007.

BAGGIO, Rodrigo. **A sociedade da informação e a infoexclusão**. Ci. Inf., Brasília, v. 29, n. 2, p. 16-21, maio/ago. 2000.

BAILEY, John; BURD, Elizabeth. **What is the current state of Web Accessibility**? WSE. 2006. Disponível em: http://ieeexplore.ieee.org/iel5/4027189/4027190/04027208.pdf?tp= &arnumber=4027208&isnu mber=4027190. Acesso em 09 abr. 2019.

BBC. **Facebook perde usuários jovens para YouTube, Instagram e Snapchat nos EUA.** BBC News Brasil. Disponível em: https://www.bbc.com/portuguese/geral-44335917. Acesso em: 25 jun. 2019.

BUCHER, Birgit. **98% dos usuários brasileiros de smartphones usam o WhatsApp diariamente.** Messenger People. Disponível em https://www.messengerpeople.com/pt-br/whatsapp-no-brasil/. Acesso em: 20 mai. 2019.

CAMARGO, Paulo. **O primeiro ano de vida da criança e a intervenção sobre seu desenvolvimento neuropsicomotor.** IN.: KUDO, Aide M. (et al.). Fisioterapia, Fonoaudiologia e Terapia Ocupacional em Pediatria. 2º ed. São Paulo: Sarvier, 1994.

CASTELLS, Manuel. **A sociedade em Rede.** Vol. I. Oitava Edição. Traduzido por Roneide Venancio Majer. – São Paulo: Paz e Terra, 2003.

CONFORTO, D.; SANTAROSA, L. M. C. **Acessibilidade à Web**: internet para todos. Revista informática. Porto Alegre, v.5, n.2, p.1-22, 2002. Disponível em: http://www.lume.ufrgs.br/ bitstream/handle/10183/20987/000345562.pdf?sequence=1. Acesso em: 09 abr. 2019.

DIAS, Claudia. **Usabilidade na WEB,** Criando Portais Mais Acessíveis. Rio de Janeiro: Editora Alta Books, 2007.

G1 Ciência e Saúde. **Casais que se conhecem na internet podem ser mais felizes, diz estudo**. Disponível em: http://g1.globo.com/ciencia-e-saude/noticia/2013/06/mais-de-30-dos-casamentos-nos-eua-comecam-na-internet-diz-estudo.html. Acesso em 30 mai. 2019.

GONÇALVES, Victor Hugo P. **Inclusão digital como direito fundamental**. 2012. 137 f. Dissertação (Mestrado em Direito). Faculdade de Direito da Universidade de São Paulo. 2012.

LÉVY, Pierre. **Cybercultura**. Educação e Cybercultura. Disponível em: http://portoweb.com.br/pierrelevy/educaecyber.html. Acesso em 11 out. 2018.

MARTINI, Renato **Inclusão digital & inclusão social.** Disponível em: http://revista.ibict.br/inclusao/article/view/1501/1685, 2005. Acesso em 09 abr. 2019.

MAZZONI, Alberto A. et al. **Aspectos que interferem na construção da acessibilidade** em bibliotecas universitárias. Ciência da Informação, Brasília, v. 30, n. 2, p. 29-34, maio/ago. 2001.

MORAIS, Felipe. **Ambientes Instagramáveis.** Mundo do Marketing. Disponível em: https://www.mundodomarketing.com.br/artigos/felipe-morais/37971/ambientes-instagramaveis.html. Acesso em 21 jun. 2019.

PRADO, Eduardo; Hisatugu, William. **Deep Learning: você sabe o que é e como funciona? (parte 1)**. Disponível em: http://convergenciadigital.uol.com.br/cgi/cgilua.exe/sys/start.htm?UserActiveTemplate=site&infoid=41957&sid=15. Acesso em: 07 jun. 2019.

PRESSIONTT, Fernanda. **Inclusão digital: cidadãos conectados**. Disponível em: http://www.unisys.com.br/premio2003/ inclusoodigital.htm. Acesso em: 12 abr. 2019.

RAMALHO, Sérgio; COSTA, Flávio. **Investigação do caso Marielle adota nova estratégia na busca por delações**. UOL Notícias. Disponível em: https://noticias.uol.com.br/cotidiano/ultimas-noticias/2019/06/07/investigacao-do-caso-marielle-adota-nova-estrategia-na-busca-por-delacoes.htm. Acesso em: 07 jun. 2019.

SANTOS, Wederson Rufino dos. **Pessoas com deficiência: nossa maior minoria**. Physis [online]. 2008, vol.18, n.3, pp.501-519.

SASSAKI, Romeu K. **Construindo uma sociedade para todos**. Rio de Janeiro: WVA, 1997.

______, **Terminologia sobre deficiência na era da inclusão**. 2003. Disponível em: https://www.selursocial.org.br/terminologia.html. Acesso em: 08 abr. 2019.

SINGH, Paramvir. AI capabilities in Image Recognition. Towards Data Science. Disponível em: https://towardsdatascience.com/ai-capabilities-in-image-recognition-7d79aec5222f. Acesso em: 06 jun. 2019.

SOARES, Bruno. **Whatsapp bate marca de 1,5 bilhão de usuários ativos**. TechTudo. Disponível em: https://www.techtudo.com.br/noticias/2018/02/whatsapp-bate-15--bilhao-de-usuarios-ativos.ghtml. Acesso em: 20 mai. 2019.

SONZA, Andréa P. **Acessibilidade de deficientes visuais** aos ambientes digitais virtuais. 2004. 214 f. Dissertação (Mestrado em Educação), Univ. Federal do Rio Grande do Sul, P. A., 2004.

SORJ, Bernardo. brasil@povo.com: **A luta contra a desigualdade na Sociedade da Informação**. Rio de Janeiro: Jorge Zahar Ed.; Brasília, DF: Unesco, 2003.

REINALDI L. R., CAMARGO JÚNIOR C. R., CALAZANS A. T. S. **Acessibilidade para Pessoas com Deficiência Visual,** como Fator de Inclusão Digital -. Disponível em https://www.publicacoesacademicas.uniceub.br/gti/article/view/1292. Acesso em: 15 abr. 2019

RODRIGUES, A. S.; SOUZA FILHO, G. L.; BORGES, J. A. **Acessibilidade na Internet para Deficientes Visuais**. Disponível em: http://intervox.nce.ufrj.br/dosvox/textos/guido.doc. Acesso em 21 abr. 2019

TAGIAROLI, Guilherme**. Brasil tem 10 milhões de usuários do Tinder; criador explica sucesso do app.** Disponível em: http://tecnologia.uol.com.br/noticias/redacao/2014/04/23/brasil-tem-10-milhoes-deusuarios-do-tinder-criador-explica-sucesso--do-app.htm#fotoNav=2. Acesso em: 30 mai. 2019.

TARGINO, Maria das Graças. **Biblioteconomia, informação e cidadania**. Revista Brasileira de Biblioteconomia e Documentação–UFMG, Belo Horizonte, v. 20, p. 149-160, jul./dez. 1991.

THOMPSON, John B. **A mídia e a modernidade**: uma teoria social da mídia. Petrópoles: Vozes, 1998

W3 CONSORTIUM. **Web content accessibility guidelines 1.0**: W3C Recommendation, 5 May 1999. 34 p. out. 2001.T-19990505. Disponível em: <http://www.w3.org/ TR/1999/WAI-WEBCONTEND>. Acesso em: 10 mai. 2019

9. Pessoas com deficiência: métodos eficazes para superação das barreiras e inclusão digital na sociedade da informação

Anna Carolina Cudzynowski
Daniel Carlos Machado

Introdução

As pessoas com deficiência merecem destaque e atenção por parte do Estado e da sociedade como um todo, uma vez que historicamente sempre foram deixadas às margens do convívio social, sendo vítimas de preconceitos e discriminações, e por isso sempre encontraram grande dificuldade no processo de inclusão social, uma vez que tal inserção pressupõe de toda comunidade, a aceitação das diversidades, a integração e o convívio social.

Com a evolução da sociedade, especialmente com a Promulgação da Constituição Federal de 1988 (Constituição cidadã) valores como a dignidade da pessoa humana, direito à igualdade, liberdade, e muitos outros, foram garantidos pela Carta Magna como direitos fundamentais e indistintos a todo e qualquer cidadão, aqui incluídas, por óbvio, as pessoas com deficiência.

Seguindo a orientação de valores e princípios já delineados pela Constituição, em 2007, o Brasil assinou a Convenção Internacional sobre os Direitos das pessoas com deficiência e seu protocolo facultativo, que apresenta status de emenda constitucional, a qual dispõe acerca da proteção destinada aos deficientes, incumbindo ao Poder Público a tarefa de inclusão social e assegurar o pleno exercício dos direitos humanos.

Nesse sentido, diversos outros diplomas legais (internos e de caráter internacional), passaram a dispor e manifestar preocupação com a efetiva proteção das pessoas com deficiência, dentre os quais podemos destacar o Estatuto da Pessoa com Deficiência (Lei n.º 13.146/2015), que traz como postulado basilar a necessidade de "assegurar e promover, em condições de igualdade, o exercício dos direitos e das liberdades fundamentais por pessoa com deficiência, visando à sua inclusão social e cidadania".

Muito embora a legislação tenha dado passos importantes no sentido de assegurar maior proteção e inserção às pessoas com deficiência, fatores externos e sociais sempre nos levam a uma reavaliação e reflexão quanto às possíveis formas e meios eficientes de inserção social desses cidadãos. Isso porque, como evolução da era industrial, encontramo-nos atualmente na era digital, marcada por tecnologias que revolucionam a percepção e a atuação humanas sobre o mundo, e que nos leva a uma nova forma de interagir social, em um momento denominado de Sociedade da Informação e do Conhecimento, determinado pela crescente onipresença e influência das novas tecnologias e da internet, que devem ser contempladas para um melhor entendimento do presente e do futuro dos cidadãos[1], o que atinge diretamente, e de forma mais contundente, àqueles que possuem limitações e já merecem uma maior proteção Estatal, como é o caso das pessoas com deficiência.

Na sociedade da informação, em que os dados eletrônicos passaram a ter valor e onde todos interagem em meios e plataformas eletrônicas, é essencial garantir a acessibilidade na web aos deficientes, eis que o direito ao acesso à informação é direito fundamental previsto na Carta Magna e propiciará a efetivação de outros direitos ali previstos, tais como os direitos sociais do acesso à educação, à cultura, ao lazer, dentre outros.

Contudo, a realidade é que as pessoas com deficiência, seja de natureza física, mental, intelectual ou sensorial, possuem diversas dificuldades de

[1] POLIZELLI, Demerval L; OZAKI, Adalton M (Org.). **Sociedade da Informação – Os desafios da era da colaboração e da gestão do conhecimento**. São Paulo: Saraiva, 2008. p. prefácio x.

acesso à informação e que muitas vezes não estão sendo supridas pelo Estado, ficando, desta forma, excluídas do novo ambiente social gerado pela sociedade da informação, vez que o meio eletrônico e a disponibilidade de uso, acesso e acessibilidade da internet são instrumentos essenciais para a nova inserção social. Ao não darmos às pessoas com deficiência acessibilidade aos novos meios de convívio social, estamos lhes excluindo da sociedade moderna e afrontando diretamente o princípio da Dignidade da pessoa humana, insculpido na Constituição Federal.

Assim, a sociedade da informação traz reflexões, debates acerca das questões concernentes à acessibilidade na web, bem como a necessidade de evitar a exclusão digital e consequente exclusão social das pessoas com deficiência, algo que não se coaduna com a era digital vivenciada no presente momento pela sociedade, tampouco com o Estado Democrático de Direito.

Diante disso, necessário se faz encontrar meios de superação dessas barreiras tecnológicas que bloqueiam o acesso de pessoas com deficiência, em especial a visual, ao novo convívio social proporcionado pela era digital. Para tanto, é importante entender quem são as pessoas com deficiência merecedoras da tutela Estatal, quais são as barreiras enfrentadas, os diplomas legais (nacionais e internacionais) que versam acerca do tema, e as políticas públicas existentes para superação de barreiras.

Definição de pessoas com deficiência e os dados do censo demográfico do IBGE

A Constituição Federal de 1988 não define quem são as pessoas com deficiência, ficando a cargo dos diplomas internacionais e normas infraconstitucionais tal incumbência. Nesse sentido, o artigo 1º da Convenção Internacional sobre os Direitos das Pessoas com Deficiência e seu protocolo facultativo, assinados em Nova York, em 30.03.2007[2], prevê que pessoas com deficiência podem ser definidas como aquelas que possuem impedimentos de longo prazo de natureza física, mental, intelectual ou sensorial, os quais, em interação com diversas barreiras, podem obstruir sua participação plena e efetiva na

[2] Disponível em: https://www.governodigital.gov.br/. Acesso em: 28. Mai. 2019.

sociedade em igualdades de condições com as demais pessoas. Conceito esse, internalizado em nosso ordenamento jurídico, pela lei brasileira de inclusão da pessoa com deficiência[3].

Diante da definição trazida pela Convenção Internacional sobre os Direitos das Pessoas com Deficiência, ressalta Luiz Alberto David Araújo que o artigo primeiro traz um conceito de pessoa com deficiência que, a partir de sua hierarquia, alterou toda a sistemática interna nacional, sendo, dessa forma, obrigatória a sua adoção. Como se vê, o conceito anterior era baseado em um critério médico; a Convenção trouxe um critério ambiental, modificando, portanto, a normativa existente.[4] Isso porque, antes da definição acima, os deficientes eram denominados como "pessoas portadoras de deficiência".

O universo das pessoas com deficiência é muito grande e, segundo dados do Censo Demográfico do IBGE (2010), 45.606,048 milhões de pessoas declararam ter pelo menos uma das deficiências investigadas (visual, auditiva, motora, mental ou intelectual), correspondendo a 23,9% da população brasileira.[5] E o número de pessoas com deficiência tem aumentado significativamente com o passar dos anos.

Segundo salienta Jovan Kurbalija, os fatores que contribuem para o aumento deste número incluem a guerra e a destruição por causas naturais humanas; a pobreza e condições de vida insalubres; e a falta de conhecimento sobre a deficiência, as suas causas, prevenção e tratamento.[6]

Verifica-se, portanto, o altíssimo número de deficientes no Brasil, não restando dúvidas acerca da temática ora discutida e a necessidade de garantir seus direitos e preserva-lhes a integridade mental, psíquica, física e moral.

[3] Art. 2.º da Lei 13.146/2015 (Estatuto da Pessoa com Deficiência).

[4] ARAUJO, Luiz Alberto David. Painel sobre os Direitos das Pessoas com Deficiência no sistema constitucional Brasileiro. CAVALCANTI, Ana Elizabeth Lapa Wanderley; LEITE, Flávia Piva Almeida; LISBOA, Roberto Senise (coord). **Direito da Infância, juventude, idoso e pessoas com deficiência.** São Paulo, Atlas, 2014, p. 290.

[5] BARRETO JUNIOR. Irineu Francisco. **Inclusão da pessoa com deficiência e a realidade brasileira.** In: LISBOA. Roberto Senise (Org.) et al. **Direito da Infância, Juventude, Idoso e Pessoas com Deficiência**. São Paulo: Atlas, 2014, p.292.

[6] KURBALIJA, Jovan. **Uma Introdução à Governança da Internet.** São Paulo: CGI Comitê Gestor da Internet no Brasil, 2016, p. 182.

Inclusão digital dos deficientes frente à Sociedade da Informação

Em apertada síntese, a Sociedade da informação[7] pode ser caracterizada pelo uso de novas tecnologias para armazenamento, acesso e transmissão de dados. A internet possibilitou a comunicação em tempo real e sem limitações geográficas, tratando-se de verdadeira revolução que atinge todas as bases da sociedade, seja as relações sociais, culturais ou econômicas.

Nas palavras de Bruno Bioni, a informação avoca um papel central e adjetivante da sociedade: sociedade da informação. A informação é o (novo) elemento estruturante que (re) organiza a sociedade, tal como o fizeram a terra, as máquinas a vapor e a eletricidade, bem como os serviços, respectivamente, nas sociedades agrícola, industrial e pós industrial.[8]

Segundo Roberto Senise Lisboa, a sociedade da informação gera disseminação informacional. Salienta-se com isso que, se de um lado, pode propiciar novas práticas delitivas calcadas em intolerância, discurso de ódio ou geração de imagens desprovidas de conhecimento, de outro, são instrumentos sociais

[7] O processo de inserção brasileira na Sociedade da Informação decorreu em razão de três fenômenos, inter-relacionados, que responderam pela gênese da transformação assistida: a-) convergência de base tecnológica: possibilidade de poder representar e processar qualquer informação de uma única forma, a digital. Essa convergência teve profundas implicações no processo de mundialização da economia, das telecomunicações e dos processos sociais, pois, sem uma padronização tecnológica mínima, este novo paradigma de sociedade seria inimaginável; b) dinâmica da indústria: proporcionou contínua queda dos preços dos computadores, insumos tecnológicos, softwares, componentes de redes, permitindo maior acessibilidade à integração na rede. Ressalta-se que, apesar dessa expansão, a maioria da população em escala mundial mantém-se alheia ao processo, pelas restrições de ordem econômica e social às quais é submetida, criando novas categorias de exclusão (exclusão digital, analfabetismo digital), o que reproduz, e diversas vezes amplia, as desigualdades socioeconômicas herdadas após séculos de colonização, subdesenvolvimento e demais mazelas histórias. Registra-se que, além de países excluídos, a face mais perversa da desigualdade é revelada pela concentração da riqueza, mais aguda nas nações periféricas, que provoca o convívio geográfico, e muitas vezes tenso, entre excluídos e incluídos; c-) crescimento e expansão da Internet: aumento exponencial da população mundial com acesso à rede e evolução da conectividade internacional." BARRETO JUNIOR, Irineu Francisco. Abordagens recentes da pesquisa jurídica na Sociedade da Informação. In: PAESANI, Liliana Minardi (Org.). **O direito na sociedade da informação II**. São Paulo: Atlas, 2009, p. 41.

[8] BIONI, Bruno Ricardo. **Proteção de dados pessoais: a função e os limites do consentimento.** Rio de Janeiro: Forense, 2019, p. 5.

hábeis a produzirem e reproduzirem um processo de convivência social e de prevenção de geração de riscos à saúde (física, psíquica ou mental).[9]

Contudo, não basta uma sociedade dotada de tecnologia que viabilize o armazenamento de dados: torna-se imprescindível que a informação efetivamente se torne acessível ao público em geral e, portanto, as pessoas com deficiência, por meio da eliminação de barreiras, permitindo a ampliação do número de consumidores, maiores participantes nos debates políticos e sociais, construção de conhecimentos individuais e coletivos, pleno exercício dos direitos da cidadania, dentre outros.

Nesse patamar, conforme preleciona José Marcelo Menezes Vigliar, a realidade se faz no sentido de que, ao se gerar a inclusão digital possibilita-se o acesso à informação, conhecimento, participação na vida cultural e na condução dos assuntos públicos. Havendo real incentivo às atividades de inovação e de fomento à ampla tecnologia e modelos de uso e de acesso.

Sendo assim, tem-se que são vários os motivos que demonstram a necessidade de implementar a acessibilidade na web, dos quais merecem destaque: ampliar o número de consumidores e usuários da rede; propiciar o direito básico de acesso à informação; e atender o Decreto 5.296 que torna obrigatório que os sistemas da administração pública sejam acessíveis.[10] Evidente, portanto, a necessidade de políticas eficientes de inclusão digital das pessoas com deficiência, além de um ordenamento jurídico robusto, que permita coibir abusos e buscar soluções eficientes, tanto de forma administrativa quanto com a intervenção Estatal, por meio da Jurisdição, sempre que necessário.

[9] FULLER, Greice Patrícia; LISBOA, Roberto Senise. A saúde está "doente": Uma breve reflexão introdutória da tutela jurídica à saúde e seus desdobramentos na sociedade da informação. CAVALCANTI, Ana Elizabeth; STURZA, Janaína Machado; MARTINI, Sandra Regina (coord). **O movimento entre os saberes a transdisciplinaridade e o Direito.** Vol. X. Porto Alegre: Fapergs, 2018, p. 22.

[10] FREITAS, Bruna Castanheira. A Acessibilidade e o Direito de navegar na Web. SIMÃO FILHO, Adalberto (org). **Direito E Internet III – Marco Civil Da Internet Lei 12.965/2014 TOMO II.** São Paulo: Quartier Latin, 2015, p: 162.

Proteção internacional, constitucional e infraconstitucional destinadas às pessoas com deficiência

Destacaremos aqui os principais mecanismos de proteção, em âmbito internacional, constitucional e infraconstitucional, das pessoas com deficiência, buscando equacionar os novos meios de inserção social proporcionados pela sociedade da informação, as novas formas de acesso e os mecanismos de acessibilidade necessários para uma maior eficácia em termos de superação de barreiras.

Proteção internacional

Somente após o estabelecimento da nova ordem mundial, com o fim da segunda guerra e a elaboração da Carta de São Francisco, de 1945 é que os direitos humanos passaram a ter destaque, bem como os interesses individuais de cada cidadão, por intermédio de uma cooperação internacional.

Segundo Roberto Senise Lisboa[11], a sociedade internacional da pós-modernidade não pode se orientar por postulados que desprezem a diversidade cultural dos povos e defendam uma posição como absoluta. Deve-se propugnar a concretização multidimensional dos direitos humanos, a partir do reconhecimento da dignidade pessoal como o valor fonte de todo o sistema. Assim, nesse panorama, em 2007 (Nova York), o Brasil assinou a Convenção Internacional sobre o direito das pessoas com deficiência e seu protocolo facultativo.

A mencionada Convenção internacional ingressou no ordenamento jurídico brasileiro por meio do Decreto nº 6949/2009 e é de inquestionável relevância, face o seu status de emenda constitucional[12], tendo em vista o processo legislativo de aprovação, nos termos do artigo 5º, parágrafo 3º da

[11] LISBOA, Roberto Senise. Acesso à informação Digital para deficientes visuais. LEITE. Flavia Piva Almeida (Org.) et al. **Direito da Infância, Juventude, Idoso e Pessoas com Deficiência.** São Paulo: Atlas, 2014, p.340.

[12] MASSON, Nathalia. **Manual de Direito Constitucional.** 6ª ed. Salvador: Revista dos Tribunais, 2018, p; 233.

Constituição Federal[13]. Todos os demais tratados internacionais de direitos humanos têm natureza supralegal.

De acordo com Flávia Piovesan[14], o propósito maior da Convenção é promover, proteger e assegurar o pleno exercício dos direitos humanos das pessoas com deficiência, demandando dos Estados-partes medidas legislativas, administrativas e de outra natureza para implementação dos direitos nela previstos.

Nesse contexto, o artigo 9º do referido tratado internacional de direitos humanos traz à baila a questão da acessibilidade nos meios digitais dos deficientes, que é dever do Estado, em igualdade de oportunidades com as demais pessoas, devendo adotar medidas de inclusão aos sistemas de tecnologia de informação e comunicação.

Denota-se que a norma internacional de caráter constitucional ora analisada demonstrou preocupação com os deficientes e, além do mais, buscou inseri-lo na sociedade da informação, o que é crucial face o momento vivenciado pela sociedade nos dias atuais que é o da sociedade em rede. Tem-se também a Declaração de Tunes[15], que é o primeiro tratado internacional a tratar da sociedade da informação e que em uma das suas considerações prevê que a informação e o conhecimento são bens comuns o direito à comunicação é um direito fundamental e inalienável.

No mais, em uma das suas constatações dispõe acerca da importância da inclusão digital para destravar o exercício do direito à comunicação.[16] Assim, o acesso à informação, em prol das pessoas com deficiência perfeitamente se insere nas regras de cooperação social e econômica, ensejando a prevalência da igualdade e liberdade dos povos, bem como a emancipação das pessoas com deficiência e solução dos problemas da seara educacional, cultural, dentre outros.

[13] Constituição Federal, artigo 5º, §3°: " Os tratados e convenções internacionais sobre direitos humanos que forem aprovados, em cada Casa do Congresso Nacional, em dois turnos, por três quintos dos votos dos respectivos membros, serão equivalentes às emendas constitucionais (incluído pela Emenda Constitucional nº 45, de 2004).

[14] PIOVESAN, Flávia. **Direitos Humanos e o Direito Constitucional.** 14ª ed. São Paulo: Saraiva, 2014, p. 297-298.

[15] Disponível em: https://movimientos.org/es/node/24127/ Acesso em: 29 mai. 2019.

[16] Idem.

Proteção Constitucional (Constituição Federal de 1988)

Nas palavras de Luiz Alberto David Araujo, o Brasil, antes da promulgação da Constituição Federal de 1988, sofria com um regime militar, onde havia o amesquinhamento, quando não o desaparecimento, das liberdades democráticas. Restabelecida a democracia, o país convocou uma Assembleia Nacional Constituinte, visando dar importância ao texto e torná-lo uma referência em direitos fundamentais e, especialmente, com a finalidade de espantar de vez os males do regime militar autoritário.[17]

No rol dos direitos e garantias fundamentais, destaca-se o inciso XIV, que dispõe que é assegurado a todos o acesso à informação. Veja-se, portanto, que o direito à informação é um direito fundamental inerente a qualquer indivíduo, seja brasileiro ou estrangeiro residente no Brasil e, tendo em vista a própria natureza da Carta Magna, não traz em seu bojo qualquer limitação de direitos aos deficientes.

Nesse sentido, o artigo 7º, inciso XXXI, da Carta Magna prevê a proibição de qualquer discriminação no tocante a salário e critérios de admissão do trabalhador deficiente. Trata-se de norma de reforço, já que o direito à igualdade já estava assegurado na regra geral do art. 5º.

Dentre outros, tem-se comando importante acerca da acessibilidade na web disposto no artigo 221, § 1º no qual prevê é uma das responsabilidades do Estado a integração de pessoa com deficiência para, entre outras coisas, a total convivência e facilitação do acesso aos bens e serviços coletivos.

Assim, surge a figura da acessibilidade na web, que é a garantia de que qualquer pessoa possa navegar na internet com plenitude, autonomia e independência, sendo papel do Estado implementar medidas neste sentido, inserindo todos, em especial as pessoas com deficiência a nova era digital.

[17] ARAUJO, Luiz Alberto David. Painel sobre os Direitos das Pessoas com Deficiência no sistema constitucional Brasileiro. CAVALCANTI, Ana Elizabeth Lapa Wanderley; LEITE, Flávia Piva Almeida; LISBOA, Roberto Senise (coord). **Direito da Infância, juventude, idoso e pessoas com deficiência.** São Paulo, Atlas, 2014, p. 284.

Proteção infraconstitucional- Lei 12.965/2014 – Marco Civil da Internet

Uma vez que a internet pode ser reconhecida como um poder, foi promulgada a Lei 12.956/2014, mais conhecida como Marco Civil da Internet, sendo uma inegável vitória da cidadania brasileira, pois em seu processo de tramitação, contou com a ampla participação da sociedade civil, por meio de consultas públicas, inclusive artistas famosos defensores da liberdade de expressão. Referida lei é predominantemente principiológica e regulamenta o uso da internet no Brasil, por meio de princípios, fundamentos e objetivos da rede, bem como o papel do Estado frente a toda evolução tecnológica, demonstrando especial atenção à privacidade e intimidade dos usuários, bem como a liberdade de expressão.

No mais, estabeleceu em seus artigos 7º, XII e 25, II[18] a inclusão digital das pessoas com deficiência, denotando a preocupação do legislador em inserir todos no mundo digital, pois, caso contrário, violaria direitos e garantias fundamentais mínimos, algo totalmente inadmissível na ordem jurídica brasileira.

Portanto, garantir a acessibilidade na web aos usuários com deficiência, além de atender exigências sociais, morais, mercantis e legislativas, também é uma forma de garantir o direito de acesso à informação, garantido pela Constituição Brasileira no artigo 5º. XIV: " é assegurado a todos o acesso à informação e resguardado o sigilo de fonte, quando necessário ao exercício profissional." Tal concepção foi reforçada pelo Decreto nº 7.724, de 2012, regulamentando a Lei nº 12.527, que dispõe sobre o acesso à informação.[19]

Ademais, destaca-se também a Lei n° 13.146/2015 (Estatuto da Pessoa com deficiência)[20] que possui como objetivo principal a promoção, em condições de

[18] Lei 12.965/2014, artigo 7º: O acesso à internet é essencial ao exercício da cidadania, e ao usuário são assegurados os seguintes direitos: XIII- acessibilidade, consideradas as características físico-motoras, perceptivas, sensoriais, intelectuais e mentais do usuário, nos termos da Lei. Artigo 25: As aplicações de internet de entes do poder público devem buscar: II- acessibilidade a todos os interessados, independentemente de suas capacidades físico-motoras, perceptivas, sensoriais, intelectuais, mentais, culturais e sociais, resguardados os aspectos de sigilo e restrições administrativas e legais.

[19] FREITAS, Bruna Castanheira. A Acessibilidade e o Direito de navegar na Web. SIMÃO FILHO, Adalberto (org). **Direito E Internet III – Marco Civil Da Internet Lei 12.965/2014 TOMO II**. São Paulo: Quartier Latin, 2015, p: 161.

[20] Disponível em: http://www.planalto.gov.br/ccivil_03/_ato2015-2018/2015/lei/l13146.htm/ Acesso em: 29 mai. 2019.

igualdade, o exercício dos direitos e das liberdades fundamentais por pessoa com deficiência, visando à inclusão social e cidadania.

Urge mencionar também o artigo 3º[21] da mencionada Lei prevê no inciso 1º acerca da acessibilidade nos meios de comunicação e informação, inclusive seus sistemas de tecnologia.

No mais, no inciso IV trata da questão de barreiras, aduzindo ser "qualquer entrave, obstáculo, atitude ou comportamento que limite ou impeça a participação social da pessoa, bem como o gozo, a fruição e o exercício de seus direitos à acessibilidade, à liberdade de movimento e de expressão, à comunicação, ao acesso à informação, à compreensão, à circulação com segurança, entre outros." [22]

Outrossim, as alíneas do inciso IV, artigo 3º trata de 06 tipos de barreiras, destacando-se, entre elas, as barreiras nas comunicações e na informação (alínea "d"), que são "qualquer entrave, obstáculo, atitude ou comportamento que dificulte ou impossibilite a expressão ou o recebimento de mensagens e de informações por intermédio de sistemas de comunicação e de tecnologia da informação."

Superação de barreiras: adoção de políticas públicas de integração

O sociólogo espanhol, Manuel Castells aduz que a globalização e informacionalização, determinadas pelas redes de riqueza, tecnologia e poder estão transformando nosso mundo, possibilitando a melhoria da nossa capacidade produtiva, criatividade cultural e potencial de comunicação.[23]

Assim, pode-se afirmar que a tecnologia possui o poder de melhor a vida das pessoas, ensejando a facilitação do acesso a diversos conteúdos de caráter educativo, cultural, comercial, dentre outros, demonstrando assim o crescimento e aprimoramento nas pessoas de cunho intelectual, patrimonial e cultural.

21

22 Idem.

23 CASTELLS, Manuel. **O poder da identidade.** Vol. 02. Rio de Janeiro: Paz & Terra, 2018, p. 123.

Portanto, na era da informação é essencial garantir a igualdade e o respeito às diferenças para o alcance da efetiva inclusão digital e consequente inclusão social. Isso será possível por meio da implementação de políticas públicas para proteção de aproximadamente 24 milhões de pessoas com deficiência, conforme mencionado no início deste trabalho.

Conforme salienta Arthur Oscar Guimarães, a questão da acessibilidade, em particular, das pessoas com deficiência, envolve um universo de aspectos, possibilidades e tolerâncias. Dessa forma, deve-se buscar uma política pública de acolhimento para superação das dificuldades dos deficientes em obter o acesso à informação, para garantir-lhes as habilidades para o exercício pleno da comunicação.

Assim, a Doutora em ciências sociais, Susana Finquelievich destaca a necessidade de inclusão de pessoas com deficiência no mundo do trabalho, destacando que os setores empresariais deverão se familiarizar com o seguinte:

> a-) os recursos disponíveis, tanto sob a forma presencial como online, para otimizar suas possibilidades de inserção sociolaboral, enfatizando a formação para o emprego e a formação ao longo da vida;
> b-) a legislação vigente, nos distintos países da América Latina e no Caribe, que regula as atividades educativas, sociais e de trabalho destinadas às pessoas com deficiência;
> c-) os circuitos de inserção e inclusão no trabalho, com os organismos não- governamentais relacionados a essa minoria, os programas estatais, os centros especiais de emprego, as redes de pequenas e médias empresas, os micro empreendimentos, etc; e
> d-) as experiências e iniciativas concretas de inserção sociolaboral de pessoas com deficiência, assim como os aportes das TICs nesse sentido e, em particular, as melhores práticas realizadas até o momento.[24]

É importante destacar também a necessidade de incluir digitalmente os deficientes no mundo da educação e da formação continuada, bem como

[24] FRINQUELIEVICH, Susana; FRINQUELIEVICH, Daniel. Inclusão socioprofissional pela internet: As pessoas com necessidades especiais. TUNES, Elizabeth; BARTHOLO, Roberto (org). **Nos limites da ação- Preconceito inclusão e deficiência.** São Carlos: Edufscar, 2010, p. 97.

no mundo da socialização. Na educação, Daniel Finquelievich[25] destaca que atualmente existem inúmeros recursos de inclusão em tal seara e que podem servir de inspiração para diversos países.

Destaque para os diferentes hardwares e softwares com que estudantes com deficiência podem trabalhar, tanto em suas casas como em estabelecimentos educativos:

> a-) deficientes motores: teclados adaptados às pessoas com problemas de psicomotricidade, em que se modificam a velocidade de repetição de teclas e a sequência de pulsações no teclado, interruptores ou apontadores, tornando possível o acesso a computadores, telefones, etc,. dirigidos a estudantes que não podem mover os dedos e digitar (hardwares); programas de reconhecimento de voz pra pessoas que não podem utilizar o teclado devido à sua limitação (software).
> b-) deficientes visuais: amplificadores de tela de vídeo para pessoas com baixa visão, que são uma espécie de lente de aumento (hardware); o programa Dile é um dicionário enciclopédico em espanhol, projetado para ser utilizado por pessoas cegas ou com graves problemas visuais (software); e
> c-) lesões cerebrais e atraso cognitivo: existem softwares para que o estudante possa explorar os conhecimentos matemáticos, assim como atividades referentes à geografia e ao tempo (software). [26]

No que tange a inclusão digital das pessoas com deficiência no mundo da socialização, as tecnologias da informação são importantes para combater o isolamento, ajudando-os na socialização.

Os foros agrupados por preferência temáticas, os chats, as listas de discussão, o e-mail, as páginas pessoais e os blogs ajudam-nas a vencer barreiras

[25] FRINQUELIEVICH, Susana; FRINQUELIEVICH, Daniel. Inclusão socioprofissional pela internet: As pessoas com necessidades especiais. TUNES, Elizabeth; BARTHOLO, Roberto (org). **Nos limites da ação- Preconceito inclusão e deficiência.** São Carlos: Edufscar, 2010, p. 97.

[26] FRINQUELIEVICH, Susana; FRINQUELIEVICH, Daniel. Inclusão socioprofissional pela internet: As pessoas com necessidades especiais. TUNES, Elizabeth; BARTHOLO, Roberto (org). **Nos limites da ação- Preconceito inclusão e deficiência.** São Carlos: Edufscar, 2010, p. 100.

físicas e culturais, tão frequentes nas cidades, para compartilhar os momentos de ócio com outras pessoas, por meio da internet.[27]

Da mesma forma que um engenheiro constrói um prédio com rampas para cadeirantes, aqueles que elaboram sites devem fazê-los levando em consideração os padrões a serem aplicados para tornar o conteúdo publicado acessível. Aplicar a acessibilidade, seja no meio físico ou virtual, não é altruísmo. É um exercício da cidadania.[28]

Conclusões

Desde a época das cavernas, verificou-se que é impossível viver sozinho, uma vez que o homem percebeu que não sobreviveria de forma solitária, o que o fez buscar outros grupos de pessoas e a força coletiva. Assim, de rigor a interação e inclusão de todos os grupos de pessoas, merecendo destaque as pessoas com deficiência, que em virtude das suas limitações, enfrentam dificuldades de se inserir na sociedade.

Constitui papel da sociedade e do Estado promover a devida inclusão, merecendo destaque na era da sociedade em rede, a inclusão digital, que ensejará a inclusão social, meta a ser alcançada por todos o que promoverá o desenvolvimento nacional e emancipação de toda a população com algum tipo de deficiência.

Para tanto, torna-se necessário dar acessibilidade às pessoas com deficiência, ou seja, dar a elas, possibilidade e condição de alcance para utilização, com segurança e autonomia, de espaços, mobiliários, equipamentos urbanos, edificações, transportes, informação e comunicação, inclusive seus sistemas e tecnologias, bem como de outros serviços e instalações abertos ao público, de

[27] FRINQUELIEVICH, Susana; FRINQUELIEVICH, Daniel. Inclusão socioprofissional pela internet: As pessoas com necessidades especiais. TUNES, Elizabeth; BARTHOLO, Roberto (org). **Nos limites da ação- Preconceito inclusão e deficiência.** São Carlos: Edufscar, 2010, p. 100.

[28] FREITAS, Bruna Castanheira. A Acessibilidade e o Direito de navegar na Web. SIMÃO FILHO, Adalberto (org). **Direito E Internet III – Marco Civil Da Internet Lei 12.965/2014 TOMO II**. São Paulo: Quartier Latin, 2015, p: 161.

uso público ou privados de uso coletivo, tanto na zona urbana como na rural, por pessoa com deficiência ou com mobilidade reduzida[29].

Todavia, muitas barreiras devem ser quebradas para que a pessoa com deficiência tenha efetivamente acesso aos meios digitais, a garantir o exercício de sua cidadania de forma plena e irrestrita, na medida em que muitos ainda são os entraves, obstáculos e atitudes e/ou comportamentos que limitam ou impeçam a sua participação social, sendo-lhes tolhido o direito de gozo, fruição e acesso. Sua liberdade de movimento, de expressão, de comunicação, de compreensão e de acesso à informação, em nossa moderna sociedade (dita da informação), aparentemente, para essa parcela dos nossos cidadãos, em especial os deficientes visuais, tem mostrado dura e sem muita disposição e energia canalizada para uma maior inserção das pessoas com deficiência.

Nesse contexto, devemos encontrar um equilíbrio nas novas relações em rede, para que sejam um pouco menos voltadas ao lucro proporcionado pela agilidade na divulgação e transmissão de informações, geradora de uma sociedade altamente voltada para o consumo imoderado, e um pouco mais direcionada a um bem estar social e inclusivo de toda sociedade. Cabe, nesse particular, uma maior participação das grandes corporações privadas, tanto da área de tecnologia, quanto ao mercado de consumo em massa, com um olhar diferenciado para àqueles que precisam de apoio e cooperação para uma efetiva inclusão digital, focado em um solidarismo traduzido em uma cooperação social de acessibilidade das pessoas com deficiência.

Entendemos que tal meta pode ser alcançada mediante a adoção e efetivação de políticas públicas que possuam como objetivo principal a inclusão e o respeito aos direitos fundamentais dos deficientes, destacando-se e prevalência e efetivação do fundamento constitucional da dignidade da pessoa humana.

29 Art. 2.º, I da Lei 10.098/2000 (Promoção da acessibilidade das pessoas com deficiência ou com mobilidade reduzida), com redação dada pela Lei n.º 13.146/2015.

Referências

ARAUJO, Luiz Alberto David. Painel sobre os Direitos das Pessoas com Deficiência no sistema constitucional Brasileiro. CAVALCANTI, Ana Elizabeth Lapa Wanderley; LEITE, Flávia Piva Almeida; LISBOA, Roberto Senise (coord). **Direito da Infância, juventude, idoso e pessoas com deficiência.** São Paulo, Atlas, 2014.

BARRETO JUNIOR, Irineu Francisco. RODRIGUES, Cristina Barbosa. Exclusão e Inclusão Digitais e seus reflexos no exercício de Direitos Fundamentais. **Revista Direitos Emergentes na Sociedade Global.** Rio Grande do Sul, v.1, n.1, p. 169-191, jan./jun/2012.

BARRETO JUNIOR. Irineu Francisco. **Inclusão da pessoa com deficiência e a realidade brasileira.** In: LISBOA. Roberto Senise (Org.) et al. **Direito da Infância, Juventude, Idoso e Pessoas com Deficiência.** São Paulo: Atlas, 2014.

BAUMAN, Zygmunt. **Amor líquido:** sobre a fragilidade dos laços humanos. Rio de Janeiro: Jorge Zahar Editores, 2004.

BAUMAN, Zygmunt. **Vigilância Líquida**: diálogos com David Lyon. Rio de Janeiro: Jorge Zahar Editores, 2013.

BIONI, Bruno Ricardo. **Proteção de dados pessoais: a função e os limites do consentimento.** Rio de Janeiro: Forense, 2019.

CASTELLS, Manuel. **A sociedade em rede.** Vol. 01. Rio de Janeiro: Paz & Terra, 2018.

CASTELLS, Manuel. **O poder da identidade.** Vol. 02. Rio de Janeiro: Paz & Terra, 2018.

CASTELLS, Manuel. **Redes de Indignação e esperança: movimentos sociais na era da internet.** 2ª ed. Rio de Janeiro: Zahar, 2017.

CASTELLS, Manuel. **Ruptura: A crise na democracia liberal.** Rio de Janeiro: Zahar, 2018.

CAVALCANTI, Ana Elizabeth; STURZA, Janaína Machado; MARTINI, Sandra Regina. **O movimento entre os saberes a transdisciplinaridade e o Direito.** Vol. X. Porto Alegre: Fapergs, 2018.

CAVALCANTI, Ana Elizabeth Lapa Wanderley; LEITE, Flávia Piva Almeida; LISBOA, Roberto Senise (coord). **Direito da Infância, juventude, idoso e pessoas com deficiência.** São Paulo, Atlas, 2014.

FREITAS, Bruna Castanheira. A Acessibilidade e o Direito de navegar na Web. SIMÃO FILHO, Adalberto (org). **Direito E Internet III – Marco Civil Da Internet Lei 12.965/2014 TOMO II**. São Paulo: Quartier Latin, 2015.

FRINQUELIEVICH, Susana; FRINQUELIEVICH, Daniel. Inclusão socioprofissional pela internet: As pessoas com necessidades especiais. TUNES, Elizabeth; BARTHOLO, Roberto (org). **Nos limites da ação- Preconceito inclusão e deficiência.** São Carlos: Edufscar, 2010.

FULLER, Greice Patrícia; LISBOA, Roberto Senise. A saúde está "doente": Uma breve reflexão introdutória da tutela jurídica à saúde e seus desdobramentos na sociedade da informação. CAVALCANTI, Ana Elizabeth; STURZA, Janaína Machado; MARTINI, Sandra Regina (coord). **O movimento entre os saberes a transdisciplinaridade e o Direito.** Vol. X. Porto Alegre: Fapergs, 2018.

KURBALIJA, Jovan. **Uma Introdução à Governança da Internet.** São Paulo: CGI Comitê Gestor da Internet no Brasil, 2016.

LISBOA, Roberto Senise. Acesso à informação Digital para deficientes visuais. LEITE. Flavia Piva Almeida (Org.) et al. **Direito da Infância, Juventude, Idoso e Pessoas com Deficiência**. São Paulo: Atlas, 2014.

LISBOA, Roberto Senise. **Solidarismo, Direitos Humanos e o Combate à Pobreza**. Revista FMU Direito. São Paulo, ano 27, n. 39,p. 121-136, 2013.

MASSON, Nathalia. **Manual de Direito Constitucional**. 6ª ed. Salvador: Revista dos Tribunais, 2018.

MATTELART, Armand. **História da sociedade da informação**. 2ª ed. São Paulo: Edições Loyola, 2006.

PAESANI, Liliana Minardi. **O direito na sociedade da informação II**. São Paulo: Atlas, 2009.

PIOVESAN, Flávia. **Direitos Humanos e o Direito Constitucional.** 14ª ed. São Paulo: Saraiva, 2014.

SIMÃO FILHO, Adalberto; LEITE, Flavia Piva Almeida; VIGLIAR, José Marcelo Menezes. Inclusão Digital da Pessoa com Deficiência na Sociedade da Informação: Considerações sobre a Cidadania Ativa e Passiva no Processo Eleitoral. **Revista Faculdade de Direito da Universidade Federal de Goiás,** Goiás, v. 40, n. 2, p. 152-173, jul. 2016.

POLIZELLI, Demerval L; OZAKI, Adalton M. **Sociedade da Informação – Os desafios da era da colaboração e da gestão do conhecimento**. São Paulo: Saraiva, 2008.

SILVA, José Afonso da. **Curso de Direito Constitucional Positivo**. 19 ed. São Paulo: Malheiros, 2000.

SIMÃO FILHO, Adalberto (org). **Direito E Internet III – Marco Civil Da Internet Lei 12.965/2014 TOMO I**. São Paulo: Quartier Latin, 2015.

SIMÃO FILHO, Adalberto (org). **Direito E Internet III – Marco Civil Da Internet Lei 12.965/2014 TOMO II**. São Paulo: Quartier Latin, 2015.

SIQUEIRA, Natércia Sampaio.XEREZ, Rafael Marcílio. **Desafios à concretização dos Direitos fundamentais na sociedade da informação**. Rio de Janeiro: Lumen Juris, 2017.

TUNES, Elizabeth; BARTHOLO, Roberto (org). **Nos limites da ação- Preconceito inclusão e deficiência.** São Carlos: Edufscar, 2010.

ÍNDICE